绿色经济
助力经济高质量发展研究丛书

欠发达地区工业绿色
转型发展路径选择
与地方政府行为研究

A Study on Industries' Green Development Path Choice
and Local Government's Behavior
in the Undeveloped Areas in China

杨燕 著

西南财经大学出版社
Southwestern University of Finance & Economics Press

图书在版编目(CIP)数据

欠发达地区工业绿色转型发展路径选择与地方政府行为研究/杨燕著.—成都:西南财经大学出版社,2022.9
ISBN 978-7-5504-5469-9

Ⅰ.①欠… Ⅱ.①杨… Ⅲ.①不发达地区—工业经济—绿色经济—转型经济—关系—地方政府—政府行为—研究—中国 Ⅳ.①F427②D625

中国版本图书馆 CIP 数据核字(2022)第 135145 号

欠发达地区工业绿色转型发展路径选择与地方政府行为研究
QIANFADA DIQU GONGYE LÜSE ZHUANXING FAZHAN LUJING XUANZE YU DIFANG ZHENGFU XINGWEI YANJIU
杨燕 著

策划编辑:李玉斗
责任编辑:李 琼
责任校对:李思嘉
封面设计:星柏传媒
责任印制:朱曼丽

出版发行	西南财经大学出版社(四川省成都市光华村街 55 号)
网 址	http://cbs.swufe.edu.cn
电子邮件	bookcj@ swufe.edu.cn
邮政编码	610074
电 话	028-87353785
照 排	四川胜翔数码印务设计有限公司
印 刷	四川煤田地质制图印刷厂
成品尺寸	170mm×240mm
印 张	20.5
字 数	422 千字
版 次	2022 年 9 月第 1 版
印 次	2022 年 9 月第 1 次印刷
书 号	ISBN 978-7-5504-5469-9
定 价	98.00 元

前　言

　　工业传统发展模式是我国发展所面临的"不平衡、不协调、不可持续"矛盾的重要源头，推进工业绿色转型发展是贯彻落实新发展理念、高质量发展要求以及做好碳达峰、碳中和（以下简称"双碳"）工作的必然之举与重要内容。在我国极具特色的央地政府治理体系中，地方政府的有效作为对于区域经济、政治、文化、社会、生态文明五个方面的高质量发展与建设起关键作用。各地有效推动区域工业积极开展绿色转型发展活动关系着新发展阶段我国在新一轮全球竞争中的主导权和国内经济高质量发展的成效。欠发达地区推进工业绿色转型发展既有突出的后发优势，又存在着若干不容忽视的约束性因素，需要找到有效转化后发优势、打破约束性瓶颈的关键着力点，加快实现与发达地区"并跑"的协调发展局面，交出回应、落实新发展理念的高质量答卷。掌握欠发达地区工业选择的绿色转型发展路径、路径的变化及其中的关键性地方政府行为、地方政府行为的变化、路径选择和地方政府行为的关联，可以从源头上找到地方政府需要着力的关键点。

　　围绕欠发达地区工业绿色转型发展路径选择与地方政府行为研究，本书首先提出了三个既相对独立又逐层递进、彼此关联甚至部分交叉的主要研究问题以及 11 个子问题，构成研究的基本"骨架"并作为研究推进的基本遵循。其次，依次从理论和实证两个层面回应研究问题，构成研究的"血肉"。最后，提出政策建议和思考。在实证层面，综合考量数据的连续性和可获得性，聚焦于省级层面的经验和实践，分两个层次逐步展开。其中，第一个层次是基于2009—2019 年的相关年鉴数据，对欠发达地区整体展开基础统计分析和计量分析；第二个层次是选取四川作为欠发达地区的一个案例，基于年鉴、问卷调查、访谈及企业年报等数据，展开基础统计分析、计量分析和案例分析。同时，本书重构了欠发达地区评价指标体系，并对 2018 年全国 31 个省份（不含港、澳、台，下同）的相关数据进行了测算。四川、江西、河北、吉林、海南、宁夏、广西、山西、新疆、青海、黑龙江、云南、贵州、西藏、甘肃15个省份的综合发展指数不及全国平均水平的75%，被界定为新发展阶段我国的欠发达地区，与我国新发展阶段的区域经济发展格局更为契合。

本书基于对我国工业绿色转型发展、产业发展中的地方政府行为两个主题的理论探索和实践梳理，认为我国工业绿色转型发展的路径主要有四条，会受到六个关键性地方政府行为的影响。四条路径分别是末端治理、绿色工艺创新、绿色产品创新和绿色转向。首先，绿色产品创新和绿色转向对工业企业在技术、资金、人才等方面的投入要求较高，是相对高阶的绿色转型发展路径；其次是绿色工艺创新；最后是末端治理。企业对不同路径的选择背后是企业不同的绿色发展思路和支撑性活动。六个关键性地方政府行为包括行政性环境规制、市场型环境规制、财政支持、金融信贷干预、绿色宣传教育、绿色公共服务。

本书将四条绿色转型发展路径、六个关键性地方政府行为置于绿色创新、区域创新系统的理论框架中，形成了我国区域工业绿色转型发展路径选择与地方政府行为分析框架。同步地，设计了基准回归模型及对应的两个方程式（方程1和方程2），提出了13个研究命题。此外，还设计了调节效应模型及对应的两个方程式（方程3和方程4）。

对相关年鉴数据、问卷数据和访谈数据进行统计分析和计量分析，数据的信度、效度及结果的稳健性都较高。

从经验数据来看，2008—2018年，欠发达地区工业绿色转型发展呈现出以下特点：

（1）欠发达地区工业绿色转型发展的路径选择及其变化：欠发达地区工业企业选择的绿色转型发展路径以绿色工艺创新和绿色产品创新为主。末端治理是非主流路径，绿色转向虽然也不是主流路径，但工业企业对其投资额保持持续小幅上涨之势；在2013年以前，欠发达地区工业企业选择的绿色转型发展路径首先是绿色工艺创新，其次是绿色产品创新，从2013年开始变成首选绿色产品创新，其次是绿色工艺创新。

（2）欠发达地区关键性地方政府行为及其变化：欠发达地区地方政府的行政性环境规制强度和市场型环境规制强度一直不同程度地低于发达地区；我国地方政府对区域工业企业研发活动的支持力度整体不大，但欠发达地区地方政府对区域工业企业研发活动的财政支持力度大多大于发达地区；欠发达地区内部各省份的金融信贷干预行为强度较为均衡且与发达地区相差不大；欠发达地区地方政府的绿色宣传教育强度远小于发达地区；欠发达地区地方政府的绿色公共服务强度在 2014 年以后持续加大，与发达地区的差距不断缩小，并在 2018 年小幅超过了发达地区。

（3）欠发达地区地方政府行为与区域工业绿色转型发展路径选择：欠发达地区地方政府的市场型环境规制行为与路径 1 显著正相关，金融信贷干预行为与路径 2、路径 3 和路径 4 显著正相关，财政支持行为与路径 2、路径 4 显著负相关，绿色公共宣传教育行为与路径 3 显著负相关；绿色公共服务行为与路径 2 显著正相关。无论是在发达地区还是欠发达地区，工业企业的绿色转型发展路径选择都会受到地方政府行为的显著影响，只是因为工业企业在发展基础、发展阶段和区域空间地理环境等方面存在差异，与每条路径显著相关的地方政府行为不同；工业企业开展绿色产品创新和绿色转向等高阶绿色转型发展活动都需要地方政府在金融信贷方面给予强有力的支持。与此同时，对于欠发达地区的工业企业，不能为企业提供具有实质性帮助的绿色宣传教育活动可能反而会引发企业的逆反性决策。

（4）地方政府经济干预能力的调节效应：地方政府的经济干预能力对地方政府行为与区域工业企业路径选择的调节效应普遍存在；样本不同、情境不同，地方政府经济干预能力的调节效应也会有差异。对于欠发达地区，地方政府的经济干预能力显著正向调节市场型环境规制行为对区域工业企业选择路径 1 的影响、显著负向调节金融信贷干预行为对区域工业企业选择路径 1 的影响；地方政府的经济干预能力显著正向调节行政性环境规制行为、市场型环境规制行为、绿色宣传教育行为及绿色公共服务行为对区域工业企业选择路径 2 的影响；地方政府的经济干预能力分别显著正向、显著负向调节市场型环境规制行为、金融信贷干预行为对区域工业企业选择路径 3 的影响；地方政府的经济干预能力显著正向调节行政性环境规制行为、市场型环境规制行为对区域工业企业选择路径 4 的影响，显著负向调节金融信贷干预行为对区域工业企业选择路径 4 的影响。

（5）控制变量：区域工业企业选择路径 3 和路径 4 对区域经济发展水平的要求存在一个门槛值。当前，我国欠发达地区和发达地区的经济发展水平应该分别处于该门槛值以下和以上；区域工业经济的规模越大，欠发达地区的工业企业越可能会选择路径 2 和路径 3；国有工业企业倾向于首选路径 2；提高对外开放水平，有助于欠发达地区工业企业接触到绿色产品创新的市场与技术，有助于欠发达地区地方政府推动区域工业企业选择路径 3；区域人力资本存量有助于欠发达地区地方政府推动区域工业企业选择路径 2 和路径 3；创新复杂度越高，创新基础越好，工业企业对原有技术的路径依赖度越高；企业规模越大，越可能会选择路径 3 和路径 4。

（6）四川工业绿色转型发展实践：从经验数据来看，四川工业绿色转型发展的整体进度快于其他欠发达地区，与发达地区的差距在缩小，尤其是绿色转向路径的推进进度；在 2015 年以前，四川工业选择的绿色转型发展路径依次为绿色工艺创新、绿色产品创新、绿色转向、末端治理；2015 年以来四川工业选择的绿色转型发展路径依次为绿色产品创新、绿色转向、绿色工艺创新、末端治理。这个结果和基于经验数据的结果有差异。四川的几个关键性地方政府行为呈现出了明显的异质性和市场导向取向。从问卷调查和访谈数据来看，四川省级政府在推进工业绿色转型发展中对政治责任的考虑更重，与中央的明确政策高度同步，但对有利于本省经济发展且中央政府又没有明确禁止的领域，倾向于采取默认的态度，偏好短期且只限于本土的经济增长，偏好支持特定的产业、部门或企业的扩张，偏好投资工业、国有企业及"多快好省"且没有明显外部性的创新项目。相应地，四川工业企业开展绿色转型发展活动的首要外部驱动要素是地方政府逐年加码的环保标准，其次是地方政府实施的针对性奖补减免政策。对问卷数据进行相关性分析发现，四川工业企业选择路径 1 与地方政府的行政性环境规制强度、市场型环境规制强度、财政支持等行为显著正相关；四川工业企业选择路径 3 与地方政府的财政支持行为显著正相关；四川工业企业选择路径 4 与地方政府针对末端治理的行政性环境规制强度显著负相关。四川工业企业选择路径 2 与几个地方政府行为都不显著相关。企业性质、所属行业、规模、研发投入强度会影响四川工业企业是否推进绿色转型发展活动、绿色转型发展成效及遇到的困难。在过去 5 年中，四川国有工业企业大比例地开展了绿色转型发展活动；制造业企业开展绿色转型发展的比例最高，其次是采矿业企业；企业是否开展绿色转型发展与企业年龄关联性不显著；企业规模越大，开展绿色转型发展的比例越高；企业研发投入强度越高，开展绿色转型发展的比例越高。此外，环保监督管理"纵""横"交错、合力不足的问题在四川各级政府层面都存在，但企业对此没有特别的关注和抱怨。

基于以上研究，本书从中央政府和欠发达地区地方政府两个层面提出了针对性的政策建议。对于中央政府，把握"以地方政府主要领导干部考核晋升机制绿色化、完善环境治理立法为纲，差异化激励、支持地方政府和大企业大集团，以适应新发展阶段变化了的内外部环境和需求"总思路，加快推动干部考核晋升机制绿色化落地、落实，完善环境治理立法和创新执法模式，着力优化欠发达地区地方政府在市场型环境规制、财政支持、金融信贷干预、绿色公共服务四个领域的政策行为，重点化解发达地区工业企业落入低阶绿色转型发展路径依赖的风险，有效发挥大企业大集团在各地绿色转型发展中的引领带动作用。对于欠发达地区地方政府，把握"做大绿色工艺创新基本盘、有效支撑关键竞争领域的绿色产品创新、保持绿色转向领先优势"这一基本工作思路，重点抓好"大（企业）拉小（企业）"；打好两类环境规制组合拳，做大筑牢绿色工艺创新基底；优化财政支持和金融信贷干预，有效支撑关键领域的绿色产品创新；提升绿色公共服务水平，保持绿色转向领先优势。

整体来看，本书主要在以下五个方面进行了一些新的尝试：第一，建构分析框架和模型时不预设"基于市场内在驱动"这样的研究情境，而是对其他可能性保持了开放性。第二，推进了既有创新研究及中国地方政府行为的融合研究。这一点集中体现在理论分析框架上，同时，它遵循了已有创新系统研究的逻辑和政治经济学研究的逻辑。第三，重构了欠发达地区评价指标体系并重新界定了欠发达地区，更为契合新发展阶段我国的区域经济发展格局。第四，在研究方法选择和研究设计上，不拘泥于某个路径或范式，而是务实地一切以回答研究问题为出发点，定量研究和质性分析结合，既有对欠发达地区本身的研究，又有对欠发达地区与发达地区的对比分析，还有对欠发达地区的个案聚焦，对欠发达地区的个案分析又涵盖了工业整体、抽样群体、重点个体三类工业企业对象，使得研究更为立体和有趣，也为后续研究把握相关概念内涵、理论源头、关键性影响因素、作用机制、分析工具、研究范式等提供了基础但重要的参考与借鉴。第五，与时俱进地把中央政府的新发展理念、高质量发展要求、"双碳"工作与欠发达地区工业绿色转型发展路径选择和地方政府行为进行结合，对它们在地方的落地进行理论和实践的探索。

未来研究可以着重就以下三个方面展开深入的理论和实证探讨：一是对三组门槛值展开精细的理论建构和深入的实证检验，包括几个关键性地方政府行为作用于四条路径选择的门槛值、地方政府经济行为对地方政府行为与路径选择调节效应的门槛值、几个控制变量作用于路径选择的门槛值，并区分发达地区和欠发达地区。本书在研究命题和对计量分析结果的解释中都有提及以上几组门槛值，不过，考虑到研究的重点在于地方政府行为与区域工业企业绿色转型发展路径选择的相关性，并没有对其进一步地展开讨论。二是可以进一步地对来自不同行业、不同地区的代表性工业企业个体、群体的绿色转型发展路径选择、路径选择的扩散机制、路径选择及路径选择扩散中的地方政府行为、省市县不同层级地方政府之间的关联与互动、市县层级地方政府与工业企业个体及群体的关联与互动、三个地方政府行为偏好对地方政府行为及区域工业绿色转型发展路径选择的影响等方面展开多样、深入的案例研究。三是要特别注意关照问卷设计和计量研究的匹配度。以上三个方向对于进一步深入理解路径选择与地方政府行为的关联机制以及给出更为精准、有效的政策建议是重要且有趣的。

正文部分列出了欠发达地区的统计结果，发达地区和全样本的统计结果及文献检索情况请扫描下方二维码获取。

杨燕

2022 年 1 月

目 录

第一部分 序篇

第二部分　理论研究篇

第三部分　实证研究篇

第四部分　尾篇

第一部分

序　篇

第一章 绪论

　　工业是我国国民经济的核心主体、技术创新的载体与国际竞争力的基础，是我国主要的能源消耗、污染物和温室气体排放部门，是我国发展中面临的"不平衡、不协调、不可持续"矛盾的重要源头（金碚，2014；禹湘 等，2016）。2008 年全球金融危机发生以来，我国工业发展所面临的需求、供给、资源环境约束、市场竞争特点等因素已然发生了，并持续发生着深刻的变化（中国社会科学院工业经济研究所课题组，2011；蓝庆新和韩晶，2012）。对此，党的十八届五中全会提出了"创新、协调、绿色、开放、共享"新发展理念，党的十九大报告则进一步明确指出我国必须向追求高效益增长的模式转变，中央财经委员会第九次会议要求如期实现 2030 年前碳达峰、2060 年前碳中和的目标。工业绿色转型发展势在必行。推动区域工业绿色转型发展也必然是当前及以后一段时期内我国各级政府工作的重中之重。

　　在我国，地方政府控制着区域经济发展的主导权和关键性生产要素（张丙宣，2016），是市场经济活动的重要参与主体（任宛竹，2017），是改革与转型的重要行动者和制度创新主体（洪银兴和曹勇，1996；秦绪娜，2010；刘小元和林嵩，2013），是中央政府实现经济增长目标的依赖（郝云宏和王淑贤，1999；施海洋和徐康宁，2001；张汉，2014；张建波和李婵娟，2017）。从这个意义上讲，地方政府对中央政府新发展理念、高质量发展要求和"双碳"战略部署的回应，尤其是在工业绿色转型发展这场关系全国发展全局的深刻变革中极为关键。

第一节　研究背景

绿色转型发展是大势所趋。工业是我国新阶段践行新发展理念、做好"双碳"工作、实现高质量发展的重点领域。在这个过程中，我国地方政府的参与不容忽视。欠发达地区实现工业绿色转型发展很重要，但也有其特殊性。因此，关注欠发达地区工业绿色转型发展尤其是欠发达地区工业绿色转型发展的路径选择和地方政府行为及二者的关联必要、重要且有趣。

一、绿色转型发展是大势所趋

国际上，绿色转型发展关系着新一轮全球竞争的主导权。进入 21 世纪，可持续发展成为国际社会普遍关注的重大问题。与此同时，2007 年美国爆发次贷危机以来，欧、美、日等老牌发达经济体陷入温和衰退，新兴经济体普遍面临外部需求萎缩、内生增长动力不足等挑战。推动绿色转型发展既有助于短期内拉动经济增长，又有益于中长期内确立新的可持续的经济发展模式。多种因素综合作用之下，绿色新政成为当今世界主流经济体争夺新一轮全球竞争主导权的重要抓手（张梅，2013）。

在国内，绿色转型发展是新发展阶段践行新发展理念、实现经济高质量发展、做好"双碳"工作的内在要求和重要内容。党的十九大报告指出，"我国经济已经由高速增长阶段转向高质量发展阶段，正处在转变发展方式、优化经济结构、转化增长动力的攻关期""制造业企业应在创新引领、绿色低碳等领域培育新的经济增长点"。在 2020 年 9 月召开的联合国生物多样性峰会上，我国提出要力争在 2030 年前达到碳峰值，在 2060 年前实现碳中和。2021 年 3 月，习近平总书记又强调要如期实现碳达峰、碳中和目标。践行新发展理念、实现高质量发展、做好碳达峰和碳中和工作的本源支撑在于转变发展方式。转变发展方式要求转变观念，推动过去依赖要素投入、资源消耗、高污染、高排放的非绿色、不可持续的发展方式切换到创新驱动发展、绿色发展、可持续发展的轨道上来，实现产业结构及增长动能的高级化、绿色化，实现发展"规模""速度"和"质量"的辩证统一，实现经济—社会—生态环境三重底线的协同（史丹 等，2019）。绿色转型发展的核心支撑是绿色技术创新和绿色制度创新。推动绿色转型发展既是高质量发展的内在要求，也是实现质量变革、效率变革和动力变革的重要抓手和路径。

二、工业是我国绿色转型发展的重点攻坚领域

工业是我国主要的能耗和污染物排放部门。随着我国进入新发展阶段，环境约束越发趋紧，工业作为我国主要的能源消耗、污染物和温室气体排放部门，面临的绿色化转型和可持续发展挑战更为严峻，必然是我国贯彻落实新发展理念的重点攻坚部门。事实上，从 20 世纪 60 年代起，西方发达国家开始重视工业化对生态环境的破坏并陆续主导召开了一系列的全球性会议，务实地把落脚点放在了清洁生产、绿色消费、绿色产品和企业社会责任上。从国内外学术界的研究来看，20 世纪 60 年代以来西方发达国家的绿色转型发展的着力点也主要在工业行业（Remmen，2001；Kemp and Oltra，2011；杨燕和邵云飞，2011）。

一般地，世界各国的工业能耗在总能耗中的占比在 1/3 左右，而我国的这一占比在 1990—2015 年都保持在 70% 左右，直到近两年才开始有小幅度下降，但也都在 63% 以上，见图 1-1。在有些制造业大省，这一占比会更高。1990—2018 年，全国能耗平均增速为 12.9%，工业部门能耗年均增速为 15.9%。

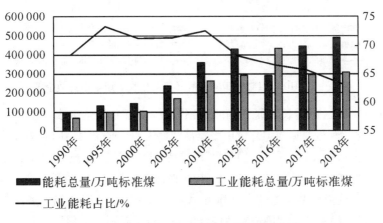

图 1-1 1990—2008 年我国主要年份的能耗情况

二氧化硫、工业烟尘和氮氧化物是废气排放中的重点监测对象。2000 年以来，我国工业部门二氧化硫排放总量占全国二氧化硫排放总量的比例保持在 80% 以上，2005—2010 年还达到了 85%。工业部门的烟尘排放占比和氮氧化物排放占比在 2010 年以来呈稳中小幅下降趋势，但占比仍在 80% 和 60% 以上。具体见图 1-2 和图 1-3。

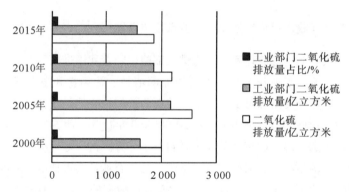

图 1-2 2000 年以来我国的废气（二氧化硫）排放情况

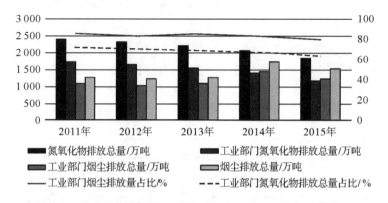

图 1-3 2010 年以来我国的废气（氮氧化物、烟尘）排放情况

工业是我国稳增长、促发展的"顶梁柱"。近年发达国家制造业的回流"再工业化"和近年愈演愈烈的中美贸易摩擦表明，坚实发达的实体经济仍然是世界各国保持长远竞争力的关键所在，是赢得战略主动的根基。我国是靠实体经济快速成长壮大的，仍要坚定且持续地推动工业实现高质量发展、实现社会主义现代化强国梦。党的十九届五中全会明确提出"坚持把发展经济着力点放在实体经济上"，并围绕实体经济发展进行了系列详细部署。回顾"十三五"时期，我国围绕实体经济发展作了多次重要部署，提出"坚持把做实做强做优实体经济作为主攻方向"，强调"着力振兴实体经济""夯实实体经济根基"，核心逻辑就是"把发展经济着力点放在实体经济上"，就是要重点推动我国工业、制造业在"去""转""育"上拉长长板、补齐短板，构建可靠可控的强大产业协同体系①。

① 经济日报评论员.把发展经济着力点放在实体经济上：论学习贯彻党的十九届五中全会精神（2020-11-03）[2020-12-16].http://www.gov.cn/xinwen/2020-11/03/content_5556828.htm.

三、欠发达地区工业绿色转型发展重要且特殊

欠发达地区推动实现工业绿色转型发展是贯彻落实新发展理念的应有之义。党的十八届五中全会将"创新、协调、绿色、开放、共享"确立为指导全国"十三五"时期的发展理念，党的十九大把新发展理念写进了党章。新发展理念强调了创新作为新常态阶段主要发展驱动力的核心地位，同时把区域发展不平衡、人与自然和谐共处、内外联动、社会公平正义等问题的破解也纳入了国家发展全局的战略考虑之中。创新、协调、绿色、开放、共享既是方法又是方向。因此，无论从哪个视角出发，欠发达地区实现工业绿色转型发展都是对新发展理念的回应，必然是各级政府工作的重要着力点之一。

欠发达地区推动实现工业绿色转型发展有其特殊性。我国欠发达地区工业发展基础相对薄弱，发展水平相对不高，推进工业绿色转型发展既有突出的后发优势，又存在着若干不容忽视的约束性因素。后发优势主要在于既有新技术革命、西部大开发形成新格局、新基建、"一带一路"倡议等追赶跨越机会窗口和政策优势，在制度建设和推进路径方面又可以借鉴相对发达地区的经验，避免重走粗放式发展老路。不容忽视的约束性因素包括财政困难、市场化程度不高、人才紧缺、区位较差、生态环境脆弱、思想观念落后等。彭星（2015）计算了中国各地区2000—2012年的工业绿色转型平均指数，发现工业绿色转型水平相对较低的地区基本上是传统上的中西部欠发达地区。

四、地方政府在我国工业绿色转型发展中扮演关键性角色

现代经济增长实质上是国民经济体系中主导产业部门增长的过程。伴随着20世纪70年代以来的分权制改革，我国的经济总体量在40多年以后跃升至全球第二位，仅次于美国。这举世瞩目的"中国速度"和"中国模式"背后，是我国工业部门的高速增长、地方政府在其中扮演的举足轻重的角色以及对工业绿色转型发展的迫切要求。

对于前面二者，有学者认为我国地方政府控制着行政区内经济发展的主导权和关键性生产要素，是"改革开放后中国经济快速发展的基础"（王立国和王磊，2017），"中国转型期经济增长是地方政府主导的投资拉动型经济增长模式"（褚敏和靳涛，2013），"地方政府对工业化进程中的制造业发展方向和发展模式产生了不容忽视的影响"（段国蕊和臧旭恒，2013）。对于后者，周黎安（2007）、蔡昉等（2008）及张为（2012）认为，我国环境恶化就内生于我国独特的政府治理结构以及其中的地方政府行为。

不难推断，在我国当前中央—地方分权体制和干部考核晋升机制没有发生质的改变的情况下，地方政府在我国工业绿色转型发展中仍将扮演关键性角色。甚至，有些学者提出"当前要在国内实现绿色转型，只能以政府行为推进"（杜创国和郭戈英，2010）。

五、针对我国工业绿色转型发展路径选择的研究亟待丰富和跟进

在国内，"工业绿色转型发展"是一个在 2013 年以后才被政府、媒体广泛使用的概念。截至 2019 年 8 月，国内针对工业绿色转型发展的直接相关研究文献总量在千篇左右，且集中在 2011 年以后，呈逐年上升之势，高水平的研究成果非常有限①。它反映了绿色转型发展、工业绿色转型发展正在引起国内学术界的关注，但已有研究还有限，高质量的研究成果更少。进一步对这些词条进行梳理分析发现，已有研究以概念性的和定量性的为主，研究内容和方向主要集中在"绿色转型发展战略""绿色转型评价和影响因素""绿色转型发展概念模型构建"等。对于区域工业绿色转型的路径，除了极少量的硕博论文，更多的是通讯类报道②。成熟的理论框架尚未建立，对路径选择过程中以工业企业（群）、地方政府等为主体的复杂绿色创新过程还缺乏深入研究。整体上，"国内对于工业绿色转型发展研究还处于起步阶段"（雷俐，2018）。

在国外，工业绿色转型发展的概念始于 20 世纪 90 年代初。以可持续发展为目标指向，90 年代中后期陆续有国际组织和学者从影响因素、重要性、利益相关者等视角提出 21 世纪工业绿色转型研究的着力点（如 Schot et al.，1997；Fuchs and Mazmanian，1998；等）。其中，对工业绿色转型过程的跟进与比较分析被 GIN（Greening of Industry Network）列为首要优先研究项。到今天，研究成果已经相当丰富。相较国内的相关研究，国外研究倾向于聚焦某个（些）特定的行业或主题，辅以过程视角的个案分析，对于研究结果的呈现和讨论也相对深入。如 Remmen 和 Lorentzen（2000）从 20 世纪 80 年代末 90 年代初丹麦工业界在清洁技术项目的推行中过于注重专家给出的技术解决方案而遭受社会广泛批评这一现实问题出发，对分别从事鱼类加工、屠宰、纺织、造纸、游乐场设施制造等行业的 5 家中小型企业组织了试验，从个体学习、组织学习和组织变革三个视角跟踪观测了企业在推广应用清洁技术过程中员工的参与情况；Lehmann 等（2010）先是指出企业的社会责任（CSR）不仅是在短期

---

① 详见第二章，此处不再赘述。
② 详见杨燕（2017），此处不再展开。

内对股东负责，在金融危机、气候变化等背景下，更是一种让企业快速脱颖而出的发展战略，然后呈现了丹麦大型企业 Danfos 将企业社会责任作为一种新的商业战略并成功实施的动态过程；Midttun（2012）聚焦于欧洲电力行业的绿色化过程及其中驱动力的演化；Hoque 和 Clarke（2013）聚焦于孟加拉国的皮革、造纸、化肥、纺织、水泥五大高污染行业的污染防治动态调整过程；Rehman 和 Aneyrao（2015）从绿色供应链管理视角分析了印度汽车工业成功的因素；等等。这点和国内已有研究常采用的流于主观意识形态的研究范式不同，也有别于国内"绿色转型评价和影响因素"这组文献用到的"建构起符合形式逻辑的推导模型，套用现有数据库特定数据进行定量分析"的研究范式。此外，国外的研究涉及的"区域"多为国家或经济体等相对宏大的"区域"概念，且多为美国和欧洲的发达国家，针对新兴经济体的工业绿色转型实践研究亟须丰富。

六、中国地方政府行为研究与创新研究亟待融合

中国地方政府行为研究从 20 世纪 80 年代末 90 年代初就一直备受关注。从研究内容来看，主要集中在地方政府在中国经济发展和转型过程中的角色定位、行为以及背后的逻辑和制度基础等（如 Oi，1995；洪银兴和曹勇，1996；Blecher and Shue，2001；何显明，2007；唐睿和刘红芹，2012；郁建兴和高翔，2012；叶显 等，2019；王春婷，2020；王正巍，2021；等）。从研究对象来看，以县、镇一级的地方政府为主，且在所处区域、行动类型等方面呈现差异性。从研究视角来看，主要体现在对财政体制改革的影响、对干部绩效考核制度的影响以及对制度分析的侧重点选择的差异上（付光伟，2014）。从研究方法来看，由于受学科特点和学科规范的影响，政治经济学视角的地方政府行为研究主要采用了"抽象—推导"路径，使用的理论工具多是经济学模型，而社会学视角的研究路径采用的路径以"参照—评估"或"视角—呈现"居多、基于田野调查的质性研究较多（冯猛，2012）。尽管已有研究在对象、视角、方法路径上存在诸多差异，但在结果上都反映了地方政府在中国经济发展和转型过程中扮演了关键性的角色；受地方经济发展状况、中央政府的重视程度等因素的影响，地方政府在回应中央政策调整的过程中会选择性履行职能。

在国家创新系统、区域创新系统（网络）、创新三螺旋等创新研究理论中，（地方）政府也是极为关键的创新主体（Nelson，1993；Cooke，1992；Etzkowitz and Leydesdorff，2000；Lundvall，2016）。不过，这些创新研究理论对（地方）政府的职能理解与角色定位始终围绕着创新过程与能力建设展开，也

更为强调和关注地方政府如何让区域内自然资源、人才、资金、技术等创新要素实现高效配置，和中国政府行为研究中强调和关注相对宽泛的"经济发展和转型"事件中的地方政府行为以及其背后的逻辑不同。目前，已有相关研究还多停留在概念性论述层面。已有研究曾分别尝试用"视角—呈现"和"抽象—推导"两个路径揭示地方政府在产业集群形成发展过程中的行为动机、特征和影响机制，但前者在剖析深度、后者在现实经验材料的呈现方面还有待加强。

第二节　研究问题

围绕研究主题，本书提出了三个逐层递进的主要研究问题以及 11 个子问题，构成了本书的基本"骨架"（见表 1-1）。这些问题既有"是什么（what）""如何（how）""为什么（why）"又有"程度（to what exeent）"。

表 1-1　研究问题

主要研究问题	子研究问题
1. 欠发达地区工业绿色转型发展选择了什么路径？（what）	1-1 如何界定欠发达地区？ 1-2 如何界定工业绿色转型发展？ 1-3 如何界定工业绿色转型发展路径？ 1-4 工业绿色转型的路径主要有哪些？ 1-5 欠发达地区工业绿色转型选择了什么路径？ 1-6 欠发达地区工业绿色转型选择的路径有没有什么特点？
2. 欠发达地区地方政府推动、影响区域工业绿色转型发展路径选择的关键性行为是什么？（what，how，why）	2-1 如何界定地方政府及地方政府行为？ 2-2 推动、影响区域工业绿色转型绿色发展路径选择的关键性地方政府行为有哪些？ 2-3 地方政府行为在其中的作用机制是怎样的？ 2-4 具体到欠发达地区情境，地方政府行为及其作用机制是否会有异质性？如果有，是什么？表现在哪些地方？为什么？

表1-1(续)

主要研究问题	子研究问题
3. 欠发达地区地方政府行为与区域工业绿色转型发展路径选择的关联性是怎样的？ （to what extent）	3-1 省级层面，地方政府行为与工业绿色转型发展路径选择的关联性是怎样的？

第三节　研究设计与方法

一、基本思路

研究方法的选择以及研究方案的设计均始于研究问题。各个模块的推进是一个伴随着研究的深入不断调整、持续补充的非线性过程（见图1-4）。

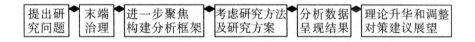

提出研究问题　末端治理　进一步聚焦构建分析框架　考虑研究方法及研究方案　分析数据呈现结果　理论升华和调整对策建议展望

图1-4　研究推进的基本思路

二、总框架与主要内容

本书的主要任务是回答三个主要研究问题和11个子研究问题。围绕任务，本书先后展开理论和实证两大部分的研究。理论部分主要基于对已有理论研究和实践进展的梳理，给出"欠发达地区""工业绿色转型发展""工业转型发展路径""地方政府""地方政府行为"等核心概念的界定，构建出理论分析框架和关系模型。实证部分同时涵盖定量分析和案例研究两个板块。鉴于数据的连续性和可获得性，主要聚焦于省一级的相关经验和实践，同时，选取四川作为欠发达地区的个案，展开案例研究。最后，提出理论反思和政策建议。

本书推进的总体框架和主要内容详见图1-5。

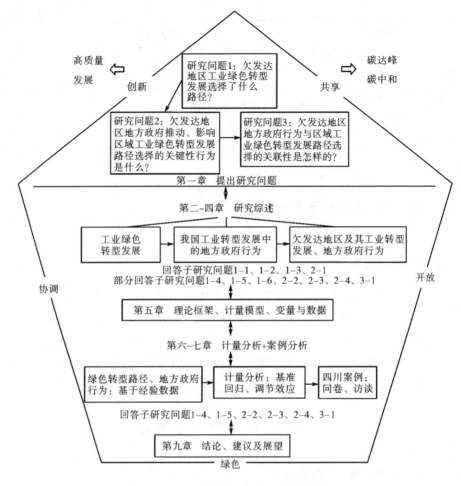

图1-5 研究推进总框架及主要内容

三、研究方法

研究方法的选择取决于研究问题。案例研究方法侧重于"理解特定环境下的动态变化过程"（Eisenhardt，1989）。根据Yin（2009）的研究，以下几种情况下案例研究方法比较适合：研究问题是"是什么（what）""怎样的（how）"和"为什么（why）"；研究人员不能控制研究的现象和事件；研究聚焦于现实发生的当代事件。尤其是，有些学者强调从案例中建构理论的重要性（Eisenhardt，1989；Eisenhardt and Graebner，2007；Siggelkow，2007）。定量研究则适合回答"多大程度上关联（to what extent）"的研究问题。

考虑到本书的研究问题同时涉及"是什么（what）""怎样的（how）""为什么（why）"和"多大程度上关联（to what extent）"，且聚焦于过去和现在正在发生的绿色转型发展实践，其中的情境和事件研究人员也是无法控制、改变的，因此本书选择了案例研究与定量研究混合的研究方法（Creswell and PlanoClark，2007）。具体地，主要研究问题1和2涉及"是什么（what）""怎样的（how）"和"为什么（why）"的问题，主要研究问题3则更为关注"多大程度上关联（to what extent）"，所以，针对主要研究问题1和2，主要采用质性研究，辅以基于经验数据和调研数据的简单处理分析；针对主要研究问题3，主要采用定量研究，辅以案例研究进行进一步的阐述。

数据主要来源于2009—2019年的《中国统计年鉴》、各省份统计年鉴、《中国工业经济统计年鉴》、《中国科技统计年鉴》、《工业企业科技活动年鉴》、《中国环境年鉴》、《中国环境统计年鉴》、《中国金融统计年鉴》以及对四川省相关地方政府、工业企业的实地访谈和调查问卷等。同时，辅以各省份历年的《国民经济和社会统计公报》、公开专题性报道等，力求数据最新、最完备且可进行三角验证。

数据分析主要采用了列表、作图、描述性统计分析、基于非线性回归模型和面板数据进行实证检验等方法。在数据分析的过程中伴随着反复的数据补充、修正及回归模型的调试。

第四节　基本观点、主要贡献及可能的创新点

一、基本观点

第一，当前，学术界针对国内工业绿色转型发展的研究热度虽然有逐年上升的趋势，但对路径选择虽有关注但总量极少，亟待跟进和丰富。在传统要素投入边际效应递减、全球经济发展范式重构的背景下，绿色技术创新和绿色转型发展对于改善环境质量、培育新的经济增长动能、推动产业价值链持续攀升意义重大。考虑绿色技术创新和绿色转型发展的"双重外部性"，我国区域经济发展"不平衡""不充分"，各地的创新能力呈现出复杂的空间形态等因素，区域工业绿色转型发展相关研究的空间巨大。

第二，选择绿色转型发展路径是区域创新系统推动实现绿色创新的重要环节之一，直接影响转型发展的成效。因此，一方面，工业绿色转型发展路径选择的表征更应该体现在工业企业个体和工业企业群在末端治理、绿色工艺创

新、绿色产品创新和绿色转向四个路径投入的努力。已有研究主要选择了诸如绿色技术创新水平、效率等结果性表征，且只是区分了绿色工艺创新和绿色产品创新两类路径。另一方面，工业开展绿色技术创新活动的结果性指标的影响因素与工业绿色转型发展路径选择的影响因素有交叉，但并不能完全与工业绿色转型发展路径选择的影响因素画等号。尽管如此，聚焦于绿色技术创新绩效、能力、效率等的影响因素但区分了绿色工艺创新和绿色产品创新的那部分研究探究到的影响因素，在逻辑上也是适用于区域工业绿色转型发展路径选择的，但是作用机制与关联性有待进一步考察。

第三，在央—地分权体制和地方干部考核晋升机制没有发生质的改变的情况下，我国工业企业的路径选择都会显著地受到地方政府行为的影响。每条路径都有 1~3 个显著相关的地方政府行为。只是，区域不同，与每条路径显著相关的地方政府行为有一定的差异。它意味着我国地方政府要有效推动区域工业企业选择某条路径都有非常明确且有效的政策抓手和方向。

第四，地方政府的经济干预能力对地方政府行为与区域工业企业路径选择的调节效应普遍存在；样本不同、情境不同，地方政府经济干预能力的调节效应也会有差异。

第五，要有效推动区域工业企业开展绿色转型发展活动，地方政府在制定行动方案时有必要考量其经济发展水平、对外开放水平、自然资源禀赋、人力资本水平、技术复杂度、企业规模、企业创新基础等。尤其是，绿色工艺创新、绿色产品创新、绿色转向等绿色转型发展路径对工业企业有一定资金、技术门槛要求。

二、主要贡献

本书的出发点涵盖了实践和理论两个层面，相应的贡献也在两个层面都有所体现。

（一）三重理论贡献

第一，在理论基础、理论抽象升华和研究范式三个方面丰富了当前有限的针对国内区域工业绿色转型发展路径选择的研究。一方面，对区域工业绿色转型发展的理论基础、路径选择、路径选择影响因素、地方政府行为等进行了系统梳理，并在此基础上建构了区域工业绿色转型发展路径选择与地方政府行为理论分析框架；另一方面，混合但区分"主辅"地应用了质性研究和定量研究两种研究方法，多层次地回答了研究问题，为后续研究深刻把握相关概念内涵、理论源头、关键性影响因素、作用机制、分析工具、研究范式等提供了基础但重要的参考与借鉴。

第二，推进了既有创新研究及中国地方政府行为的融合研究。这一点集中体现在理论分析框架上。这个理论分析框架采用了区域创新系统与绿色创新的理论骨架，不同于已有创新系统研究之处在于对地方政府的角色和作用的分析。一方面，遵循已有创新系统研究的逻辑，将地方政府理解为影响区域工业绿色转型发展路径选择的核心关键外部因素；另一方面，遵循政治经济学研究的逻辑，将地方政府行为细化为环境规制、财政支持、金融信贷干预、绿色宣传教育、绿色公共服务等几个方面，分析它们对区域工业绿色转型发展路径的影响及影响逻辑。再者，加入了对地方政府经济干预能力对地方政府行为作用于区域工业路径选择的调节效应。

第三，重构了新发展阶段欠发达地区评价指标体系，重新界定了欠发达地区。相较于10多年前我国学者给出的欠发达地区评价指标体系和对欠发达地区的划分，新的欠发达地区评价指标体系和划分更为契合新发展阶段我国的区域经济发展格局评价导向。

（二）两重实践意义

第一，尝试打开地方政府应对生态环保压力采取的不同行为强度及其对区域工业绿色转型发展路径选择影响的黑盒子。相关研究结论可以为中央政府有效激励欠发达地区地方政府推进区域工业绿色转型发展、加快进入高质量发展轨道提供决策参考。

第二，尝试揭示区域尤其是欠发达地区工业绿色转型发展路径选择的特点以及区域地理空间要素、区域企业内部要素、地方政府行为对区域工业绿色转型发展路径选择的影响。相关研究结论可以为地方政府尤其是欠发达地区地方政府有效结合区域特点、发挥后发优势推进工业绿色转型发展，实现经济发展、社会和谐、生态文明等多重目标提供决策参考。

三、五个可能的创新点

呼应研究背景和贡献，可能的创新点主要有五个。

第一，建构分析框架和模型时不预设"基于市场内在驱动"这样的研究情境，而是对其他可能性保持了开放性。第二，探索性地引入政治经济学视角的中国地方政府行为研究既有成果，对地方政府行为的研究突破了创新研究传统上主要关注地方政府在区域创新系统能力提升和环境营造中职能发挥的研究范式。第三，重构了欠发达地区评价指标体系并重新界定了欠发达地区，更为契合新发展阶段的区域经济发展格局。第四，在研究方法选择和研究设计上，不拘泥于某个路径或范式，而是务实地一切以回答研究问题为出发点，定量研究和质性分析相结合，既有对欠发达地区本身的研究，又有对欠发达地区与发达地区的对比分析，还有对代表性欠发达省份的聚焦，对代表性欠发达省份的分析又涵盖了工业整体、抽样群体、重点个体三类工业企业对象，使得研究更为立体和有趣，也为后续研究把握相关概念内涵、理论源头、关键性影响因素、作用机制、分析工具、研究范式等提供了基础但重要的参考与借鉴。第五，与时俱进地把中央政府的新发展理念、高质量发展要求、碳达峰碳中和工作与欠发达地区工业绿色转型路径选择和地方政府行为进行结合，对它们在地方的落地进行理论和实践的探索。

第二部分

理论研究篇

第二章　区域工业绿色转型发展路径选择研究综述

"工业绿色转型发展路径选择""地方政府行为""欠发达地区"是本书的三个关键词，暗含了"区域工业绿色转型发展路径选择""区域工业绿色转型发展中的地方政府行为"以及"欠发达地区工业绿色转型发展的路径选择及其中的地方政府行为"三个重点内容。围绕这三个关键词和三个重点内容，本书依次在第二章、第三章和第四章展开理论研究。

本章首先梳理了相关的理论基础，包括绿色创新、外部性、区域创新系统等；然后分析了国内工业绿色转型发展研究推进的总体情况，包括文献总量及趋势、主题分布、区域分布等；进而基于已有研究给出了本书对"工业""工业绿色转型发展""工业绿色转型发展路径"等核心概念的理解，梳理了已有研究对工业绿色转型发展路径的表征、测度、研究推进范式及相关影响因素；最后是对本章内容的一个小结。

第一节　理论基础

区域工业绿色转型发展的本质是区域内工业企业、政府、大学及研究机构、社会组织等创新主体间通过复杂互动，使得区域内自然资源、人才、资金、技术等创新要素实现更高效的配置和利用，同时实现经济收益和环境收益的绿色创新过程，是一个区域产业转型和升级的重要方向与内容（杨燕，2017）。涉及的基础性理论包括：绿色创新、产业转型升级、区域创新系统以及和绿色创新、资源配置相关的外部性、产权、资源配置、循环经济、工业生态学等。

一、绿色创新

国内外学术界常将这个类型的创新活动描述为"绿色的（green）""生态的（eco/ecological）""环境的（environmental）""可持续的（sustainable）""清洁的（clean）""可再生的（renewable）"。用法虽不一统一，但大体都指向相较于替代物不会增加生态环境危害的创新活动。绿色创新的活动内容和一般意义上创新的活动内容并无本质的差异，都由技术创新（产品或生产工艺）、组织管理创新、市场创新、商业模式创新等组成。相较于一般意义上的创新，绿色创新具有双重外部性问题，知识密集度更高、更为强调环境政策及环境规制的重要性、更需要高效的外部互动和协作（Rennings，2000；Beise and Rennings，2005；De Marchi，2012）。鉴于此，杨燕（2013）指出绿色创新对环境收益的明确诉求；在绿色技术创新之外，社会创新和制度创新尤为重要。把绿色创新放在一定区域的工业企业个体及群体中，它就是一个区域工业绿色转型发展的问题，其诉求就不只在于某个工业企业基于绿色创新的绿色转型发展，更在于区域内工业企业群的整体转型升级（杨燕，2017）。

区域工业企业开展绿色创新活动背后又是外部性、产权、资源配置、循环经济、工业生态学等理论的支撑。如何通过合理的资源分配方式使得有限的资源满足人类无限的欲望是资源配置理论的出发点和核心关注点。经济活动会产生资源消耗，经济发展方式不同，资源的利用方式及消耗程度就有差异。外部性是一个活动主体的行为对其他活动主体福利的无补偿性的影响，有正外部性和负外部性之分（Mankiw，2015）。外部性产生的原因有资源产权界定不清晰、未将资源的所有生产要素计入交易成本及公共部门的管理失灵等。科斯（2014）将外部性与产权制度、资源配置结合起来，认为在明确产权和交易成本的前提下，在一定条件下，经济的外部性可以通过活动主体的谈判而得以纠正，从而达到社会效益最大化。在我国工业化的进程中，环境资源被企业作为无偿的公共产品过度开发、使用，导致能源生产与消费的私人边际成本与社会边际成本以及私人边际收益与社会边际收益产生的巨大差异，环境质量逐年下降，形成了环境资源的负外部性。环境补偿机制、排污权交易制度等便是通过产权理论解决环境污染问题、使得外部经济内在化的机制。循环经济是把人、自然资源和科技当作一个系统，在物质的循环、再生、利用的基础上发展经济，是物质流意义上的绿色经济（诸大建，2012）。遵循资源使用减量化（reduce）、再使用（reuse）、再循环（recycle）"3R"原则，目的是尽可能减少经济系统中资源的投入、废气废物的排放，从而减少生态环境负荷。循环经济的思想萌芽于 20 世纪 60 年代的美国，后来英国环境经济学家 David Pierce 试图依据可持续发展原则建立资源管理规则并建立物质流动模型。在我国，循环经济受到关注始于 1997 年，之后在 2003 年被纳入科学发展观，确立物质减量化的发展战略，并在 2004 年被要求大力发展（傅海霞，2011；冯媛媛，2016）。工业生态学的概念最早由美国通用汽车公司的研究部提出，继而受到学术界的关注（王兆华和尹建华，2007）。它将人类的经济活动看作与自然生态系统相似的具有物质、能力以及信息流动及储存的系统，而工业系统可以模拟自然生态系统以实现闭路循环、提高资源的生态效率。它和传统的污染治理理论的本质区别在于：工业生态学尝试从根本上将传统工业发展的"资源—产品—废物"模式转变为"资源—产品—再生资源"模式，由此，一种产业的"副产品"是另一产业的原材料，整个工业体系形成多种资源循环流动的闭环系统，不再存在"废物"的概念，从而实现了经济和生态环保的双赢局面。

二、产业转型升级

转型（transformation）和升级（upgrading）是两个不同的概念，分别代表了产业发展的两个大方向（郑健壮，2013；毛蕴诗 等，2015）。产业"转型"是以纵向产业结构调整为主的，而"升级"是在保持纵向产业结构基本稳定的前提下，某个具体产业在链上的横向移动。产业转型不等于产业升级。判断一个国家或地区产业级别高低的尺度不是产品类别，而是产业在全球产业价值链分工中知识技术含量和附加值的高低。但是，产业升级的同时也可能进行了产业转型，称为跨产业升级。

从产业层面来看，工业发展的横向提升主要指工业由产业链的生产环节向研发环节或营销服务环节转变，是工业产业内的升级，如近年各级政府、企业提得比较多的"制造业服务化"。工业发展的纵向提升主要指由工业的制造环节转向第一产业和第三产业，或在工业产业内部的制造环节提升制造能力、降低投入和消耗从而降低成本、提高附加值，实现微笑曲线的整体上移（毛蕴诗和郑奇志，2012）。

从企业层面上讲，升级是工业企业通过创新提高技术和市场竞争力、占据价值链更高位的活动和过程，是企业面临生存危机或寻求突破现状时的一种手段（Gereffi，1999；Humphrey and Schmitz，2000；Poon，2004；毛蕴诗 等，2015）。工艺升级、产品升级、功能升级和跨产业升级是企业升级的四种基本路径（Humphrey and Schmitz，2000，2002）。其中，功能升级是企业实现向产业价值链更高端跨越的过程，比如企业从生产制造环节向研发设计、营销、整体方案供给等价值空间更大的环节转型，实现从"微笑曲线"的低端向两边的跨越。在四种基本升级路径中，功能升级是企业保持稳定、持久竞争力的根本所在（Giuliani et al.，2005）。一般情况下，企业升级会呈现"工艺、过程升级—产品升级—功能升级—跨产业升级"的阶梯式发展规律（Kaplinsky and Morris，2001）。不过，根据权变理论和资源基础观，企业升级是没有固定的模式可循的，企业升级路径选择要依据企业自身不同的创新基础、可整合调动的内外部资源、动态能力、企业发展战略远景、所处行业的发展状况、所处区域的产业发展政策和导向等来决定。

三、区域创新系统

区域创新系统理论最早由英国卡迪夫大学 Cooke 教授于 1992 年提出，强调一定时间和空间内政府、企业、高校、研究机构、中介机构等创新主体的积极互动会推动区域内机制、体制的快速调整，助力企业和产业开展技术创新、管理创新、商业模式创新、制度创新等活动，并最终提升区域竞争力（Cooke，1992）。国内学术界引入区域创新系统理论是在 20 世纪 90 年代末，用来揭示和解释区域竞争力的层次、结构、形成机理等。区域创新系统的建设会受到区域地理空间要素、区域工业企业及区域产业历史发展基础等的影响与约束，具有路径依赖性（杨燕，2017）。区域创新主体间围绕区域内信息流、资金流、人才流、物流的复杂交换和配置而建立复杂的互动与关联。因此，区域创新系统的核心包括"区域创新主体"和"创新主体间的相互联系"两个板块。

第二节　总体推进情况

一、文献总量及趋势

分别以"工业+绿色转型""工业+绿色发展""工业绿色转型""工业绿色发展""制造业+绿色转型""制造业+绿色发展""制造业绿色转型""制造业绿色发展"为"篇名"关键检索词在中国知网数据库"期刊"类、"硕博士学位论文"中进行"精确"文献检索（检索日期：2019 年 8 月 8 日）①。从检索结果的总量看，国内针对工业绿色转型、工业绿色发展的直接相关研究总量在千篇左右，高水平的研究成果极其有限（见表 2-1）。制造业作为工业的一个重要门类，制造业的绿色转型发展也是我国工业绿色转型发展的重要内容和抓手，目前国内学术界针对制造业绿色转型发展的专项研究总量更是有限，高质量成果也亟须跟进。

表 2-1　国内工业绿色转型发展研究概况

检索词	期刊文献	"核心期刊+CSSCI"文献	硕博士学位论文
工业+绿色转型	249	29	7
工业+绿色发展	889	55	25
工业绿色转型	146	25	6
工业绿色发展	381	38	17
工业绿色转型发展	39	2	2
制造业+绿色转型	22	6	1
制造业+绿色发展	72	8	3
制造业绿色转型	16	5	1
制造业绿色发展	30	7	0
制造业绿色转型发展	3	0	0

从历年相关文献数量的变动情况来看，国内学术界对工业绿色发展、工业绿色转型的关注集中在 2011 年以后且有逐年上升之势，硕博士学位论文的关注集中于 2015 年及以后（见图 2-1、图 2-2、图 2-3）。整体上，"国内对于工业绿色发展研究还处于起步阶段"（雷俐，2018）。

---

① 这种检索方式是与"工业绿色转型发展"关联度最高的，有利于观测国内针对该主题的专项研究开展情况。不排除会存在一些强关联、高质量的研究文献没被检索到的情况。不过，这不影响我们对国内工业绿色转型发展研究的整体情况的认识。一般地，核心期刊和 CSSCI 期刊文献质量高于普通期刊质量，因此以二者的文献量来观测国内针对工业绿色转型发展研究文献的质量。下同，不再赘述。另，按照逻辑，"工业+绿色转型"和"工业+绿色发展"两项的检索结果包含了"工业绿色转型"和"工业绿色发展"两项的检索结果，"制造业+绿色转型"和"制造业+绿色发展"两项的检索结果包含了"制造业绿色转型"和"制造业绿色发展"两项的检索结果。

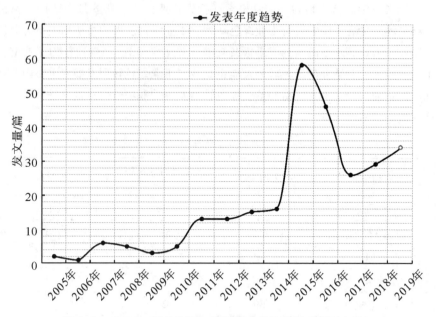

图 2-1 "工业+绿色转型"历年学术关注情况（期刊文献）

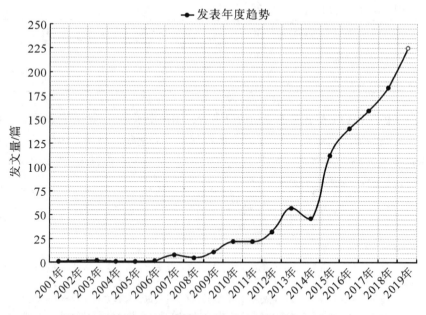

图 2-2 "工业+绿色发展"历年学术关注情况（期刊文献）

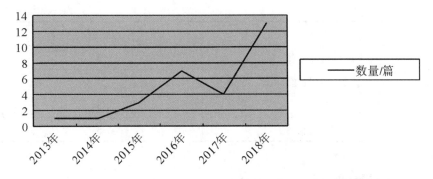

图2-3   "工业+绿色转型""工业+绿色发展""制造业+绿色发展"
"制造业+绿色转型"历年学术关注情况（硕博士学位论文）

二、主题分布

选取"工业+绿色转型""工业+绿色发展""制造业+绿色转型""制造业+绿色发展"四项检索结果中"核心期刊+CSSCI""硕博士学位论文"中的强关联文献为样本（样本量：105①），通过聚合同类或相关关键词的方法②，得出工业绿色转型发展研究的主题分布情况（见表2-2）。可以看到，已有相关研究主要集中在工业绿色转型发展成效评价或影响因素分析、环境规制影响分析、路径及战略研究等几个主题。路径作为解决问题的方法或方法集，是一个广义的概念，包括一切指引工业绿色转型发展的战略、模式、策略、政策、技术创新等多层次、多方面的内容。

表2-2   国内工业绿色转型发展相关研究主题分布情况

主题	出现频次
成效评价或影响因素	54
路径（模式、策略、政策）	26
环境规制影响	11
战略	8

---

①   筛选掉了重复文献以及会议通知、新闻报道等非学术研究文献以及非经济类的研究文献，可参考二维码附录1，其中，期刊文献类71项，硕博士学位论文33项。下同。

②   通常关键词是对文献主题的高度概念和凝练，对高频关键词的分析常常用来确定研究领域的热点问题；极小部分文献可同时归入两类主题，如"环境规制、外商直接投资与中国工业绿色转型"同时归入"效率或影响评价"和"环境规制、治理"两个主题。下同。

表2-2(续)

主题	出现频次
绿色技术创新	5
挑战、对策建议	4
动力	3
协作机制	3

三、地域分布

以"工业+绿色转型""工业+绿色发展""制造业+绿色转型""制造业+绿色发展"四项检索结果中"核心期刊+CSSCI""硕博士学位论文"中的强关联文献为样本(样本量:105),分析这些文献聚焦区域的分布情况①(见表2-3)。统计数据显示,30%左右的已有研究聚焦于工业行业本身或泛谈工业绿色转型的成效、影响因素、路径,并没有明确区域。25%的研究聚焦于东部、中部、西部、东北部的多个省份的工业绿色转型情况。就城市群而言,长江经济带、长三角地区、京津冀地区(含聚焦于河北部分)等国家重点城市群得到学术界的关注较多。河南、安徽、新疆、青海、云南、四川等传统中西部欠发达地区也有被关注,不过总量寥寥。

表2-3 国内工业绿色转型发展相关研究聚焦的区域分布情况

区域	出现频次	区域	出现频次
23/28/29/30个省份	21	福建	3
东部、中部、西部、东北部	6	**河南**	2
280个城市	1	山东	2
长江经济带	8	**新疆**	2
长三角地区	4	广东	2
京津冀地区	2	**四川**	1
泛珠三角地区	1	**青海**	1
环渤海经济带	1	山西	1

---

① 部分文献因为涉及多个区域,因此存在1个文献多次统计的情况;部分文献的研究对象为匿名企业,不做统计。下同。黑色加粗字体的省份是按照林勇等(2007)划定的欠发达地区。

表2-3(续)

区域	出现频次	区域	出现频次
秦巴山脉区	1	湖南	1
东北地区	1	云南	1
淮河流域	1	内蒙古	1
河北	7	江苏	1
安徽	4	重庆	2
32/35/36 个工业行业+泛谈	32	湖北	1
		江西	1

第三节　核心概念界定

一、工业

工业（industry）主要是指原料采集与产品加工制造的产业或工程，是唯一生产现代化劳动手段的部门，决定着国民经济现代化的速度、规模和水平，在当代世界各国的国民经济中起着主导作用，是国家经济自主、政治独立、国防现代化的根本保证。当前我国使用的《国民经济行业分类》是根据 ISIC 第四版修订的，于 2012 年开始执行，工业行业划分为采矿业、制造业、电力燃气及水生产和供应业 3 个门类行业，41 个大类行业，201 个中类行业和 581 个小类行业。

在中国工业绿色转型发展的相关研究文献中，工业通常是宏观意义上的，具体分析时主要有三种处理方式。第一种是参照《中国统计年鉴》《中国工业经济统计年鉴》《中国环境统计年鉴》等的分类方法，根据实际研究需要，将工业具体到两位数的工业行业。这其中有划分为 32 个的（如岳鸿飞 等，2017），有划分为 35 个的（如王勇和刘厚莲，2015；彭星，2015），有划分为 36 个的（如李慧君，2018），有划分为 38 个的（如陈诗一，2009），有划分为 39 个的（如申晨等，2018）。第二种是用工业企业群体、工业企业个体指代。张晋光（2011）在分析太原市推进工业绿色转型的实践中，分析了规模以上工业企业群、规模以下工业企业群，也提到了工业企业个体。杨喆等（2018）以山东省的经验为例分析了环境强度和工业结构绿色转型，其中的数据和变量有企业层面的，如企业规模、企业所处行业、企业员工年龄结构等，影响机制分析也是从企业视角展开的，数据处理则是区域工业企业群整体的层面。第三种是概指宏观意义上的工业、工业部门、工业企业，如韩晶（2011）、中国社会科学院工业经济研究所课题组（2011）、蓝庆新和韩晶（2012）等的研究。

考虑本书所需的数据主要涉及与工业相关的总量性的指标，相关数据主要来自《中国统计年鉴》《中国工业经济统计年鉴》《中国环境统计年鉴》等统计资料，而这些统计资料的统计口径也在不断地调整，为尽可能保持数据的可得性、连续性和完备性，将工业理解为一般意义上的工业，指"原料采集与产品加工制造的产业或工程"，不再特别区分门类和行业。

表 2-4 整理了国内部分关于工业绿色转型发展研究文献对工业行业的选取与划分情况。

表 2-4 近年国内相关研究对工业行业的选取与划分

文献	划分依据	具体划分情况
陈诗一 (2009)	38 个两位数工业行业	未具体划分
卢强 等 (2013)	广东 10 大高耗能、高排放单位工业产值资源指标和资源消耗总量，污染物排放总量	按 12 个方阵的工业行业进行统计，出现频次最高的前 10 位高耗能、高排放行业是造纸、纺织、食品加工制造、电力热力、化工、非金属制造、石油加工、黑金属冶炼、水生产、化纤
肖兴志和李少林 (2013)	《高技术产业年鉴》	高技术产业：医药制造、航空航天器制造、电子及通信设备制造、电子计算机及办公设备制造、医疗设备及仪器仪表制造
王勇和刘厚莲 (2015)	36 个两位数工业行业，依据工业废水废气的排放强度	按照废水排放强度由小到大：文教体育用品、塑料制品、印刷业和记录媒介的复制、皮革毛皮羽毛及其制品、仪器仪表及文化办公用机械、通信设备计算机及其他电子设备、专用设备、石油和天然气开采、农副食品加工、医药、黑色金属冶炼及压延加工、纺织、有色金属矿采选、水生产、化工、煤炭开采和洗选、黑色金属矿采选、燃气生产、非金属矿物制品、电力热力、造纸。按照废气排放强度由小到大：印刷业和记录媒介的复制、皮革毛皮羽毛及其制品、通信设备计算机及其他电子设备、交通运输设备、专用设备、烟草制品、橡胶制品、食品、饮料、木材加工及木竹藤棕草、家具、电气机械及器材、文教体育用品、塑料制品、通用设备、水生产、纺织、农副食品加工、石油和天然气开采、医药、化工、石油加工、有色金属矿采选、造纸、黑色金属冶炼及压延延加工、燃气生产、非金属矿物制品、电力热力

表2-4（续）

文献	划分依据	具体划分情况
彭星（2015）	32个工业行业，按照行业污染密集度	重度污染行业：煤炭开采和洗选、黑色金属矿采选、有色金属矿采选、其他采选、化工、非金属矿物制品、黑色金属冶炼、造纸、石油加工炼焦及核燃料延压加工、有色金属冶炼及压延加工、农副食品制品、造纸及制品、纺织、皮革毛皮羽毛及家具。中度污染行业：石油和天然气开采、非金属矿物开采和供应、燃气生产和供应、水生产、金属制品、农副食品加工、食品、饮料、烟草制品、橡胶制品、专用设备、仪器。其实污染行业：木材加工及木竹藤棕草、医药、通用设备、电气机械及其他电子设备、通信设备计算机及其他电子设备、仪器。印刷业和记录媒介的复制、文教文化办公用品、纺织制品、烟草制品。轻度污染行业：交通运输设备、文化办公用机械
马丽（2016）	全部工业行业，综合工业废水和工业废气两类污染物的排放	高污染排放工业部门：煤炭开采和洗选业、非金属矿物制品制造业、黑色金属冶炼及压延加工业、有色金属冶炼及核燃料加工、化学原料和化学制品、橡胶和塑料制品、电力热力生产和供应。技术密集型：电气机械及器材制造业、医药制造业、计算机及其他电子设备制造业、专用设备制造业、石油加工炼焦及核燃料加工业、通用设备制造业、有色金属冶炼及压延加工业、化学原料及化学制品制造业
岳鸿飞等（2017）	32个工业行业，按照要素集约度	劳动密集型：文教、工美、体育和娱乐用品制造业、家具制造业、印刷业和记录媒介的复制、木材加工及木、竹、藤、棕、草制品业、皮革、毛皮、羽毛及其制品和制鞋业、饮料制造业、纺织服装服饰业、鞋、帽制造业、农副食品加工业、造纸及纸制品业、纺织业、金属制品业、食品制造业。资源密集型：燃气生产和供应业、水的生产和供应业、石油和天然气开采业、有色金属矿采选业、黑色金属矿采选业、非金属矿物制品业、煤炭开采和洗选业、电力、热力的生产和供应业

表2-4（续）

文献	划分依据	具体划分情况
申晨等（2018）	39个工业行业，依据行业污染密度	污染行业：电力热力的生产和供应业、造纸及纸制品业、非金属矿物制品业、黑色金属冶炼及压延加工业、化学原料及化学制品制造业、煤炭开采及洗选业、有色金属矿采选业、有色金属冶炼及压延加工业、石油加工、炼焦及核燃料加工业、纺织业、黑色金属矿采选业、水的生产和供应业、食品制造业、饮料制造业、燃气生产和供应业、医药制造业、化学纤维制造业、非金属矿采选业、皮革毛皮羽毛（绒）及其制品业 清洁行业：属制品业、木材加工及木竹藤棕草制品业、石油和天然气开采业、交通运输设备制造业、橡胶制品业、专用设备制造业、通用设备制造业、纺织服装制造业、烟草制品业、工艺品及通信计算机及其它电子设备制造业、废弃资源印刷业和记录媒介的复制、家具制造业、塑料制品回收加工业、电气机械及器材制造业、文教体育用品制造业
齐亚伟（2018）	36个两位数工业行业，依据数据完备性	删除其中：采矿业、工业品及其他制造业、废弃资源和废旧材料加工业3个数据缺失比较严重的行业 选用了以下工业行业：食品制造、石油和天然气开采、有色金属矿采选、煤炭采选、饮料制造、黑色金属矿采、烟草制品、木材加工及木竹藤棕草制品、非金属矿采选、皮革毛皮羽绒及其制品、石油加工及炼焦、服装、家具制造、造纸及纸制品、印刷业和记录媒介的复制、文教体育用品制造、橡胶制品、化学原料及化学物制品、专用设备制造、电子及通信设备制造、医药制造、有色金属冶炼及压延加工、普通机械制造、交通运、化学纤维制造、金属制品、黑色金属冶炼及、仪器仪表及文化、办公用品、压延加工、电气机械及器材制造、煤气生产和供应、非金属矿物制品、电力、蒸汽、热水的生产和供应、自来水的生产和供应等

表2-4（续）

文献	划分依据	具体划分情况
周开乐等（2018）	安徽的23个制造类行业，依据不详	食品、饮料和烟草制造业、农副食品加工业、纺织业、服装鞋帽、皮革羽绒及其制品业、木材加工及制品和家具制品业、造纸及纸制品业、印制业和记录媒介的复制、文体用品制造业、石油加工、炼焦及核燃料加工业、化学原料及化学制品制造业、化学纤维制造业、橡胶和塑料制品业、非金属矿物制品业、水泥制造、黑色金属冶炼及压延加工业、铁合金冶炼、有色金属冶炼及压延加工业、通用及专用设备制造业、交通运输设备制造业、金属制品业、工艺品及其他制造业、电气、电子设备制造业、交通运输设备制造业、废弃资源和废旧材料回收加工业

二、绿色转型发展

现有文献和媒体报道对绿色转型发展的理解与应用常见的有"绿色发展""绿色转型"以及"绿色转型发展"三类。整体来看，媒体报道对三类用词没有做明确、精确的区分，但在多数的研究性文献中，不同的用词背后体现了差异化的理解与重点。

绿色发展的兴起有着深刻的生态经济和社会历史背景，强调人、经济、社会、生态环境的和谐共生，是一种通过共生实现可持续发展的新型发展模式。它不只是简单的经济发展，也不仅是环境保护（王玲玲和张艳国，2012；张治忠，2015；方世南，2016）。绿色发展理念的提出是顺应全球经济发展趋势的，是执政党的政治自觉、政治责任、政治使命和政治担当的体现（史丹，2018）。

绿色转型的核心内容是发展模式和发展形态的转变。具体地，绿色转型是从传统发展模式向科学发展模式转变，是从人与自然、经济与社会及生态相背离、相分割的发展形态向和谐共生、协调发展转变，是生产和生活方式的深刻变革（杜创国和郭戈英，2010；彭星，2015）。

已有研究对绿色发展的理解落脚点在发展以及具体的发展模式和发展形态上。相应地，绿色发展对于像中国这样的处于经济新常态阶段的发展中国家，则更是体现了中国共产党作为执政党的政治站位和在世界发展潮流中的大国责任担当。绿色转型则强调生产生活方式的转变，它既是过程，也是方向，更是我国全面实现优势再造和可持续发展的重要路径。绿色转型发展则兼顾了转型与发展，重心在转型，目的在发展和可持续发展。用"绿色转型发展"而非"绿色转型"或"绿色发展"，也正是要强调转型这一转变过程和手段，凸显发展、可持续发展这一目标诉求。

三、工业绿色转型发展

早在 2011 年，联合国工业发展组织对工业绿色发展就进行了界定：在实现工业规模继续扩张的同时又可以实现资源能源有效利用、低碳排放、低废弃物和零污染的生产和消费的可持续的工业化模式（UNIDO，2011）。在我国，中国社会科学院工业经济研究所课题组较早地对工业绿色转型给出了明确的定义，认为工业绿色转型是绿色经济的重要组成部分，以资源集约和环境友好为导向，强调创新驱动的核心地位、工业生产全过程的绿色化以及经济—环境双赢，是新型工业化的一个重要内容与方向；同时，工业绿色转型的内涵因为面对的产业边界、绿色技术、绿色工业品市场空间的动态变化而又有较大的延展性（韩晶，2011；蓝庆新和韩晶，2012；中国社会科学院工业经济研究所课题组，2011）。这个定义在后来的相关研究中被广泛地述评和引用。其中，杨学军（2014）、孙丽文等（2017）全盘引用了这个定义，潘家华（2015）进一步明确了工业绿色转型是源头，生产过程和产出全面绿色化的过程会受到国内外气候变化治理格局的影响，是挑战，也是机遇。彭星（2015）、彭星和李斌（2015，2016）认为中国社会科学院工业经济研究所课题组的定义虽然相对全面，但未涉及工业发展方式的转变。因此，进一步借鉴李斌等（2013）的研究成果，将工业绿色转型的内涵界定为工业实现增长方式由粗放到集约、污染控制由高碳污染到绿色减排的过程，包括了工业发展方式转变和工业污染减排两个方面，并纳入了结构优化和绿色技术创新。

其他的，苏利阳等（2013）从绿色生产、绿色产品、绿色产业三个方面界定了工业绿色发展，认为可以通过绿化工艺系统和生产过程、生产绿色低碳产品、发展绿色新兴产业最终协调工业发展与资源环境容量有限之间的矛盾。胡鞍钢（2013）认为，工业绿色转型是一系列基要生产函数从以自然要素投入为特征，到以绿色要素投入为特征的转变，其根本的增长动力源于制度变革和技术变化；王勇和刘厚莲（2015）指出，工业绿色转型的本质是促进能源集约利用、减少污染排放和提高可持续发展能力的过程。其中，减少污染排放是中国工业绿色转型的关键和基本目的。我国作为一个发展中国家，通过高污染行业的海外转移来减少污染排放并不现实，应着力于降低行业内的污染排放强度、推动工业结构逐渐向低污染行业倾斜两个层面，即实现行业内和工业结构的绿色转型。将工业绿色转型放入区域经济发展和区域创新系统的框架下，杨燕（2017）认为工业绿色转型是一个区域内工业企业、政府、大学及研究机构、社会组织等创新主体间通过复杂互动，使得区域内自然资源、人才、资金、技术等创新要素实现更高效配置和利用，同时实现经济收益和环境收益的绿色创新的过程，是一个区域产业转型和升级的重要方向与内容，是一个渐进、持续的"寻优"而非"择优"的过程。黄聪英和林宸彧（2018）认为工业绿色发展的时代内涵应包括绿色生产、绿色产品、绿色产业和绿色政策四个方面。

已有文献对工业绿色转型发展的界定虽然表述方式不同，切入视角和关注重点不同，但都强调了几点。

第一，工业绿色转型发展是一个过程且这个过程是动态的。首先，工业绿色发展转型是一个源头、生产过程、产品及回收处理全生命周期实现全面绿色化的渐进过程；其次，工业绿色转型发展是一个发展理念、制度建设、技术支持等不断绿色化的动态过程；最后，工业绿色转型面对的产业边界、绿色技术、绿色工业品市场空间是一个不断变化的过程。

第二，工业绿色转型发展的目标是实现经济收益和环境收益的"双赢"。它意味着工业绿色转型的最终诉求不仅在于工业企业个体的绿色转型，更在于区域内工业企业群体的整体性调整和升级。也即，区域工业绿色转型发展研究要同时关注工业企业个体和群体两个层面的绿色转型发展，比如绿色技术、绿色理念等通过纵向产业链或横向耦合生态链在企业群间的扩散等。

第三，工业绿色转型发展的内容包括生产绿色化、产品绿色化、工业内部结构绿色化。前两者是工业增长方式的绿色化，第三个是工业结构的优化，三者都需要绿色技术创新和绿色制度创新支撑。

第四，区域工业绿色转型是一个区域内工业企业、政府、大学及研究机构、社会组织等创新主体间通过复杂互动，使得区域内自然资源、人才、资金、技术等创新要素实现更高效配置和利用，同时实现经济收益和环境收益的绿色创新过程，是一个区域产业转型和升级的重要方向与内容。这个过程会受到国内外气候变化治理格局、区域地理空间要素、区域工业历史发展路径、创新积累、政策导向等因素的影响。

四、工业绿色转型发展路径选择

路径是指向某个目标的道路，是解决问题的方法或方法集。就本书聚焦的主题而言，广义上，路径可以是政府、工业企业推进绿色转型发展的战略、模式、工具、活动等；狭义上，路径是工业企业解决问题的具体活动，如制定绿色发展战略、开展绿色技术创新、调整业务布局等活动。找到适合的路径是我国推进工业绿色转型发展的关键。聚焦路径变化有助于进一步观测到方法的变化及方法变化的速度，进而思考分析变化背后的原因与逻辑。工业绿色转型发展路径也即工业绿色转型发展的方法或方法集。

按照汉语词典的界定，"选择"是从一群或一组中挑选，是一个动词。路径选择即从多个路径中挑选。以"路径选择"为"篇名"关键检索词在 CNKI 中进行"精确"文献检索（检索日期：2019 年 8 月 9 日），其中"核心期刊+CSSCI"文献 300 条。随机对其中的 30 条与绿色发展、产业转型升级相关的文献进行学习发现，这些文献大多没有对"路径选择"进行明确的界定，在应用时有的将"路径选择"等同于"路径"的概念，也有列出不同的路径并进行比较的。

本书将"工业绿色转型发展路径选择"作为一个名词，落脚点在"路径选择"，等同于"路径"，但又同时暗含了欠发达地区"路径"的可选性和不同的欠发达地区"路径"的差异性。因此，在具体分析时，首先会梳理分析欠发达地区工业企业所选择的绿色转型发展路径，再分析地方政府行为对工业企业路径选择的影响。

第四节　工业绿色转型发展路径选择的理论探索和实践

如本章"第二节 总体推进情况"所展示的，目前国内围绕这个主题的针对性研究非常有限。更多的是和区域工业绿色转型发展路径及路径选择有关联但是碎片化的文献和新闻报道等。

刘师嘉（2012）、杨燕（2017）等是其中的少数针对性研究。刘师嘉（2012）从生态效率的视角将工业绿色发展划分为低消耗+低污染（A）、高消耗+低污染（B）、低消耗+高污染（C）、高消耗+高污染（D）四大模式，相应地，区域工业绿色转型发展就有 B→A、C→A、D→B→A、D→C→A、D→A 几种路径。杨燕（2017）则从时空维度和横纵产业划分两个视角构建了区域工业绿色转型路径分析的理论框架。两个分析框架将"区域工业"具化为区域内的工业企业和工业企业群，将绿色转型路径具化为区域工业企业解决环境问题的思路、战略和创新活动及它们的动态调整和在工业企业群间的扩散。

聚焦于工业绿色转型发展战略和概念框架的两组文献，虽然没有直接研讨区域工业绿色转型发展的路径或路径选择，但仍然对本书掌握区域工业绿色转型发展可选择的路径尤其是广义上的路径有重要的启示意义。如：陈诗一（2009）认为我国工业绿色转型发展的根本在于技术创新；董秋云（2017）认为我国制造业绿色转型发展要同时着力技术创新、商业模式创新和制度创新，实现要素、产业和制度三个层面的协同作用；中国社会科学院工业经济研究所课题组（2011）、蓝庆新和韩晶（2011）认为我国工业的绿色转型发展不仅在于绿色技术创新，还需要大力构建绿色工业体系、深化资源和能源体制改革、完善财政税收政策支持体系和地方政府政绩考核体系等；陈妍（2013）、王勇和刘厚莲（2015）认为我国工业绿色转型发展的方向和重点任务在于加快淘汰落后产能、大力推进工业节能减排、发展绿色低碳循环产业、构建工业绿色低碳发展畅销机制等。这些文献虽有提及技术创新等工业企业个体层面的绿色转型发展活动，但主要是从政府视角提出的政策完善、体制改革、产业体系重构等绿色转型发展路径。

在实践层面，主要有三组文献。第一组文献是对区域工业绿色转型发展的做法、经验进行介绍和提炼并提出对策建议。第二组文献没有特别介绍区域工业绿色转型发展的做法，而着力于分析存在的问题和提出对策建议。第三组文献则是主要介绍区域工业绿色转型发展的做法，以新闻报道为主。这其中，无论是第一组文献，还是第二组文献，都反映了学术界对区域工业绿色转型发展路径的理解；无论是第一组文献，还是第三组文献，对区域工业绿色转型发展经验做法的介绍、提炼，在一定程度上反映了区域工业转型发展推进的实践及实际选择的路径。对已有相关文献进行梳理，发现三点。第一点，已有文献研讨的地区集中在工业占比大或生态资源约束趋紧的省份，且欠发达地区占了相当的比例。这些地区包括山西省（太原市）（张晋光，2011）、四川省（成都市、德阳市、攀枝花市、宜宾市）（杨燕，2017；宜宾市决策咨询委员会，2021）、福建省（黄聪英和林宸彧，2018）、江苏省（苗书迪，2016；杨德艳，2019）、广西壮族自治区（周志超，2020）、内蒙古自治区（包头市）（赵玲艺，2020）、新疆维吾尔自治区（齐妙青，2020）、黑龙江省（王晓玲和乔燊，2021；宋静波，2021）、贵州省（陈华永，2021）等。第二点，这些文献以地方政府视角为主。主要体现在：一方面，这些文献对区域工业绿色转型发展路径的理解集中在绿色技术创新和改造、绿色产业体系构建、绿色政策扶持、绿色法规完善、绿色机制创新等方面，而没有特别关注区域工业企业本身该如何实现绿色转型发展；另一方面，少数文献在对策建议部分有提及区域工业企业该如何实现绿色转型发展，包括提高企业绿色发展意识、持续推动企业开展绿色技术创新、注重商业模式创新和产品创新相结合等，但也主要是从政府工作推进视角展开的（如张晋光，2011；杨德艳，2019；等）。第三点，学术界对欠发达地区和发达地区对于工业绿色转型发展的制约因素、成因、改进路径的理解有些差异。共通之处在于，都认为区域工业结构水平偏重传统、资源约束趋紧；差异之处在于欠发达地区更倾向于从思想认识不到位、环境监管体制不健全、资金和政策支持不足、资源循环利用度不高等方面找问题、原因和路径优化对策，而发达地区更倾向于从技术创新、产品创新、商业模式创新、绿色发展体制机制上找问题、原因和路径优化对策。

进一步对理论和实践两个层面的工业绿色转型路径进行整理、提炼，发现主要有三个视角的路径：产业发展、技术支持和政策完善（见表2-5）。从企业的视角来看，绿色转型发展的路径主要是构建现代产业体系和推进绿色技术创新，也即变迁投资领域：从原来的业务领域转向更为绿色的新兴制造业或服务业领域（郭进，2019），或开展末端治理、绿色工艺创新和绿色产品创新。其中，绿色技术创新尤其是突破性的绿色工艺创新和绿色产品创新，是工业实现绿色转型升级的根本内容和路径。这些路径和工业绿色转型发展的概念内涵互为关照、支撑。

考虑本书聚焦于工业企业的绿色转型路径选择，对工业绿色转型发展路径的理解也采用企业的视角，主要包括：末端治理、绿色工艺创新、绿色产品创新和绿色转向四个路径（见表2-5）①。其中，末端治理、绿色工艺创新和绿色产品创新常被作为三个不同层次的绿色技术创新活动（如杨发明和吕燕，1999；鞠晴江 等，2008；张旭和王宇，2017；郭英远 等，2018；等）。绿色转向本质上还是由绿色工艺创新和绿色产品创新做支撑，只是，从一个产业领域转向另一个产业领域，需要克服既有惯性，也要充分考量另起炉灶的成本。实际上，"二分法"也只是把末端治理涵盖在了绿色工艺创新中，本质并没有变化。

这四条路径本质上反映了工业企业对于不同的环境问题的解决思路和目标，具体支撑性活动也有差异（杨燕，2017；王旭和褚旭，2019）。从四条路径对于工业企业在技术、资金、人才等要素的投入要求来看，一般地，绿色产品创新和绿色转向是相对高阶的绿色转型发展路径，其次是绿色工艺，最后是末端治理。

表 2-5　国内工业绿色转型发展路径

视角	路径		主体
产业发展	构建现代产业体系	改造传统产业	政府 企业
		淘汰重污染产业	
		发展新兴产业	
	推进集聚发展	建设/落户生态工业园	
技术支持	推进绿色技术创新	发展现代制造技术	企业
		推动节能减排技术创新及应用	

---

① 这个划分主要基于也主要用于中国工业绿色转型发展实践。10年前，绿色发展领先的欧美国家已经在研讨"from cradle to cradle"（从摇篮到摇篮）以及以 CSR（企业社会责任）为商业战略开展绿色创新活动。

表2-5(续)

视角	路径		主体
政策完善	深化体制改革	深化资源和能源体制改革	政府
		完善财政税收支持政策体系	
	完善政策体系	完善绿色政策体系尤其是政绩考核体系	

- 末端治理：不改变现有生产技术体系和废弃物生成，采取对废弃物分离、处置、处理和焚化等手段试图减少废弃物污染的技术；工艺视角；目标是减少外部性排放
- 绿色工艺创新：减少工业三废排放的生产工艺，包括原材料替代、工艺技术改造、强化内部环境管理和现场循环利用等；工艺视角；目标是降低能耗
- 绿色产品创新：相较于替代品，在全生命周期内减少或不增加环境破坏的产品，包括合理的产品体积、包装与设计等；产品视角；目标是提高财务绩效
- 绿色转向：从生产制造领域转向更为绿色的制造服务端或其他新兴制造业、旅游文化等服务业领域；整合视角；目标是提升竞争优势和财务绩效

第五节　主要研究范式

围绕区域工业绿色转型发展路径及路径选择对已有研究进行梳理，发现主要有四类推进范式[①]。

第一类，聚焦于工业绿色转型发展战略或概念框架或机制，以概念性分析和理论演绎为主。这类研究并未直接讨论中国工业绿色转型的模式与路径，但以技术路线图、绿色转型机制创新体系、方向和重点任务、政策建议的形式给出了国家战略层面在工业企业（群、产业）以及政府政策体系两方面的工业绿色转型模式与路径参考，如韩晶（2011）、中国社会科学院工业经济研究所课题组（2011）、蓝庆新和韩晶（2012）、孙毅和景普秋（2012）、陈妍（2013）、胡鞍钢（2013）、李君安（2014）、史丹（2018）、郭滕达等（2019）、聂丽和张利江（2019）、汪明月等（2019）等。

第二类，聚焦于区域工业绿色转型实践，以梳理一个地区推动工业绿色转型发展的举措、路径、存在问题、原因分析为主要内容。相应地，理论演绎在这类研究中不是重点，如张晋光（2011）、姜南（2015）、吴旭晓（2016）等。

---

① 已有研究不包含非学术研究类报刊的通讯类报道；范式是一个涵盖但不限于研究方法的概念。

第三类，致力于构建工业绿色转型发展路径选择理论框架、理论框架的应用与验证。这类研究首先基于已有相关理论和研究发现构建理论模型，然后用案例或经验数据去检验理论框架的适用性和扩展性，同时涵盖了理论的归纳和演绎。如笪凤媛和吴军（2011）、杨燕（2017）等。

第四类，致力于检验环境规制、政府补助、研发外包、研发投入、董事会治理等因素对区域工业或某工业行业绿色技术创新活动的影响机制与关联度。这类研究首先基于已有理论和研究发现提出理论假设、建构面板数据模型，然后基于年鉴数据等经验类数据进行实证分析，最后呈现计量回归结果并解读结果，如李婉红等（2013）、王锋正和姜涛（2015）、许华和刘佳华（2017）、向丽和胡珑瑛（2017）、李广培等（2018）、王锋正和陈方圆（2018）等。工业绿色转型发展路径选择部分主要相关研究的推进路线见表2-6。

表2-6 工业绿色转型发展路径选择部分主要相关研究的推进路线

	文献	研究推进路线
理论演绎	韩晶（2011）	指出中国工业发展面临的三个层面的障碍→指出四个转型路径和四方面的政策完善需求
	中国社会科学院工业经济研究所课题组（2011）	指出中国工业迫切需要加快绿色转型→分析中国工业绿色转型面临的体制机制障碍→给出中国工业绿色转型的路线图、成本收益分析→指出机制创新与政策支撑体系
	胡鞍钢（2013）	提出研究问题→全球视野下中国工业的赶超和崛起→中国工业面临的机遇与挑战→中国绿色工业化目标
	史丹（2018）	指出中国工业发展面临着环境约束→介绍绿色发展理论指导下的政策体系、绿色理论的起源与发展→指出工业绿色发展的关键→指出工业绿色发展新动力：供给侧结构性改革
案例研究	童昕（2007）	回顾全球无铅技术发展的历程→分析绿色技术创新与扩散的特点→电子制造无铅技术的演进和扩散案例分析→结论
	张晋光（2011）	太原市工业绿色转型发展成效→主要举措→存在的问题→对策
	笪凤媛和吴军（2011）	研究背景→提出理论框架→实证分析→结论与启示
	杨燕（2017）	指出中国工业绿色转型发展势在必行→文献综述及理论分析框架构建→分析四川成都、德阳、攀枝花三市四个老工业基地的绿色转型发展实践→结语与对策

表2-6(续)

	文献	研究推进线
定量研究	李婉红 等（2013）	回顾文献→构建模型、选择行业、说明变量和数据来源→选择行业实证分析、讨论结果
	王锋正和姜涛（2015）	提出研究问题→文献综述→构建模型、说明变量→选择行业和数据→实证分析
	向丽和胡珑瑛（2017）	基于理论分析提出研究假设→设定计量模型和变量、说明数据→分析、呈现实证结果→结论

第六节　表征和测度

围绕区域工业的绿色创新绩效、水平和效率，学术界开展了大量研究。这些研究大多没有直接与末端治理、绿色工艺创新、绿色产品创新、绿色转向四个工业绿色转型路径关联，但为本节进一步梳理它们的表征和测度还是提供了重要的基础。

一、代理变量

末端治理、绿色工艺创新和绿色技术创新是技术难度依次递增的绿色技术创新活动，是工业推动绿色转型发展的主要路径，已有研究关注也最多，且常被作为绿色技术创新的解释变量（如向丽，胡珑瑛，2017；张旭，王宇，2017；李香菊，贺娜，2018；陈晓 等，2019；黄文炎，向丽，2019；李瑞琴，2019；等）。因此，末端治理、绿色工艺创新和绿色技术创新是三个独立的可以代表本身的变量，不再有代理变量。

绿色转向涉及产业边界的调整与产业结构的优化。已有研究主要还停留在概念层面的讨论（如苏利阳 等，2013；彭星，李斌，2016；杨燕，2017；等）。本书认为，它与王凤祥和张伟（2017）"产业结构升级水平"、郭进（2019）"投资领域变迁"的提法大体相当，也是独立的可以代表本身的变量。

二、测度进路

已有研究主要基于 Cobb-Douglas 生产函数建构回归模型，测度了环境规制、研发投入、研发外包、环境税等因素对工业企业开展末端治理、绿色工艺创新和绿色技术创新等绿色创新活动绩效的关联性。李婉红等（2013）、王锋正和姜涛（2015）加入了行业规模和创新人力资源投入（科技活动人员投入）两个因素作为控制变量。向丽和胡珑瑛（2017）用研发外包作为因变量，环境规制是调节变量。李香菊和贺娜（2018）用环境税和地区竞争作为因变量，技术人员占比、国有资产占比、企业规模、对外贸易、区域经济发展水平、固定资产投资水平、产业结构等是调节控制变量。黄文炎和向丽（2019）用自主研发作为自变量，研发外包是调节变量，企业规模、所有制结构、企业绩效、行业竞争强度、环境规制、外商直接投资、融资环境等是控制变量。

此外，张旭和王宇（2017）从系统学的视角构建了环境规制与研发投入作用于绿色技术创新的动力学模型，并以我国工业企业的经验数据实证检验了模型的适用性。王凤祥和张伟（2017）将"产业结构升级水平"作为绿色转向的代理变量、控制变量。

三、测度方法

（一）末端治理的测度

已有研究对末端治理的测度主要有两种思路。一是以工业废固回收率、废气达标率和废水达标率的平均值衡量末端治理创新，平均值越大表示末端治理创新能力越强（如张旭和王宇，2017）。二是以污染减少强度来测度（如毕克新 等，2011；Xie et al.，2015；郭英远 等，2018）。

（二）绿色工艺创新的测度

已有研究常用研发经费内部支出与技术改造经费投入的总和来衡量绿色工艺创新（如李婉红 等，2013；王锋正和姜涛，2015；徐建中和王曼曼，2018；黄文炎和向丽，2019；等），总和越大，表明投入的努力越多。其他的测度方法还有：张倩（2015）用万元工业产值废水排放量即废水排放量与工业产值的比值测度，比值越小说明绿色工艺创新能力越强；向丽和胡珑瑛（2017）用各工业行业技术改造费用在科技活动总支出中的占比测度。

（三）绿色产品创新的测度

现有研究对绿色产品创新的测度主要有两种方法。第一种是采用新产品单位能耗，即能源消耗量与新产品产量的比值来衡量，数值越小，绿色产品创新能力越强（如李婉红 等，2013；李香菊和贺娜，2018；黄文炎和向丽，2019；等）。第二种是用新产品销售收入与能源消耗量之比衡量，比值越大，说明绿色产品创新程度越高（如王锋正和姜涛，2015；向丽和胡珑瑛，2017；徐建中和王曼曼，2018；张旭和王宇，2017；等）。

（四）绿色转向的测度

绿色转向与肖兴志和李少林（2013）"产业升级"、王凤祥和张伟（2017）

"产业结构升级水平"、郭进（2019）"投资领域变迁"及原毅军和陈喆（2019）"制造业转型升级"的提法大体相当，也是独立的可以代表本身的变量。王凤祥和张伟（2017）通过构建产业结构层次系数来表示各个省份的产业结构升级水平 $IS = \sum_{i=1} q_i \times i = q_1 \times 1 + q_2 \times 2 + q_3 \times 3$。郭进（2019）用第二产业总产值占地区 GDP 的比重来测度产业结构。原毅军和陈喆（2019）用清洁型制造业总产值与污染密集型制造业总产值之比来测算。其他的，冉启英和杨小东（2020）用第三产业增加值与第二产业增加值之比测算产业结构水平。

需要注意的是，在测度方法的选取上，研究目的不同，选取的测度方法就不同，比如有些研究关注的是区域工业企业针对绿色技术创新投入的努力，有些研究聚焦于区域工业企业的绿色技术创新绩效、效率等。

第七节　影响因素

目前学术界针对工业绿色转型发展路径选择的影响因素的研究还不多。更多的是 21 世纪早期泛泛探讨了绿色技术创新的影响因素（如刘慧和陈光，2004；彭攀和丁丹，2005；葛晓梅 等，2005；李鸿燕，2007）以及近年聚焦于绿色技术创新效率、能力、水平、绩效的影响因素（如岳鸿飞 等，2017；李广培 等，2018；李香菊和贺娜，2018；高萍和王小红，2018；彭瑜欣和李华晶，2018；徐建中和王曼曼，2018；梁圣蓉和罗良文，2019；王旭和褚旭，2019；张峰 等，2019a；张娟 等，2019；冉启英和杨小东，2020；等）。这些研究探究到的影响因素主要包括企业内部要素如企业规模、年龄、所有权性质、成长性、融资约束、高管环境注意力等，区域地理空间要素如经济发展水平、产业结构水平、所有制结构、金融发展水平、对外开放程度、市场化指数、制度质量、研发投入强度、人力资本水平、教育资源丰裕度、自然资源禀赋等，政府行为要素如环境规制、环境政策、政府补贴等。

从逻辑上讲，第一组研究泛泛讨论的影响因素也是适用于工业绿色转型发展路径选择的，因为工业企业实施绿色转型发展可以选择的三条路径都属于绿色技术创新范畴；第二组研究主要揭示了工业企业开展绿色技术创新活动的结果性指标的影响因素，与工业绿色转型发展路径选择的影响因素有交叉，但并不能完全与工业绿色转型发展路径选择的影响因素画等号。一方面，工业绿色转型发展路径选择的表征更应该体现为工业企业个体和工业企业群在末端治理、绿色工艺创新、绿色产品创新及绿色转向四个路径投入的努力，对某个或某些路径的投入越大，表示企业选择了某个或某些路径；另一方面，如果基于数据可获得性、连续性等因素考虑，选择结果性表征，也至少是区分了几类路径的结果性表征，而已有选择结果性表征的研究只是区分了绿色工艺创新和绿色创新两类路径。所以，第二组聚焦于绿色技术创新绩效、能力、效率等的影响因素但区分了绿色工艺创新和绿色产品创新的那部分研究探究到的影响因素在逻辑上也是适用于区域工业绿色转型发展路径选择的，至少是部分适用的，但是作用机制与关联性有待进一步考察。

杨燕（2017）、邱洋冬和陶锋（2020）是目前少有的针对工业绿色转型发展路径选择的研究。杨燕（2017）从时空维度和横纵产业划分视角构建的区域工业绿色转型发展路径和模式分析理论模型及对四川成都、德阳、攀枝花几个老工业基地的案例分析揭示了几组影响因素，包括企业内部因素、区域地理空间要素及企业外部来自政府的诱导性推拉、新技术的推动、公众压力的推动。邱洋冬和陶锋（2020）则从微观企业创新和技术选择的视角探讨、验证了我国资源型城市陷入"资源诅咒"效应的影响因素和机制，发现一个地区的自然资源丰裕度、非国有化程度、市场化程度、对外开放程度、环境规制强度、知识产权保护强度等因素都会影响企业的绿色技术创新选择。这些影响因素和彼此间的作用机制基本都在 Rennings（2000）提出的"技术—市场—规制"框架和区域创新系统理论的框架内。

考虑下一章会专门针对区域工业绿色转型中的地方政府行为展开，本节主要就已有研究探讨到的企业内部因素和区域地理空间要素进行梳理，为更深入地理解工业绿色转型发展路径选择的内在机理及构建相关模型打基础。

一、企业因素

已有研究关注到的企业内部因素有：企业规模、年龄、所有权性质、成长性、融资约束、对绿色转型发展的预期收益、创新基础、高管团队环境注意力、组织惯性等。在测算环境规制等与绿色技术创新效率、绿色技术创新水平关联性的定量研究中，这些企业内部因素常被作为控制变量。

（一）企业规模

企业规模是对企业生产、经营等范围的划分。大多数研究发现企业规模与企业绿色技术创新能力及能力的提升显著正相关（向丽和胡珑瑛，2017；李香菊和贺娜，2018；陈晓 等，2019；李楠博，2019a；李瑞琴，2019；于克信等，2019；李楠博，2020）。高萍和王小红（2018）、杨国忠和席雨婷（2019）

发现企业规模对绿色技术创新效率的影响系数为正，但并不显著，原因可能是当前我国工业企业的发展尚未成熟，难以产生规模效应，且大企业与小企业的创新能力更多取决于研发投入以及其他环境因素等，使得企业规模对绿色技术创新效率的影响也没那么显著。王锋正和陈方圆（2018）则发现企业规模与企业绿色技术创新投入呈负相关关系，认为企业规模越大，可能在绿色技术创新中投入的资金越大，所遭受的风险就越大，所以规模大的企业可能更不愿意去进行绿色技术创新。黄文炎和向丽（2016）发现企业规模对绿色产品创新具有显著的负向影响。

（二）企业年龄

已有研究大多将企业年龄理解为企业上市年龄，结论也并不统一。李楠博（2019a）发现上市时间均与绿色技术创新能力的自然对数正相关，说明上市时间越长，其绿色技术创新能力越强。王锋正和陈方圆（2018）、于克信等（2019）发现企业年龄与绿色技术创新之间呈负相关，原因可能是上市时间较长的企业在前期已经进行了相应的绿色技术研发，后期主要是以环保达标为目的，不再积极进行进一步绿色技术创新。庞娟等（2019）发现企业年龄对探索性绿色创新活动开展无显著影响。王旭等（2018）则将生命周期理论引入研究框架，分析并检验了股权融资、债权融资、政府补贴对企业绿色技术创新绩效的差异化影响与动态变化规律，充分考虑了企业的组织结构、组织治理、盈利水平和风险控制力等方面在不同发展阶段的差异对企业管理层开展绿色技术创新活动的意愿、价值诉求及风险控制能力的差异性影响。

（三）所有权性质

所有权性质是从注册资金来源和所有权角度界定的企业性质，已有研究主要区分了国有企业和民营企业，作为虚拟变量，国有企业为1，其他企业为0。国有企业是我国工业结构调整和转型升级中的重要体制性因素（褚敏和靳涛，2013；王立国和王磊，2017）。国有企业因为与地方政府的天然政治关联、财政关联和由此带来的较少的信息非对称性，会在地方政府选择投资、补贴对象时得到更多的关照，相应地拥有更多的优势资源和市场份额（褚敏和靳涛，2013；王立国和王磊，2017；岳鸿飞，2018）。民营企业以中小企业为主，资本实力和市场规模比不上国有企业，但生产经营更为灵活，自主创新会更活跃（岳鸿飞，2018）。

（四）企业融资约束

融资作为企业发展的起源，融资约束问题对企业的影响广泛且深刻，尤其对处于市场发展不完全、信息不对称地区的企业。已有研究常将企业融资受约束的程度与企业规模、企业现金流、所处金融环境、政府官员价值取向、企业所有权性质等关联。主要观点和发现包括：融资受到约束的企业会更加依赖内部现金流（Fazzari et al.，1988），会系统地从现金流中保留现金（Almeida et al.，2004）；在我国，规模较大的企业相较于规模较小的企业受到的金融约束程度相对小些（王彦超，2009）；良好的金融生态环境有助于缓解企业融资约束（魏志华 等，2014）；在一定程度上政治关联会强化融资约束对企业研发投资的消极影响，政府官员因为政绩考核及升迁压力会倾向于把资金流引向国有企业及短平快的投资项目（邓可斌和曾海舰，2014；谢家智 等，2014）；相较于其他产业，绿色技术创新产业在初期投入阶段更难获得持续、高质量的资金流入（杨国忠和席雨婷，2019）。

（五）创新基础

孙宏芃（2016）和李瑞琴（2019）的实证研究都表明，我国工业部门的绿色技术创新活动具有明显的路径依赖特征和"惯性效应"，东部、中部和西部地区都表现出上一期的绿色工艺创新、绿色产品创新有利于本期的绿色技术创新，且东部地区的绿色技术创新累积效应较中西部地区更为显著。"路径依赖"和"惯性效应"本质上表征的是企业前期的绿色创新基础对当期绿色创新活动开展有不可忽视的影响力。企业的创新基础由人力资本、物质资本储备、技术能力、创新经验、社会资本等隶属于资源和能力两个维度的要素组成。在具体理解和测算时，因研究重点不同会有差异。比如李楠博（2020）将创新基础理解为创新资源和创新能力，将科研人员数量、研发投入、新增固定资产投资额作为企业内部资源，将政府补贴和税收优惠作为外部资源，将专利数量作为产出要素，三者同时计入企业创新基础指数的计算体系；孙宏芃（2016）则主要考虑了人力资本、物质资本；李瑞琴（2019）则较为笼统，将企业上一期绿色技术创新效率作为企业当期绿色技术创新效率的基础。

（六）其他

预期收益。企业对技术进步、创新及相应市场表现的预判影响其投入努力的方向和强度（杨燕，2020）。预期收益是企业进行绿色技术创新行为最重要的内部驱动力；绿色技术创新带来的收益主要包括短期内看得到的降低成本、增加收入等经济收益以及长期内附着于企业品牌形象塑造的无形收益；预期收益会以高管团队环境注意力为中介间接影响企业绿色技术创新（李楠博，2019b，2020）。李楠博（2019b，2020）用研发投入强度表征企业对开展绿色技术创新带来收益的预期，实证分析表明：研发投入强度越大，则预期越高；反之，预期越低。

高管团队环境注意力。高管团队是企业战略的制定者，其注意力是有限的，因此，他们对与生态环境保护相关的内容赋予的关注度会影响企业开展绿色转型发展的决策；而企业高管团队的环境注意力又受外部制度压力、预期收益等内外因素的综合影响（李楠博，2020）。李楠博（2019b）基于2014—2018年我国重污染行业上市企业数据的实证分析表明，绿色技术创新与高管团队环境注意力呈正相关关系，高管团队环境注意力与企业绿色技术创新也呈显著正向相关关系。

组织惯性。组织惯性是组织内的思维模式或重复行为惯例，具有较强的环境依附性，掌控着企业内部经营运转模式，影响企业对外界异质知识的吸收和整合。庞娟等（2019）将其作为外部网络关系对绿色技术创新影响的调节变量，发现适度的结构惯性会使企业拥有一定的抗压能力，但其固有的自我约束机制制约了探索性绿色创新发展；行为惯性的存在提升了合作关系的稳定性，但主观排斥与外界进行资源共享，不利于网络关系中知识转移作用的发挥。

二、区域地理空间要素

地理空间要素主要用来表征、区分不同省份工业企业开展绿色转型发展所处的"大环境"。从已有研究来看，这个"大环境"涉及的要素比较多，包括经济发展水平、产业结构水平、所有制结构、对外开放程度、市场化指数、制度质量、研发投入强度、人力资本水平、教育资源丰裕度、自然资源禀赋等。这些要素之间存在不同程度的交互、重叠，通常常作为控制变量。具体选用哪些因素则依研究需要而定。

（一）经济发展水平

根据环境库兹涅茨曲线，一个地区的经济发展水平会影响其环境污染情况、治理路径和治理成效。已有研究表明，我国各省份的绿色技术创新绩效呈现出明显的空间依赖性。一般地，各地区的工业企业绿色技术创新水平普遍偏低、水平分布与其经济发展水平存在较高的一致性（许晓燕 等，2013；李香菊和贺娜，2018；原毅军和陈喆，2019），但也有部分省份并未呈现出较高的一致性（王郁蓉，2012）。

（二）产业结构水平

产业结构反映了一个地区的产业发展重心，产业结构水平则反映了一个地区的经济发展阶段与水平。从测算方法看，已有研究对两个概念的使用并没有明确的区分。许晓燕等（2013）、李香菊和贺娜（2018）、郭进（2019）用工业或第二产业的生产总值占GDP的比重测算，高萍和王小红（2018）、冉启英和杨小东（2020）用第三产业增加值与第二产业增加值之比测算，王凤祥和张伟（2017）则建构了产业结构层次系数来测算，原毅军和陈喆（2019）用清洁型制造业与污染密集型制造业的总产值之比来衡量。无论采用哪种测算方法，已有研究大多表明产业结构对企业及区域技术绿色创新水平的提升都有正向影响（如王凤祥和张伟，2017；李香菊和贺娜，2018；高萍和王小红，2018；等）。但是，许晓燕等（2013）、郭进（2019）基于我国30个省份2006—2010年的平衡面板数据的实证结果表明，工业产业结构对绿色技术创新产生显著的阻碍作用，即一个地区的产业结构中工业占比越大，其生产模式就越有可能固化对资源环境的路径依赖，会阻碍绿色技术创新。

（三）所有制结构

所有制结构反映了一个区域企业个体所有制属性加总后的整体特征，常用国有成分占比来表征。段国蕊和臧旭恒（2013）、张倩（2015）、梁丰和程均丽（2018）、陈晓等（2019）、王班班和赵程（2019）的实证研究结果表明，国有成分占比越高，一个地方对经济和金融的干预越多、资本密度越大、生产技术进步和产业结构升级越迟缓、企业越不愿意到该地投资，不利于企业开展绿色技术创新。李香菊和贺娜（2018）、黄文炎和向丽（2019）分别基于我国29个省份2000—2015年的面板数据及2003—2011年27个工业行业的面板数据的实证检验表明，国有成分占比对绿色技术创新水平、绿色产品创新、绿色工艺创新有显著正向影响。岳鸿飞（2018）对我国30个省份2005—2014年的数据进行测算，发现企业所有制结构对绿色技术创新效率的影响还具有区域异质性，其中，对东部地区有显著的负向作用，且私有企业比国有企业在绿色技术创新方面的表现更活跃，对中部地区和西部地区影响不显著。

（四）对外开放水平

一个地区的对外开放水平对该地区的发展有着重要影响，已有研究常用各地区实际利用外资额或各地区实际利用外资额占GDP比重或进出口总额占GDP的比重作为代理变量。对于绿色技术创新来说，有的学者认为开放度更高的地区能更好地在短时间内弥补资金缺口、引进国外先进技术、技术溢出、倒逼技术改造，有助于本区域技术创新能力的提升和绿色转型发展。但也有学者指出越开放的地区越容易成为外商的"污染天堂"，会反过来抑制绿色创新。已有实证研究也反映出一个地区的对外开放水平对区域绿色创新影响的异质性：钱丽等（2015）、陈晓等（2018）、王凤祥和张伟（2017）、向丽和胡珑瑛（2017）、高萍和王小红（2018）的实证研究结果均反映出外商直接投资对我国绿色技术创新有显著的正向影响；李瑞琴（2019）用进出口规模表征对外开放程度,基于我国 2000—2016 年的省级面板数据进行实证分析,结果显示对外开放程度对绿色产品创新(水平)和绿色工艺创新(水平)均有正向影响。但是郭进(2019)的结果表明外商直接投资对绿色技术创新的影响不显著;而黄文炎和向丽(2019)的研究结果是外商直接投资指标均对绿色产品创新具有显著的负向影响,对绿色工艺创新具有显著的正向影响;许晓燕等(2013)、钱丽等(2015)分别发现外商直接投资、进出口贸易对我国的绿色技术创新的作用不明显。岳鸿飞(2018)则发现外商直接投资对东部地区的绿色技术创新影响不显著,对中部地区的绿色技术创新却有显著的正向促进作用,对西部地区的绿色技术创新是负面影响。

(五)市场化指数

市场化指数反映一个地区市场化发展的水平,直接影响着资源在区域间、产业间的流动和配置效率。也有研究将市场化指数作为一个地区制度质量的代理变量(如李瑞琴,2019),或者用全社会固定资产总额中国有成分和集体成分之和的占比也即公有经济成分来衡量市场化水平(陈晓 等,2019),或者用地区经济中私营经济所占比重反映(海琴和高启杰,2020),实质上和"所有制结构"相同。比较常见的市场化指数是樊纲等(2011)的"市场化进程指数"以及基于它补齐的指数,得分越高,市场化程度越高;反之,市场化程度越低(如肖兴志和李少林,2013;孙宏芃,2016;王锋正和陈方圆,2018;等)。张倩(2015)基于我国 30 个省份 2003—2011 年的面板数据的实证分析发现,市场化水平指标作为控制变量对绿色产品创新能力的影响系数为正,表明当前的市场条件不能有效激励绿色产品的需求和管理,但是市场化水平指标对绿色工艺能力的影响系数为负,说明当前的市场条件有效地激励了企业的工艺创新活动。孙宏芃(2016)以 2004—2014 年我国 30 个省份的面板数据作为研究样本测度市场要素扭曲程度对技术创新效率的影响,发现要素市场扭曲不利于绿色创新技术进步。王锋正和陈方圆(2018)以 2009—2014 年沪深 A 股上市的重污染行业的公司为研究样本,发现市场化指数与绿色技术创新呈现显著正相关关系。陈晓等(2019)选取 2000—2017 年我国 30 个省份的规模以上工业的面板数据对理论假设进行实证检验,发现市场化水平(公有经济成分)对绿色技术创新的影响显著为负。李瑞琴(2019)基于我国 2000—2016 年的省级面板数据,利用系统 GMM 与门槛效应模型,实证分析了制度质量(市场化指数)对环境规制与绿色技术创新关系的调节作用与门槛机制,发现制度质量提升对绿色产品创新和绿色工艺创新有显著的促进作用,对环境规制与绿色产品创新、绿色工艺创新的关系有显著的正向调节作用,但其作用强度对于绿色产品创新与绿色工艺创新在不同区域有明显的差异性。

（六）研发投入强度

研发投入是提高技术创新能力的主要途径之一。研发投入强度反映了一个地区的技术创新努力程度。已有研究常从经费和人员两个角度去衡量一个地区的研发投入强度。已有研究常用年度研发投入与 GDP 之比衡量研发经费投入强度，且实证研究表明研发经费投入强度对绿色技术创新水平和效率有显著的正向影响（王凤祥和张伟，2017；高萍和王小红，2018；冉启英和杨小东，2020）。研发人员是影响经济和竞争的关键因素，研发人员全时当量、科技活动人员占比等常被作为一个地区科技创新水平评价指标体系的重要正向指标（葛晓梅 等，2005；李婉红，2015；王锋正和姜涛，2015；张倩，2015；徐建中和王曼曼，2018）。许晓燕等（2013）的实证研究也表明，研发人员的投入与中国绿色技术创新水平显著正相关。

（七）人力资本水平

人力资本水平表征一个地区的劳动者素质，是影响一个地区工业企业接入国外先进技术、提升技术创新能力的重要区域性因素，在很多绿色技术创新文献中作为控制变量出现（如陈晓 等，2019；李瑞琴，2019；邝嫦娥和路江林，2019；等）。王凤祥和张伟（2017）用人均受教育年限来衡量一个地区的人力资本水平，选取 2006—2015 年我国 30 个省份的面板数据作为研究样本，发现当前我国的人力资本优势并不明显，未能对绿色技术创新产生影响。钱丽等（2015）基于 2002—2011 年各省（区、市）的面板数据的实证结果表明，劳动者素质对企业科技研发效率影响不显著，可能是高素质人才的流动在一定程度上抵消了影响。但是，陈晓等（2019）用人均受教育年限并对其取对数测度人力资本水平，选取 2000—2017 年我国 30 个省份的规模以上工业的面板数据对理论假设进行实证检验，发现人力资本水平提升可以显著促进绿色技术创新，尤其是高学历高技术人员能够对企业绿色技术创新产生知识溢出效应，提高企业经济效益。

（八）自然资源禀赋

自然资源禀赋是一个地区尤其是资源型地区发展经济的重要支撑要素之一，会深刻地影响地方政府行为，进而影响地方企业的技术选择、产业结构、产业的转型升级。自然资源禀赋可以是"资源祝福"，也可以是"资源诅咒"，"资源祝福"和"资源诅咒"在一定条件下可以相互转化（邵帅 等，2013；刘耀彬和肖小东，2019；张丽和盖国凤，2020）。王柏杰和郭鑫（2017）用一个地区某个时期的原油（原煤）总产量占全国原油（原煤）总量的比重与一个地区相应时期的 GDP 占全国 GDP 的比重之比来衡量该地区的自然资源禀赋，发现自然资源禀赋对一个地区的经济增长具有显著的正向作用，资源型地方政府行为与第二产业的发展显著正相关，尤其是采掘业，易形成"官煤（油）经济"，抑制第一、第三产业的发展，造成产业结构失衡，掉进"资源诅咒"陷阱。

第八节　本章小结

本章对欠发达地区工业绿色转型发展路径选择研究的理论基础以及国内相关文献进行了一个全面、深入的梳理，形成了以下几点认识：

第一，学术界针对国内工业绿色转型发展的研究热度虽然有逐年上升的趋势，但对路径选择虽有关注可研究成果总量极少，亟待跟进和丰富。在传统要素投入边际效应递减、全球经济发展范式重构的背景下，绿色技术创新、绿色转型发展对于改善环境质量、培育新的经济增长动能、推动产业价值链持续攀升意义重大。但是，我国面临绿色技术创新和绿色转型发展的双重外部性、区域经济发展不平衡不充分、各地的创新能力呈现出复杂的空间形态等问题，研究空间巨大。

第二，区域工业绿色转型是一个区域创新系统发挥作用的过程。区域工业绿色转型发展是一个区域内工业企业、政府、大学及研究机构、社会组织等创新主体间通过复杂互动，使得区域内自然资源、人才、资金、技术等创新要素实现更高效配置和利用，同时实现经济收益和环境收益的绿色创新过程，是一个区域产业转型和升级的重要方向与内容。这个过程会受到企业内部因素、区域地理空间要素、区域工业历史发展路径、创新积累、政府政策导向甚至国内外气候变化治理格局等内外因素的影响。

第三，工业绿色转型发展的路径主要四条：末端治理（路径1）、绿色工艺创新（路径2）、绿色产品创新（路径3）、绿色转向（路径4）。其中，末端治理、绿色工艺创新、绿色产品创新都属于绿色技术创新范畴；绿色转向可以在工业内部，也可以是从工业领域转向第一或第三产业领域，本质上还是由绿色工艺创新和绿色产品创新做支撑。从四条路径对工业企业在技术、资金的投入要求来看，绿色产品创新和绿色转向是相对高阶的绿色转型发展路径，其次是绿色工艺，最后是末端治理。工业企业对不同路径的选择背后是差异化的绿色发展思路、绿色创新活动和要素投入。

第四，选择绿色转型发展路径是区域创新系统推动实现绿色创新中的重要环节之一，在源头上影响转型发展的成效。因此，一方面，工业绿色转型发展路径选择的表征更应该体现为工业企业个体和工业企业整体在末端治理、绿色工艺创新、绿色产品创新和绿色转向四个路径投入的努力。已有研究主要选择了诸如绿色技术创新水平、效率等结果性表征，且只是区分了绿色工艺创新和绿色创新两类路径。另一方面，工业企业开展绿色技术创新活动的结果性指标的影响因素与工业绿色转型发展路径选择的影响因素有交叉，但并不能完全与工业绿色转型发展路径选择的影响因素画等号。尽管如此，聚焦于绿色技术创新绩效、能力、效率等的影响因素但区分了绿色工艺创新和绿色产品创新的那部分研究探究到的影响因素在逻辑上也是适用于区域工业绿色转型发展路径选择的，但是作用机制与关联性有待进一步考察。

第三章 区域工业转型发展中的
地方政府行为研究综述

    本章聚焦于工业绿色转型发展路径选择中的地方政府行为研究文献，梳理出理论基础、关键性地方政府行为及其表征、测度、作用机制等。考虑当前国内针对工业绿色转型发展路径选择的研究还非常有限，首先将工业绿色转型发展中的地方政府行为研究置于工业转型发展的大框架中，分析出理论基础、概念内涵、关键性地方政府行为、表征、测度等一般意义上通用的部分，然后再进一步聚焦工业绿色转型发展路径选择中的地方政府行为及作用机制，为构建区域工业绿色转型发展路径选择与地方政府行为关联模型、展开统计分析和实证检验打好基础。

    本章内容主要基于对 CNKI 的 96 篇强相关核心期刊及 CSSCI 期刊论文的梳理及分析展开①。

---

    ① 第一，鉴于本书的研究聚焦点在区域、产业、工业、制造业、企业、创新、环境、生态等，分别以"地方政府行为+产业""地方政府行为+工业""地方政府行为+制造业""地方政府行为+企业""地方政府行为+区域""地方政府行为+创新""地方政府行为+环境""地方政府行为+生态"为"篇名"关键检索词在 CNKI "期刊""硕博士学位论文"中进行"精确"文献检索（检索日期：2019 年 9 月 6 日）。检索结果为：期刊文献 247 条，硕博士学位论文 73 条，其中核心期刊和 CSSCI 文献 143 条，总量还非常小。第二，按照逻辑，这种检索方式是与研究主题关联度最高的，有利于观测国内针对该主题的专项研究开展情况；不排除会存在一些强关联、高质量的研究文献没被检索到的情况，不过，不会影响我们对国内相关研究整体情况的认识。第三，一般地，核心期刊和 CSSCI 期刊的文献质量高于普通期刊质量，因此以两类期刊的相关文献作为回顾和深入分析的对象，剔除掉其中的重复文献以及会议通知、新闻报道等非学术研究文献以及非经济类的研究文献，共计 96 篇有效文献。

第一节　理论基础

一、市场失灵

市场失灵主要用于解释政府干预经济的必要性和合理性。市场失灵是指通过市场配置资源不能实现资源的最优配置，是政府干预经济的重要理论和现实依据（罗富政和罗能生，2016；梁丰和程均丽，2018）。对于产业发展，市场失灵主要指面临的垄断、公共产品、外部性、不完全信息、协调失灵等问题（孙天齐，1998；梁丰和程均丽，2018）。在我国，地方政府参与产业发展的应然性和必要性，除去市场失灵的问题外，还有两点：一是相对于中央政府，地方政府掌握着属地产业发展所需的土地、资金、科技等关键性生产要素，更清楚属地的产业发展基础、产业竞争力、社会文化和价值观念等，也更清楚何种制度安排更适合（杨灿明，2000；任宗哲，2003；胡继妹和黄祖辉，2007）。二是推动属地产业快速发展是我国地方政府行为的集中体现，尤其是那些高税收、高就业、高产业关联度、强带动效应、收益风险更小的产业，是地方政府实现政治和经济双重目标的有效载体（李东升和李中东，2005；方建国和谢小平，2008；褚敏和靳涛，2013；张欣怡，2015；康凌翔，2016；王立国和王磊，2017）。需要注意的是，有些文献认为市场失灵为政府干预经济提供了条件和可能，但政府干预并不一定必然是成功的，甚至地方政府过度介入或无效干预，反而会在一定程度上导致、加剧市场失灵（孙天齐，1998；李东升和李中东，2005；蔡玉胜，2010；郑周胜和黄慧婷，2011）。

二、委托代理理论

委托代理理论起源于 20 世纪 60 年代末，主要针对的是企业经营管理中的信息不对称和激励问题，后来逐步深入到动态委托代理关系、多层委托代理关系等方面的研究，并在我国逐步扩展应用到国有企业改革、行政管理等领域（赵蜀蓉 等，2014）。从委托代理理论出发，我国地方政府具有多重身份（谢江薇，2003；衡霞，2010；王永莉，2011；甄志勇和毕克新，2011a；郑周胜和黄慧婷，2011；顾元媛和沈坤荣，2012；王立国和王磊，2017）。第一重，地方政府是中央政府在地方的代理人，且通常接受的是中央政府的多任务委托；第二重，地方政府是属地居民、企业等非政府主体在地方的代理人；第三重，地方政府是下一级政府的委托人。在我国产业发展中，地方政府的主要任务之一是执行中央政府的产业政策，并在这一任务中衍生了诸多地方政府行为。这里有两条行为逻辑线，基本勾勒出了我国产业发展中地方政府行为的定位和内容。一条是产业政策从制定到实施的整体逻辑（①→②→③）（吴昌南，2003）：①制定（中央政府）→②执行（地方政府、企业）→③影响产业发展（规模、层次和结构）。另外一条是地方政府执行中央政策并进一步反馈给中央政府的行为逻辑（②→③→①）（中国社科院金融研究所课题组，2008）：控制土地资源配置权→吸引金融资源→投向资本密集型产业→重复建设、产业同构、投资过热→产能过剩→银行坏账→金融风险累积→宏观调控。在产业政策的执行中，中央政府和地方政府之间是一个不完全契约，因为中央政府偏好于全局性的收益，地方政府偏好自身效用函数最大化，在中央政府的意志之外还会综合考虑属地经济增长和政绩的需要、企业的市场表现以及地方政府与企业的依赖关系（刘凌波和丁慧平，2007；中国社科院金融研究所课题组，2008；顾元媛和沈坤荣，2012；康凌翔，2016）。由于信息不对称、中央政府监督约束乏力等，有些地方政府会选择性执行甚至扭曲中央产业政策（杨灿明，2000；吴昌南，2003；阙忠东，2004；任维德，2005；杨晓萍，2006；刘凌波和丁慧平，2007；衡霞，2010；郑周胜和黄慧婷，2011；黄慧婷，2012；张为杰，2012；陈莎莉，2014；张欣怡，2015；王柏杰和郭鑫，2017；徐云松和齐兰，2017）。地方政府的这些异化行为，是局部理性行为，是中央政府—地方政府委托代理关系中的道德风险部分（谢江薇，2003），根源在于委托人中央政府对激励的制度设计主要基于可测度的 GDP 指标（刘凌波和丁慧平，2007；黄慧婷，2012；张为杰，2012；陈莎莉，2014）。

三、公共选择理论

公共选择理论用于解释地方政府的行为逻辑。公共选择是人们通过政治过程把个人偏好转化为集体行动的过程，公共选择理论把这个过程看作一种特殊的经济活动；在公共选择中，制定决策的主体是经济人，与受到决策影响的主体之间的距离越远，决策制定主体越容易失去对自己行为的道德判断和个人准则（方福前，2007）。我国地方政府具有经济人和政治人双重角色，目标是最大化自身收益，属地的公共收益和委托人中央政府的目标就内化于这个过程且处于次要位置（孙晓伟，2012）。在实际中，作为地方政府"第二财政"的国有企业以及给予地方政府官员寻租空间的企业、本土主导产业中的优势企业等，会比较容易得到地方政府的财政补贴、金融支持等（冯涛 等，2007；梁丰和程均丽，2018）。在转型发展阶段，我国地方政府负担的经济职能越来越多，公共选择中的行为动机较多，外加地方政府的财产权不明晰，地方政府间很难通过交易去推动公共选择，地方政府也必将很难高效地适应人们所预期的它们在经济和政治两个市场中的角色（任宗哲，2003；王发明和李中东，2007）。

第二节　总体推进情况

一、文献总量及趋势

在中国的政治实践情境中，广义的地方是包括基层在内的。分别以"地方政府""基层政府""地方政府行为""基层政府行为""地方政府行为+产业""基层政府行为+产业""地方政府行为+工业""基层政府行为+工业""地方政府行为+制造业""基层政府行为+制造业"为"篇名"关键检索词在CNKI数据库"期刊"类、"硕博士学位论文"中进行"精确"文献检索（检索日期：2019年9月6日）。按照逻辑，以"地方政府""基层政府"为篇名检索出的文献可以大致归类为地方政府的直接相关研究，以"地方政府行为""基层政府行为"为篇名检索出的文献可以大致归类为地方政府行为的直接相关研究，且前者是涵盖了后者的。

从检索结果看，中国知网中有关地方政府的直接相关"期刊"类、"硕博士学位论文"类研究合计达到27 125篇，核心期刊和CSSCI期刊文献达到7 721篇，分别是工业绿色转型发展同类研究文献总量的近22倍、79倍。直接相关地方政府行为的"期刊"类、"硕博士学位论文"类文献总量是946篇，是工业绿色转型发展同类研究文献总量的77%，但是只占地方政府同类研究文献总量的3.5%。直接相关地方政府行为的核心期刊和CSSCI期刊文献有366篇，是绿色转型发展同类研究文献总量的近4倍，占地方政府行为同类研究文献总量的4.7%。表明：国内关于地方政府的研究相对工业绿色转型发展的研究关注度和成果总量都要大出许多；地方政府行为研究质量相对工业绿色转型发展研究质量较高，但在地方政府研究中还没有得到充分的重视。另外，地方政府行为研究中，聚焦于产业的文献只占总量的8.5%，聚焦于工业和制造业的文献总量还是个位数，聚焦于创新、生态环境治理、企业和区域发展的文献总量也都没有过百。详见表3-1。

表 3-1　国内地方政府行为研究的学术情况

关键检索词	"期刊"文献	"核心期刊+CSSCI"文献	硕博士学位论文
地方政府行为	688	358	221
基层政府行为	29	8	8
地方政府	19 618	7 318	5 935
基层政府	1 539	403	33
地方政府行为+产业	61	30	21
基层政府行为+产业	2	1	0
地方政府行为+工业	4	3	0
基层政府行为+工业	0	0	0
地方政府行为+制造业	7	5	3
基层政府行为+制造业	0	0	0
地方政府行为+企业	30	20	8
基层政府行为+企业	0	0	0
地方政府行为+区域	81	41	18
基层政府行为+区域	0	0	0
地方政府行为+创新	24	15	11
基层政府行为+创新	0	0	0
地方政府行为+环境	27	21	8
基层政府行为+环境	1	1	0
地方政府行为+生态	13	8	4
基层政府行为+生态	0	0	0

从历年的相关文献数量变动情况来看，国内学术界对地方政府行为的关注从 1986 年便已开始，之后经历了缓慢的成长期，直到 2006 年以后开始有更多的稳定的关注（见图 3-1）。

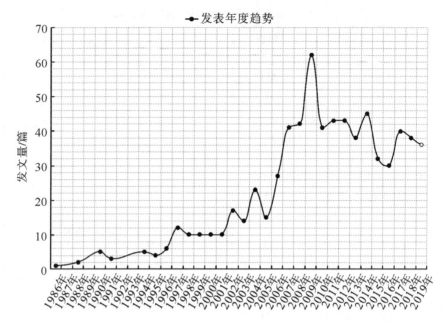

图 3-1   "地方政府行为"历年学术关注情况（"期刊"文献）

二、主题分布

选取"地方政府行为""基层政府行为"两项检索结果中"核心期刊+CSSCI"中的强关联文献为样本（样本量：320），通过聚合同类或相关关键词的方法，得出地方政府行为研究的主题分布表（见表3-2）。可以看到，已有地方政府行为研究有经济、公共管理、社会、政治、管理、科学学等多个理论视角①，尤其是经济、社会和政治三个视角的研究占了总量的81%。

表 3-2   国内地方政府行为相关研究主题分布情况

主题	出现频次
经济类	146
社科、综合类	74
政治类	39
金融、财政、财会类	30

---

① 以文献发表的期刊分类作为判断标准。

表3-2(续)

主题	出现频次
管理类	10
科学学类	9
其他	12

三、地域分布

选取"地方政府行为""基层政府行为"两项检索结果中产业、工业、制造业、企业、区域、创新的强关联文献为样本（样本量：147，"核心期刊+CSSCI""硕博士学位论文"），通过聚合同类或相关关键词的方法，发现已有相关研究主要集中于地方政府行为与产业发展、企业创新行为、区域生态环境治理、区域经济发展、区域金融发展、区域创新系统、区域品牌发展的关联等几个主题（见表3-3）。

表3-3　国内工业绿色转型发展与地方政府行为相关研究主题分布

主题	出现频次
产业集聚、升级、转移、政策、结构优化、创新等	56
区域经济发展、政府间竞争等	24
企业创新投入、成效等	21
区域生态环境治理	21
区域金融发展	10
区域创新系统	11
区域品牌发展	4

选取"地方政府行为""基层政府行为"两项检索结果中产业、工业、制造业、企业、区域、创新的强关联文献为样本（样本量：147，"核心期刊+CSSCI""硕博士学位论文"），进一步统计它们聚焦的地方政府层面，发现泛泛而谈而不具体到某个层级的地方政府的文献以及聚焦于省级政府层面的文献占了主流，在总量中的占比分别达到42.9%和36.7%；其次是市州级的地方政府，占比有11.6%；区县级和乡镇级两个层级的地方政府已有研究也有关注，但总量不大；聚焦于欠发达地区地方政府的研究更是寥寥。详见表3-4。

表 3-4　国内工业绿色转型发展与地方政府行为相关研究聚焦的地方政府层级分布

地方政府层级	出现频次
省级	54
市州级	17
区县级	7
乡镇级	6
泛谈	63
其中，欠发达地区地方政府	3

第三节　核心概念界定

地方政府行为的主体是地方政府，工业发展中的地方政府行为则进一步限定了地方政府行为的作用领域。要理解工业发展中地方政府行为的概念内涵，就要厘清什么是地方政府、地方政府行为和工业发展。

一、地方政府

地方政府是一个既具实体性又有分析性的概念。已有研究对地方政府的界定主要基于中央和地方的行政层级，也即将地方政府作为国家序列中的一个环节，是中央政府的下级政府。因此，除去中央政府之外其他层级的政府都可称为地方政府。在我国，地方政府包括省级政府、市州级政府、区县级政府和乡镇级政府四级，有相对独立的行政区划，履行执行中央政府宏观经济调控指令、监管和调控地方经济运行、促进国有地方经济发展和资本增值三种经济职能。其中，前面两个职能是建立在国家上层建筑基础上的一般意义上的"政府"职能，第三个职能是建立在财产关系基础上的一般"投资人"或"所有者"职能，是与"政府"职能截然不同的"企业"职能。也因此，我国地方政府自身天然地具有政治人（政府）和经济人（投资人）双重身份（秦绪娜，2010），具有相对独立的经济利益（郝云宏和王淑贤，1999），控制着区域经济发展的主导权和关键性生产要素（张丙宣，2016），是中央政府实现经济增长目标的依赖（郝云宏和王淑贤，1999；施海洋和徐康宁，2001；张汉，2014；张建波和李婵娟，2017）。

朱长存和顾六宝（2005）将地方政府界定为以地方党委主要领导为主的在地方事务中发挥核心作用的领导层，即由地方政府行为、行动的实质性执行主体——地方干部来代表地方政府。也因此，在诸多已有地方政府研究中，地方干部是重要考察对象之一。

二、地方政府行为

地方政府行为的主体是地方政府。在很大程度上，研究地方政府即是研究地方政府行为，因为地方政府不是静止的，存在"行动""行为"（梅立润，2018）。地方政府行为主要围绕地方政府的三种经济职能的履行展开。梅立润（2018）将地方政府的行为背景、限定条件、行为逻辑、行为空间、行为关系、行为结果等都纳入地方政府行为的范围，并划分出财政机会主义、届别机会主义、竞争机会主义、维稳机会主义等几类专项机会主义行为。也有文献进一步聚焦于地方政府的经济行为、创新行为、竞争行为、博弈行为等对转型期中国影响较大、特征显著的地方政府特定行为（李常理，2011；田润宇，2010）。甄志勇和毕克新（2011b）将地方政府行为与制造业绿色创新关联起来，用地方政府的组织行为、协调行为和服务行为来指征地方政府行为的投入。朱万里（2018）将地方政府行为作为产业园区循环化改造绩效评估的核心解释变量，认为地方政府行为主要发生在资金和政策领域。

从以上对地方政府行为概念内涵的梳理来看，已有研究对地方政府行为的理解在理论切入点和关注点上虽有差异，但都没有脱离以下几点：一是地方政府行为是地方政府围绕执行中央政府宏观经济调控指令、监管和调控地方经济运行、促进国有地方经济发展和资本增值三项职能开展活动的外在显示。二是财政分权制度下，地方政府是具有相对独立经济利益的活动主体，因此会存在地方政府与中央政府、地方政府与辖区企业以及地方政府间三组主体的博弈行为。三是地方政府行为具有政治和经济双重属性，是利益驱动的结果（张建波和李婵娟，2017）。一般地，省级政府在改革决策中对政治责任的考虑占比更重，改革创新更倾向于与中央的明确政策同步；对于存在政治风险、有利于本省经济发展且中央政府又没有明确禁止的领域，倾向于采取默认的态度。县乡级政府在行政级次上受中央控制的程度较弱，地方政府官员的个人利益与地方经济发展的总体利益有着更为密切的联系，因此在改革决策中政治风险的考虑占比较弱，制度创新空间大（施海洋和徐康宁，2001）。

第四节 主要研究范式

以是否交代财政分权和地方政府考核机制对地方政府形成特定行为偏好的诱导逻辑为标准，96 篇文献可以划分为两个大组。

第一组文献都直接或间接、大篇幅或小段落地交代了财政分权和地方政府考核机制对地方政府形成特定行为偏好的诱导逻辑，进而进一步探究地方政府行为或地方政府行为偏好与区域经济发展、产业发展、产业结构优化升级、区域环境治理等的关联。这组文献在 96 篇文献中属于主流，以基于博弈模型或地方政府效用函数的推理演绎、基于面板数据模型进行实证检验或测算为主，下一节中的"测度进路"部分会详细展开，此处不再赘述。

第二组文献则是直接就区域创新系统、产业集群发展、产业集群技术创新、制造业绿色创新系统、产业升级中地方政府的活动、活动的绩效、活动的特征等进行探究，以纯粹的理论演绎和案例研究为主，完全跳出了第一组的研究推进范式（详见表 3-5）。

表 3-5 第二组文献的主要研究推进路线

研究范式	文献	研究推进路线
理论演绎	胡继妹和黄祖辉（2007）	介绍产学研合作中地方政府行为的应然性要求→指出地方政府倾向于从供给角度发挥作用→建议
	李晓娣和赵毓婷（2007）	区域创新系统组织构成→地方政府行为在区域创新系统中的作用→区域创新系统中地方政府行为环境、机制等
	卢巧玲（2009）	介绍产业集群的发展规律→分析政府参与产业集群升级的必要性→建议
	王国平（2009）	产业升级中地方政府行为的理性判断→理性界定→产业升级与政府职能转变融合的理性选择
	魏丽华（2010）	交代产业集群升级中地方政府治理的必要性→分析产业集群升级进程中的地方政府治理行为→启示与思考
	崔杰（2011）	介绍欠发达地区产业集群发展现状→指出运用蝴蝶效应原理使产业集群摆脱路径依赖→对策
	张明莉（2011）	分析集群产业发展中的地方政府行为→对策
	刘秋银（2014）	介绍产业集聚发展中的地方政府行为选择现状→分析产业集聚发展中地方政府行为的特征→给出产业集聚发展中地方政府行为的优化路径

表3-5(续)

研究范式	文献	研究推进路线
案例研究	丘海雄和徐建牛(2004)	文献综述→提出研究问题、对象和方法→案例分析→指出问题→总结讨论
	沈静(2010)	理论上探讨地方政府在经济发展和产业集群中的行为动机和特征→案例分析内生型和外生型的产业集群发展在不同阶段地方政府的行为方式→对比两种类型产业集群中的地方政府行为方式与产业集群的形成过程和发展特征→结论、讨论
	白景锋(2011)	指出推动传统产业集群升级是各级政府实现经济蜕变的关键→介绍镇平玉雕产业集群的发展情况→呈现镇平县政府在玉雕产业工艺流程升级、产品升级、功能和产业链升级三个不同阶段中的行为→启示
定量研究	邬爱其和张学华(2006);张学华和陈昌笋(2007)	基于集群发展相关理论设计企业对地方政府行为发生情况的评价问卷→测度地方政府行为的绩效水平、发现优势和短板→政策建议
	甄志勇和毕克新(2011b)	设计制造业绿色创新能力和地方政府行为投入评价指标→构建制造业绿色创新与地方政府行为灰色关联分析模型→以黑龙江省制造业29个行业为样本,采用模糊优化迭代法和灰色关联分析法,测算7个地方政府行为投入指标与制造业绿色创新能力综合指标的关联度→结语
	甄志勇和毕克新(2011c)	基于C2R模型构建地方政府行为绩效评价方法→以黑龙江省为例,对比吉林、辽宁、江苏三省数据,从不同阶段对制造业企业总值增加和制造业企业增加值进行评价分析→结语

两组研究合在一起为我们呈现了分权制度、地方政府考核机制→地方政府行为偏好→产业发展的完整逻辑链条,而且这个逻辑链条兼具了严谨的推理演绎、量化的关联性分析和多样的案例呈现。

第五节　表征和测度

在96篇文献中,基于模型进行实证检验或测算的就有42篇,是进一步抓住地方政府行为的核心表征、掌握地方政府行为的测度进路及常用的测度方法的基础。

一、代理变量

在 42 篇文献中有 24 篇比较明确地交代了地方政府行为的代理变量，主要集中在：财政分权度、财政收支压力、财政不平衡度、对经济和金融的干预度、干部晋升竞争及增长考核压力、财政投入和补贴、国有经济占比等。

财政分权被用于表征地方政府的经济自由权，财政分权度越高，地方政府干预经济的自由度就越高（段国蕊和臧旭恒，2013）。对地方财政分权的度量，采用较多的是财政支出分权的度量，因为财政收入在中央和地方政府之间的分配较为复杂（黄慧婷，2012；孙晓伟，2012；张为杰，2012；段国蕊和臧旭恒，2013）。少部分文献采用的是财政收入分权的度量，理由是分税制改革后转移支付已经成为部分地方政府财政收入的重要来源，用财政支出分权度量会高估地方的财政实力（张欣怡，2015；王春元，2016；吴非 等，2017；王柏杰和郭鑫，2017）。也有个别文献将财政收入分权和财政支出分权同时纳入测度（顾元媛和沈坤荣，2012）。采用财政收支压力和对经济（金融）的干预度作为地方政府行为核心代理变量的文献，都采用地方财政支出/财政收入来度量，表明二者的经济意义本质是相同的，都反映了地方政府控制财政分权影响的能力、攫取区域金融资源的动力和对经济的干预度（余许友，2001；冯涛等，2007；褚敏和靳涛，2013；吴非 等，2017；吴非 等，2018）。少部分文献用财政赤字率或自给率来测度地方政府的财政收支能力（黄慧婷，2012；褚敏和靳涛，2013），或者用财政支出在 GDP 中的占比来衡量（梁丰和程均丽，2018）。

地方干部考核晋升竞争激励或增长考核压力主要被用来反映地方政府及官员推动经济增长的动力，目前还没有一个较为统一的测度办法。有用该省份所处地区板块的 GDP 增长率均值与该省份的 GDP 增长率的比值测度的（吴非等，2017；吴非 等，2018）；有认为地方官员在党代会召开的前一年冲刺效应明显，用政治周期虚拟变量来衡量的（顾元媛和沈坤荣，2012）；也有用省级人均 GDP 与全国人均 GDP 的差值来测度的（王春元，2016）；还有的认为地方经济发展的最大受益者是地方的主要官员，用地级市主要官员的升迁次数作为政治晋升激励的度量（王柏杰和郭鑫，2017）。

财政投入和补贴被用来反映地方政府对特定领域的支持力度，其测度因观测领域不同而有差异。比如：指地方政府对企业的研发补贴，用政府补贴与企业营业收入比来测度地方政府的全部补贴（刘小元和林嵩，2013）；指财政科技投入，用地方财政科技投入占当年 GDP 的比例来测度（吴非 等，2017）；

指财政研发补贴，包括企业所能获得的地方性、部委乃至中央的研发补贴项目，还设定了两个虚拟变量指标（吴非 等，2018）；等等。

国有经济占比被用来表征地方经济结构及地方政府的干预程度，通常用国有企业工业总产值与工业总产值之比表示，比值越高，表示一个地方对经济和金融的干预越多、资本密度越高、产业结构升级越迟缓、企业越不愿意到该地投资（冯涛 等，2007；顾元媛和沈坤荣，2012；段国蕊和臧旭恒，2013；褚敏和靳涛，2013；王立国和王磊，2017）。

二、测度进路

对测度进路的解析有助于进一步深入把握已有文献对地方政府行为与财政分权、地方政府考核体系、产业发展特定领域的关系的理解，比如有些文献把两种制度作为地方政府行为的前置影响因素，有些文献则把两种制度和地方政府行为并列作为解释变量，还有些文献把地方政府财政科技投入、干预金融发展等本属于地方政府行为的代理变量作为和地方政府行为并列的解释变量，等等。

（一）进路 1

财政分权、地方政府考核机制+研发投资、区域金融发展水平等→区域创新绩效、环境治理成效等。这个测度进路将财政分权、政府考核机制分别对应的财政分权程度和干部晋升激励及考核压力直接作为了地方政府行为的代理变量，外加政府财政科技投入、区域金融发展水平等本身就受地方政府行为代理变量影响或本身就是地方政府行为的变量，将其一起作为解释变量（黄慧婷，2012；段国蕊和臧旭恒，2013；王春元，2016；王柏杰和郭鑫，2017，徐云松和齐兰，2017；吴非 等，2017；梁丰和程均丽，2018；吴非 等，2018）。

（二）进路 2

财政分权、地方政府考核机制→地方政府行为的偏好→地区经济发展、产业结构升级、环境治理等。也即将两种制度分别对应的财政分权程度和地方干部晋升激励及考核压力作为前置解释变量，解释地方政府在制定和执行产业政策、给予财政补贴和税收优惠等行为中的价值取向与行动偏好，进而又将这些地方政府行为偏好作为解释变量（顾元媛和沈坤荣，2012；张欣怡，2015）。

（三）进路 3

将财政收益和晋升激励/考核压力作为地方政府的效用函数→构建不同的博弈模型、均衡模型→推导出若干理论上的结论（王燕武和王俊海，2009；褚敏和靳涛，2013；罗富政和罗能生，2016；徐云松和齐兰，2017）。

（四）进路4

地方政府行为→企业技术创新、产业园区循环化改造等。在这种进路中，只是将财政分权、地方政府考核机制→地方政府行为偏好作为背景分析，不再纳入实证检验（刘小元和林嵩，2013；朱万里，2018）。

（五）其他

先构建行为指数评估指标体系，然后用简单平均法直接测度地方政府在产业发展中的行为指数，用聚类分析法和因子分析法探究地方政府的经济行为及其特点等（申亮，2011；孙盼盼和夏杰长，2017）。

三、测度方法

已有研究主要就地方政府行为与产业结构升级、企业创新、区域污染治理等的相关性开展了大量的工作（32篇）。测度方法以面板数据模型及模型的规范性实证推进为主（24篇）。差异在于相关性两边的被解释变量、解释变量及其组合、控制变量、面板数据的内容选取、面板数据稳定性的检验工具、面板数据模型的估计方法等的不同，基本都做到了逻辑自洽。整体来看，在面板数据模型的选择上，以基于静态面板数据的固定效应模型为主，只有王燕武和王俊海（2009）、顾元媛和沈坤荣（2012）、褚敏和靳涛（2013）、徐云松和齐兰（2017）以及梁丰和程均丽（2018）考虑到企业研发、产业结果升级、区域金融化过程的动态性，采用了动态面板数据模型。面板数据的稳定性检验方法主要有LM检验（冯涛等，2007；黄慧婷，2012；王柏杰和郭鑫，2017）和LLC检验+IPS检验（如王燕武和王俊海，2009；余许友，2011；张为杰，2012；等）。面板数据模型的选择依据则以Hausman检验为主（如冯涛等，2007；余许友，2011；孙晓伟，2012；段国蕊和臧旭恒，2013；王柏杰和郭鑫，2017；王春元，2016；等），也有小部分同时采用Hausman检验+Redundant fixed effect检验（如余许友，2011；等）、Pearson检验+Spearman检验（顾元媛和沈坤荣，2012）、Likelihood ratio检验+LM检验+Hausman检验（王燕武和王俊海，2009）或Pearson检验（刘小元和林嵩，2013）。少数采用了灰色关联分析数学模型、空间计量模型、结构方程模型等关联性分析模型，因为它们对样本量的多少和样本有无规律都没有要求，更不会出现量化结果与定性分析结果不符合的情况（如甄志勇和毕克新，2011b；黄慧婷，2012；朱万里，2018；等）。

第六节 区域工业绿色转型发展中的关键性地方政府行为和行为逻辑

工业是产业的一个子集，而且我国产业转型发展相关研究中的"产业"很多时候就是"工业"[①]。产业是具有某种同类属性的企业经济活动的集合，企业的经济活动主要基于市场供需和竞合展开，形成了企业间的相互作用关系、关系结构以及同一产业内、不同产业间的资源占有差异，产业经济学分别称之为"产业组织结构"和"产业结构"。产业发展就是产业组织结构和产业结构的发展，它是一个过程，指向数量的变化、质量的变化或兼而有之的变化，有产生、成长、成熟、衰退等不同的发展阶段。对应产业发展的概念内涵，工业转型发展中的地方政府行为指地方政府推动工业产业组织结构和工业产业结构不断进化的调控活动的总和，工业绿色转型发展中的地方政府行为就是地方政府推动工业产业组织结构和工业产业结构不断绿色化的调控活动的总和。

已有研究聚焦了工业发展中某一（些）特定领域的地方政府行为，都和产业结构、产业组织结构的优化升级有关，只是少有明确归类。这大概与地方政府在产业组织结构优化和产业结构升级两个方向上的调控行为并没有那么"泾渭分明"有关。从美国、日本等发达经济体的产业升级实践来看，政府的调控活动也主要是围绕这两个方向展开的，且两个方向上的政府调控活动并不是"泾渭分明""一成不变"的，而是彼此嵌套、动态调整的（王国平，2009）。

要克服工业绿色转型发展中面临的"双重外部性问题"、满足工业企业对更高层次的外部互动协作的需求、有效推进绿色技术创新的扩散，仅仅依靠工业企业的自我规制和市场机制并不能完全奏效。区域工业绿色转型发展更需要地方政府给予制度及政策层面的支持以纠正"市场失灵"和"系统失效"，增强企业绿色创新内生动力（杨发庭，2016；李楠博，2019；李瑞琴，2019）。制度是用以调节个体、群体和组织之间的关系及互动的一整套共同的习惯、规划、惯例、常规、规则和法律，如经济发展体制、财政税收制度、专利保护制

[①] 后面会详细展开，此处不再赘述，也因此，做文献搜索时在"工业""制造业"两个直接关联的行业性关键词之外，也考虑了"产业"这一关键词。

度等。政策是政府为达成某一（些）目标干预产业内的产业组织或产业间资源分配的行动集合，如行政审批、税收、补贴、银行融资、公共贷款、发展规划等（冯飞，2000）。已有研究主要研讨了区域工业（绿色）转型发展、区域环境治理中我国特有的央—地政府治理体系、生态环保治理体系以及衍生的地方政府自利行为、环境规制行为、财政支持行为、金融信贷干预行为等，构成了从地方政府行为视角解释我国转型阶段各地推动工业转型升级及绿色转型发展中频出的有趣现象的关键性要素。

一、我国的央—地政府治理体系和生态环保治理体系

要研究区域工业绿色转型发展中的地方政府行为，就必须先厘清地方政府在我国政府治理体系和生态环保治理体系中的位置。厘清前者有助于把握地方政府作为一个整体在区域工业绿色转型发展中的"制度定位"，厘清后者则有利于明确地方政府在区域工业绿色转型发展中的"具体指代"。

（一）以分权和地方政府考核激励为核心的央—地政府治理体系

以分权体制和地方政府考核激励机制为核心的央—地政府治理体系是被广泛认可的从根源上解释中国经济增长奇迹及各种特有问题的制度安排。钱颖一、周黎安的系列研究是最有影响力的，被后来的研究广泛引用（如 Qian，1993；Montinola et al.，1995；Zhou，2002；周黎安，2004，2007；等）。其核心内容主要包括：地方政府是中央政府的代理人，财政分权、行政分权本质上都是中央政府对地方政府的向下授权，随时可以收回；中央政府对地方政府的考核激励本质上是一种行政治理模式，是对地方干部的更为重要的激励，且因为我国不同层级的地方政府在行政管理体制上是同构的，上级政府对下级政府的考核激励机制得以在全国普遍推行使用；中央政府对地方政府的考核激励要发挥效力，需要满足"上级政府集中了人事权力""考核激励指标是客观的、可衡量、可分离、可比较的"[①]"地方政府间不易形成合谋"。我国具备了以上几个条件，特别适合采用这种行政治理模式；地方政府掌握着行政审批、土地征用、信贷担保、各项政策优惠等重要资源，地方政府的有效作为对区域经济发展影响巨大；中央政府对地方政府的监管存在信息不对称，对"政策创新（变通）行为"存在隐性承诺等客观情况，地方政府"打擦边球"的博弈行为长期存在；地方政府偏好短期且只限于本土的经济增长、忽视环保，偏好支持特定的产业、部门或企业的扩张。

---

① 可以是 GDP，但不限于 GDP。

（二）"纵""横"交错的生态环保治理体系

"纵""横"交错、纠缠不清是我国生态环保治理体系的真实写照。在"纵"向上，主要依托于以行政区划为基础的央—地分工合作，即中央政府负责环境治理的宏观决策和权力监督，地方各级政府为区域环保质量负总责。在"横"向上，由各级环保部门统一监督管理和其他相关行业部门分工负责相结合。

在实际执行中，中央政府、上级政府对下级政府实行"行政发包制"，逐级下达环保目标、任务，量化考核标准、明确责任。检测、监测、统计信息等存在不确定性、不对称性和模糊性，给了地方政府与中央政府、下级政府与上级政府议价的机会、为执行"偏差"找理由以及与上级政府合谋的操作空间。与此同时，环保部门和行业主管部门职能重复、交叉甚至冲突，造成我国环境监管失灵、监管真空等现象屡见不鲜。现行的环境治理在制度上存在缺陷是根本原因。详见王树义和蔡文灿（2016）、詹国彬和陈健鹏（2020）等，此处不再展开。

二、地方政府推动区域工业绿色转型的关键性行为和基本行为逻辑

（一）自利行为

自利行为是一个比较综合的概念，涵盖了地方政府在政治晋升和财政收入双重目标最优原则指导下的所有行为，比如：在执行中央政府去产能、减少行业投资等政策要求时，地方政府力图让其他地方政府承担产能过剩的成本而自己坐享收益的行为（王立国和王磊，2017）；在地方产业转型升级的政策制定中，地方政府不完全按照上级政府要求、综合考虑下级政府所处条件及地方政府间的竞争来决定其对下级政府的产业政策要求的行为（康凌翔，2016）；地方政府竞相投资资本密集型行业，造成部分产能过剩、产业结构升级迟缓的行为（杨晓萍，2006；褚敏和靳涛，2013；徐云松和齐兰，2017）；在执行中央环保政策和环保规制时，地方政府竞相注重经济和政治利益，忽视环保甚至与违法排污企业结成"利益同盟"的行为（孙晓伟，2012；张为杰，2012；张欣怡，2015）；等等。地方政府自利行为的本源在于我国的财政分权制度和以GDP为中心的政府考核机制，是地方保护主义、重复建设等地方政府行为的逻辑起点。

（二）环境规制行为

环境规制是政府用来约束工业企业环境破坏行为、推动工业企业选择环境友好型生产经营策略的政策工具群（郭进，2019），是政府支持区域工业绿色转型发展实施的行政法律政策等行为。环境规制对区域工业企业绿色技术创新能力、水平、效率、绩效的影响是学术界研讨最多、相对成熟的领域。已有研究主要将环境规制划分为行政性环境规制、市场型环境规制和自愿协议与信息工具政策三类。其中，行政性环境规制包括产品标准、准入制度、产品禁令、环境标准、技术标准、生产工艺管制、许可与配额，目的是通过严格的限定污染排放指标和严厉的惩罚手段推动工业企业的生产经营活动遵循环境法规的要求，本质上强制要求企业把污染行为的外部性内部化；市场型环境规制包括污染排放税、排放权交易、环境补贴、使用者收费、押金退还制度、专项补贴等，目的是通过市场化的政策调节、拉动工业企业在生产经营中逐步推进绿色转型发展等；自愿协议与信息工具政策主要与企业自觉、自愿的自我规制相关（聂爱云和何小钢，2012）。

在我国，环境规制由中央政府制定、地方政府实施。在实施过程中，地方政府、企业都会将环境规制纳入其目标函数中。换句话讲，地方政府实施环境规制的方式和强度会因其目标、成本、收益、风险的不同而有差异。在2012年年底国家实施创新驱动战略前，各地区的经济发展还主要倚重于投资驱动、出口驱动，高度重视投资。相较于发达地区，欠发达地区在人才、资金、技术等生产要素配套方面较为薄弱，为了吸引投资，会有意地通过降低标准、不作为、慢作为、考核偏软、落实不力等形式"打折扣"执行中央的环保要求。相应地，有些实证研究表明，我国东部地区地方政府实施的行政性环境规制最为严格、力度最大，西部地区地方政府对绿色转型发展的需求不高且不迫切，它们的行政性环境规制行为强度就较弱，对区域的绿色技术创新影响也就不显著（岳鸿飞，2018）。

已有对环境规制与区域绿色技术创新关联性的实证研究表明，正向激励、负面抑制和不确定三种可能性都是存在的（见李婉红 等，2013；张旭和王宇，2017；郭英远 等，2018；胡雪萍和陶静，2018；刘章生 等，2018；邝嫦娥和路江林，2019；张娟 等，2019；郭进，2019；于克信 等，2019；原毅军 等，2019）。

国内环境规制分类见表3-6。

表 3-6 国内环境规制分类

文献	分类考虑	分类	衡量指标
陈德敏和张瑞（2012）	按照环境规制体系的分类标准	法律体系	受理环境行政处罚案件
		方法体系	工业污染治理完成投资、"三同时"执行环保投资额、建设项目限期治理投资、单位 GDP 排污费收入、环评制度执行率、排污许可证发放数
		支撑体系	环保科研课题经费、环保系统实有人数
		监督体系	环境污染信访人数
张江雪等（2015）	中国环境保护体制主要是由行政和市场双控、民众适当参与	行政性	实际执行"三同时"项目环保投资总额占工业增加值比重
		市场型	排污费收入
		公众型	各地区信访来信总数
彭星和李斌（2016）	现有文献对环境规制的衡量均有一定的片面性；比较全面的分类难以考察不同类型环境规制对绿色技术创新激励的影响效应	命令控制型	受理环境行政处罚案件、两会环境提案数、环评制度执行率、三同时执行合格率
		经济激励型	单位 GDP 排污费收入、单位 GDP 环保科研课题费
		自愿意识型	环保系统实有人数、三废综合利用产值占 GDP 的比重
原毅军和谢荣辉（2016）	基于环境规制类型分类	费用型	各地区排污费征收情况（当期值）
		投资型	工业污染治理投资额（一期滞后值）

就环境规制对四条绿色转型发展路径的影响而言，黄文炎和向丽（2019）用环境规制做控制变量，基于我国 27 个工业行业的面板数据实证分析了自主研发对工业企业绿色工艺创新水平和绿色产品创新水平的影响以及研发外包对自主研发与两种类型绿色技术创新水平之间关系的调节作用，发现环境规制指标对企业绿色产品创新水平有正向影响、对绿色工艺创新水平影响不显著。张倩（2015）分别用各个省份的工业三废的达标率（利用率、处置率）及排污费征收情况来表征命令型环境规制和市场激励型环境规制，以我国 30 个省份在 2003—2011 年的经验数据为样本，基于面板数据分析和模型分析，发现了行政命令性环境规制、市场激励型环境规制均对绿色产品创新能力和绿色工艺创新能力有显著的正向影响，两类环境规制对中西部地区的绿色产品创新能力和绿色工艺创新能力的影响也呈现出了正向性。陈晓等（2019）基于我国

2000—2017 年的省级面板数据，从静态和动态两个视角构建了中介效应模型，通过固定效应和系统 GMM 方法，计量检验了环境规制对企业绿色产品创新能力①的影响以及政府补助的中介效应，发现环境规制与绿色产品创新能力是"U"形关系，其中动态模型较静态模型"U"形下降趋势更快、上升趋势则更缓；其中的原因可能是，企业在开始进行污染治理时主要将资金用于末端治理，研发资金不足，而上一期的研发可能因为尚未完成或者完成了但并未带来更多的收益来支撑当期的技术创新，故而随着环境规制力度的加强，绿色产品创新大幅下降，而到一定拐点时，随着环境规制力度增强，企业绿色产品创新开始表现出缓慢的"创新补偿效应"。李瑞琴（2019）基于我国 2000—2016 年的省级面板数据，利用系统 GMM 与门槛效应模型，实证分析了制度质量（市场化指数）对环境规制与绿色技术创新关系的调节作用与门槛机制，发现：环境规制对绿色产品创新程度和绿色工艺创新程度存在"先抑后扬"的动态非线性影响；制度质量（市场化指数）的提升对绿色产品创新程度和绿色工艺创新程度有显著的促进作用，对环境规制与绿色产品创新、绿色工艺创新的关系有显著的正向调节作用，但其作用强度对于绿色产品创新与绿色工艺创新，在不同区域有明显的差异性；环境规制对绿色产品创新、绿色工艺创新的影响均具有基于制度质量的双重阈值效应且绿色产品创新的制度质量门槛更高。

（三）财政支持行为

相较于一般意义上的创新，绿色创新的资金需求量更大、风险性更强，又面临着"双重外部性"、市场失效等问题。政府的财政补贴和税收减免是工业企业是否开展绿色技术创新、开展哪个层次的绿色技术创新、是否转行的重要影响因素。设立重大科技专项资金、提供技术创新专项补贴、成立创新投资基金、奖励技术进步、税收减免等是政府财政支持的常见形式（李晓娣和赵毓婷，2007；刘小元和林嵩，2013；梁丰和程均丽，2018）。政府的财政支持可以直接或间接地缓解工业企业实施绿色转型发展中的资金难题，还可以降低工业企业个体的研发风险，在长期内提高工业企业开展绿色技术创新的积极性并逐步显现出从工业企业个体到工业企业群体的整体扩散和转型升级的"杠杆效应"（吴非 等，2017；张旭和王宇，2017；彭瑜欣和李华晶，2018）。与此同时，因为企业的迎合性、寻租性活动，政府补助又往往会对企业自身的绿色

---

① 用绿色产品创新表征绿色技术创新能力，而绿色产品创新用新产品单位生产能耗衡量，是结果性的表征，而非聚焦于投入努力。

创新路径选择和投入的努力产生"挤出效应"（孙宏芃，2016）。需要注意的是，在一定时期内，地方政府可支配的投资总量是固定的。投资工业绿色转型发展会涉及绿色技术创新而具有更高的不确定性和滞后性，地方政府会更偏爱经济增长方向的投资，且绿色技术创新的不确定性越高，地方政府越倾向于加大对短期内可见的经济增长的投资（申亮，2011）。

王旭等（2018）用年度政府补贴总额的自然对数表征政府补贴，以绿色发明专利与绿色实用新型专利数据分别表征两个不同层次的绿色技术创新，基于沪、深两市692家高技术制造业[①]样本企业连续7年（以2000—2016年为观察窗口期）共计4 844个有效观测值的经验数据，检验了股权融资、债权融资以及政府补贴在不同企业生命周期阶段对绿色技术创新的动态影响，发现：政府补贴对绿色技术创新的影响不显著，原因可能是政府补贴对绿色技术创新的作用同时存在"杠杆效应"与"挤出效应"，且政府补贴与绿色技术创新的关系是动态变化的；政府补贴与蜕变期企业绿色技术创新具有积极的变动关系，但会对成熟期企业创新投入产生"挤出效应"，进而降低绿色技术创新；政府补贴的信号传递作用具有阶段性和融资契约异质性，政府补贴对成长期企业的债权融资具有显著的信号传递效应，政府补贴越高，债权融资对成长期企业的绿色技术创新的积极影响越显著；股权融资能够显著促进成熟期和蜕变期企业的绿色技术创新，但是政府补贴并未对股权融资产生信号传递作用。陈晓等（2019）用各地区规模以上工业企业研发经费内部支出中的政府资金的对数衡量政府对企业的研发补助，基于我国2000—2017年的省级面板数据，从静态和动态两方面构建中介效应模型，通过固定效应和系统GMM方法，计量检验了政府补助在环境规制对绿色技术创新作用中的中介效应以及政府补助与环境规制对绿色技术创新的共同作用，结果显示：因为企业的迎合性、寻租性活动，政府补助对绿色产品创新能力的直接效应为负；因为政府的研发补助纠正了绿色技术创新的外部性，而合理的环境规制又会对绿色产品创新产生创新补偿效应，政府的研发补贴在环境规制与绿色技术创新之间存在正向调节作用，与环境规制对绿色产品创新能力的共同作用也是积极的。钱丽等（2015）用科技活动经费中政府资金的占比表征政府支持，在引入工业三废和二氧化碳等指标的情况下，基于共同前沿理论，利用规模报酬不变和可变的DEA模型测度分析了2003—2010年各省份企业绿色科技研发、成果转化效率以及区域间

---

① 按照上市公司行业分类指引，选取了医药制造业、化学纤维制造业、化学制品制造业等12个高技术制造业。

的技术差距，并检验了两阶段效率的影响因素，发现政府支持对企业技术研发效率和成果转化两阶段的影响均不显著，因为政府支持只是辅助手段。何小钢（2014）指出政府研发补贴是与环境规制并重的推动绿色技术创新的政府政策手段，不同类型绿色创新需要不同的政府政策支持，研发政策与环境规制政策存在显著的互动效应，只有二者结合使用并形成互补耦合，才能有效激发绿色创新。

（四）金融信贷干预行为

随着分权改革和市场化的推进，地方财政收入难以支撑地方政府追求地方GDP增长的资金需求，金融要素及对金融要素的资源配置愈发重要，控制了专业银行就等于控制了资金，因此地方政府要控制专业银行（谢江薇，2003；豆晓利和王文剑，2011；余许友，2011）；各专业银行的人事任命及党组织关系、招工、各种职工福利都在很大程度上要依赖于地方政府，而不得不服从地方政府的调控（谢江薇，2003）。地方政府干预金融发展的行为主要包括：追求金融组织规模的扩张；通过行政性手段人为压低利率以降低特定产业、部门及企业的筹融资成本，推动资本密集型项目上马；要求地方银行向属地的企业（尤其是国有企业）和扶持产业超额发放贷款（谢江薇，2003；冯涛 等，2007；豆晓利和王文剑，2011；余许友，2011；段国蕊和臧旭恒，2013；徐云松和齐兰，2017；梁丰和程均丽，2018）；等等。我国各地地方政府面临的财政分权压力和政绩考核压力不同，相应地，各地的金融发展水平和信贷错配程度均有差异。其中，金融水平反映了一个区域金融主体对企业融资的支持力度，信贷错配意味着金融资本流转配置偏离了正常流向，影响了金融对产业资本配置功能的实现，错配程度越高，金融对产业资本配置功能的实现越打折扣。

工业绿色转型发展具有"双重外部性"问题，投入大、风险高，更需要健全的金融体系予以优化配置金融资源、分散风险、精准评估预期收益。地方政府作为国家行政力量的重要组成部分和独立的利益主体，受自身利益目标驱动，会影响区域金融发展水平和信贷匹配度，会影响区域工业企业获得金融支持的强度和效度，进而影响区域工业企业绿色转型发展路径的选择。向丽和胡珑瑛（2017）、黄文炎和向丽（2019）基于我国2003—2011年27个工业行业的面板数据的实证检验结果，以及李瑞琴（2019）基于我国2000—2016年省级数据的实证结果都表明，一个地区的金融发展水平对绿色产品创新和绿色工艺创新均有显著的正向影响。刘斌斌等（2019）以2012—2016年我国省级面板数据为样本，测算了各省份的信贷错配程度，结果显示：甘肃、新疆、上海、山西、宁夏、陕西、北京、吉林、天津、贵州、江西、云南、黑龙江和湖北 14 个省份银行资金信贷错配程度相对较低，其他省份信贷错配程度则相对较高；信贷错配与绿色技术创新能力提升显著负相关；对于环境规制较弱的地区，进一步提升环境规制标准会降低信贷错配对区域绿色技术创新能力提升的不利影响。

第六节　本章小结

本章对区域工业发展中地方政府行为的理论基础及国内相关文献进行了一个全面、深入的梳理，形成了以下几点认识：

第一，地方政府是一个既具实体性又有分析性的概念，是国家序列中的一个环节，中央政府之外其他层级的政府都可称为地方政府。地方政府不是静止的，存在"行动""行为"，研究地方政府即是研究地方政府行为，研究地方政府行为就是研究地方政府"行动""行为"的实质性执行主体——地方干部。已有研究对于地方政府行为这一概念的应用，倾向于"拿来主义"和"模糊化处理"，不是严谨的做法，甚至从对地方政府行为的表征和测度的梳理来看，已有研究对地方政府行为这一概念的应用已经混乱，比如有的研究将财政分权和地方政府考核体系两个制度与地方政府行为混为一谈，有的研究将政府财政研发补贴、干预金融发展等地方政府行为本身和地方政府行为并列作为解释变量等。

第二，在我国，地方政府是中央政府的代理人，有相对独立的行政区划和相对独立的经济利益，因此，天然地具有政治人（政府）和经济人（投资人）双重身份；地方政府控制着区域经济发展的主导权和关键性生产要素，履行执行中央政府宏观经济调控指令、监管和调控地方经济运行、促进地方国有经济发展和资本增值三种经济职能，相应地，在我国社会主义市场经济中通行的则是中央政府—地方政府—企业—个人"四部门经济"。

第三，区域工业绿色转型发展更需要地方政府给予制度及政策层面的支持，以纠正"市场失灵"和"系统失效"，增强企业绿色创新内生动力。已有研究揭示的关键性地方政府行为主要包括环境规制行为、财政支持行为和金融信贷干预行为。这几个地方政府行为的本质是将环境成本以一定的奖励或惩戒方式附加到企业的生产成本中或将工业企业开展绿色转型发展的部分内部成本外部化为地方政府职能，都是地方政府意志的体现。

第四，对于产业发展中的地方政府行为，已有研究主要遵循了两类研究范式。一类是基于博弈模型、地方政府效用函数或回归模型，直接或间接、大篇幅或小段落地交代财政分权和地方政府考核机制对地方政府形成特定行为偏好的诱导逻辑，探究地方政府行为或地方政府行为偏好与区域经济发展、产业发展、产业结构优化升级、区域环境治理等的关联。另一类是直接就区域创新系统、产业集群发展、产业集群技术创新、制造业绿色创新系统、产业升级中地方政府的活动、活动的绩效、活动的特征等进行探究，以纯粹的理论演绎和案例研究为主。这两组研究合在一起呈现了分权制度、地方政府考核机制→地方政府行为偏好→产业发展的完整逻辑链条，而且这个逻辑链条兼具了严谨的推理演绎、量化的关联性分析和多样的案例呈现，是深入理解我国地方政府行为、我国地方政府行为与区域工业绿色转型发展路径选择内在关联的基础。

第五，已有研究更为关注财政分权，相当于这些文献大多把市场化改革因素排除在外了；地方政府行为与创新系统的融合研究在国内开展得还不多；已有地方政府行为研究还主要集中在泛谈和省级政府层面，对市县级政府的行为、不同层级地方政府间的交互活动及作用机制等的研究还不多，因为后者的数据，尤其是横跨多个年份、统计口径固定且可比的面板数据，收集难度大。鉴于此，本书在建构分析框架和回归模型时不预设"基于市场内在驱动"这样的研究情境，对其他可能性保持开放性；采用区域创新系统与绿色创新的理论框架，但对地方政府的角色和作用分析主要遵循地方政府行为研究的逻辑，即一方面将地方政府理解为影响区域工业绿色转型发展路径选择的核心关键外部因素，另一方面将地方政府行为细化为环境规制、财政支持、金融信贷干预、绿色宣传教育、绿色公共服务等几个方面，考量它们对区域工业企业绿色转型发展路径选择的影响，突破了传统创新研究主要关注地方政府在区域创新系统能力提升和环境营造中职能发挥的研究范式；聚焦于省级政府的几个关键性行为，同时又辅以个别案例研究，尝试量、质结合，打开地方政府和企业在区域工业绿色转型发展路径选择中的互动与联系的"黑盒子"。

第四章 欠发达地区及其工业绿色转型发展与地方政府行为

目前国内对欠发达地区工业绿色转型发展的研究主要涉及新疆、青海、云南、四川等中西部欠发达地区，总文献量还是个位数。即使加上对发达省份的欠发达地区的工业绿色转型研究，总文献量依然寥寥。进一步放宽检索条件，分别以"欠发达地区+绿色""西部地区+绿色""中西部地区+绿色"为"篇名"关键词检索，总量也没有过百。与此同时，欠发达地区是一个相对的、历史的、动态的概念，在一定时期内和特定的条件下能够实现质的跨越性改变（林勇 等，2007），我国的区域经济发展格局在过去10余年间已悄然从"东西差距"向"南北差距"转变。

基于以上背景，本章的文献综述和前面两个章节的组织有一定的差异。一方面，重构了欠发达地区评价指标体系，同时基于2018年全国31个省份的相关数据确定出新的欠发达地区；另一方面，梳理了与欠发达地区工业绿色转型发展路径选择相关的理论基础、现实条件的基本特点、掣肘因素、新要求、新机遇与新挑战。

第一节 理论基础

一、后发优势

后发优势是一个基于国际分工、比较生产费用、动态比较费用等学说产生的衍生性概念，具有相对性、历史性和动态性（张克让和程藐生，2000）。相对性是基于对先进国家或地区的比较，历史性是基于特定的时空，动态性则体现了后发优势在特定的时空的发展性或随着时空变换而有所调整与变化的发展性。后发优势的核心要义在于：相较于先进国家或地区，后发国家或地区在传统已成熟的产业领域缺技术、少市场，但是具有劳动力及自然资源利用成本低、技术进步成本低、生态环境保护成本低等比较优势（Mathews，2002）；后发国家或地区可以通过恰当的产业政策引进先进技术、资金、人才到本土，扶持本土企业基于本土特色资源和比较优势做大做强劳动密集型、资源依赖型产业或其他新的衍生性优势产业，逐步实现从追赶到"跟跑""并跑"，甚至在一定历史性机遇窗口期实现"领跑"，详见杨燕（2020）涉及东亚新兴经济体快速崛起的相关文献，此处不再展开。需要注意的是，后发优势只是为后发国家或地区追赶超越提供了潜在的可能，真正要转化为现实生产力还取决于一定时空下的各种条件的有效组合（马国旺和刘思源，2019）。相较于较为发达的地区，我国欠发达地区在这轮绿色转型发展中就在技术进步、制度建设、政策支持等关键领域明显地占有后发优势。但是，我国欠发达地区要将这些后发优势有效转化，还需要找到关键着力点，比如本书聚焦的关键性地方政府行为及作用机制。

二、技术—经济范式追赶

技术—经济范式理论衍生于几次技术革命对人类经济社会的生产组织方式和效率带来的"质变"，主张新、旧技术—经济范式更迭是技术革命推动宏观经济发展和周期性演化的重要机制（佩雷斯，2007）。技术—经济范式是技术革命经由技术标准、工业结构、基础设施、政府职能等引发经济社会深刻变化的一套机制，是一个复杂的协同创新系统；技术—经济范式的升级与赶超本质上是一种国家干预行为，需要国家层面给予组织和制度的系统支持，比如国家创新体系的建设与完善（马国旺和刘思源，2019）。技术—经济范式通常首先在核心经济体导入，发展成熟后向外围的后发经济体扩散，后发经济体由此获得技术追赶、经济追赶、范式追赶的机会窗口，但很难赶超，因为核心经济体在向后发经济体扩散技术和技术—经济范式时就已锁定了新一轮颠覆性技术变革及新兴技术—经济范式的主动权（佩雷斯，2007；马国旺和刘思源，2019）。尽管如此，19世纪下半叶至20世纪初的美国、德国及第二次世界大战以后的日本还是提供了成功的技术—经济范式赶超的经验。从日本的赶超经验来看，技术—经济范式的赶超并不总是要源起颠覆性的技术创新，也可以是融合了国家特色的管理创新、模式创新、制度创新以及独具特色的创新性模仿能力等。我国欠发达地区推动区域工业绿色转型发展的关键支撑在于绿色技术创新和制度创新，本身就是一个实施技术—经济范式追赶、逐步实现与发达地区"并跑"甚至"领跑"发达地区的过程。

三、资源诅咒

资源是实现工业现代化和经济增长的物质基础。"资源诅咒"这一概念由Auty（1993）基于矿产资源经济的发展经验首次提出，核心观点是：自然资源禀赋优越可能反而会引发对自然资源开发利用的路径依赖进而限制经济发展。这一提法颠覆了传统"资源祝福"的认知和观点，引发了广泛的关注和讨论。"资源诅咒"的内在逻辑是：自然资源禀赋优越的地区会更倾向于因地制宜地发展资源型产业而缺乏发展由技术创新、模式创新、制度创新等更高级动能支撑的地方经济的内在动力；相应地，技术创新、模式创新、制度创新等努力性投入被挤出，地方产业发展模式粗放、结构失衡、价值链排位低、创新能力低、动能不足、速度趋缓等问题不断凸显，久而久之就容易陷入对自然资源的路径依赖和恶性循环（邵帅和杨莉莉，2010；王柏杰和郭鑫，2017；李江龙和徐斌，2018；海琴和高启杰，2020）。目前学术界对"资源诅咒"有三种观点（海琴和高启杰，2020）：一是支持"资源诅咒"的观点，认为短期内自然资源确实有利于经济增长，但长期看自然资源对经济发展是制约性的因素；二是否认"资源诅咒"的存在，认为"资源诅咒"的根源不在资源富足，而在于信贷市场的不健全；三是认为"资源诅咒"效应出现是有条件和门槛的。在我国欠发达省份比较集中的西部、东北地区①，大多资源富集。已有研究也基于省级数据验证了"资源诅咒"现象在这些地区的存在，其中，技术挤出是"资源诅咒"产生的重要传导要素（如邵帅 等，2013；王柏杰和郭鑫，2017；岳鸿飞，2018；张丽和盖国凤，2020）。就绿色转型发展路径选择而言，邱洋冬和陶锋（2020）发现，一个地区自然资源的丰裕度会影响企业的绿色技术选择。具体地，在优先发展资源依赖型产业的地区，企业的绿色技术创新动机更强，在资源缺乏的地区企业则更倾向于选择由非绿色技术创新驱动转型升级。

第二节　重新界定欠发达地区

在已有工业绿色转型发展相关文献中，"欠发达地区"常被直接拿来用而并没有给出严格的界定（如焦子伟 等，2011；姜南，2015；徐成龙，2017；

---

① 见下节对欠发达地区的新界定，以西部地区和东北地区的省份为主，此处不再展开。

等）。也有文献直接将欠发达地区理解为经济社会发展水平相对较低的地区（如赵路，2009；刘昭云，2011；等）。

对"欠发达地区"给出明确界定的文献，在很大程度上是直接采用了林勇等（2007）对欠发达地区的理解以及基于2006年全国省级数据测算的结果，将陕西、重庆、宁夏、青海、河南、湖南、江西、四川、安徽、西藏、甘肃、广西、海南、云南和贵州15个省份界定为欠发达地区。其中，陕西、宁夏、江西、四川、安徽、西藏、甘肃、广西、云南和贵州这10个地区的人均GDP和人均固定资产投资都很低，属经济总量偏低型；海南、广西、四川、贵州、云南和西藏这6个地区非农产业比重均低于80%，属产业结构缺陷型；西藏、青海、云南、贵州和甘肃这些地区的教育水平指标不及全国平均水平的75%，属社会发展滞后型；西藏、广西和海南3个省份资源利用指标平均水平不及全国平均水平的20%，属资源利用偏低型。整体而言，这些欠发达地区经济社会发展程度相对较低、竞争力不强，因为长期受到历史、思想观念、区位、资源禀赋等基底性因素和人才支撑不足、生产要素可得性利用率低、技术水平低且进步缓慢的制约等衍生性因素的制约。

黄万林和罗序斌（2016）认为，目前我国欠发达地区仍然主要集中在中西部地区，故而选取中部地区的江西、安徽、湖南、湖北、河南、山西6个省份以及西部地区的四川、贵州、宁夏、陕西、新疆、云南、青海7个省份作为主要的调查样本，同时，选取了东北的辽宁省以及东部的江苏、山东、天津3个省份做参照样本开展了对比研究。

欠发达地区是一个相对的、历史的、动态的概念，在一定时期内和特定的条件下能够实现质的跨越性改变（林勇 等，2007）。2006年以来，我国中西部省份如陕西、重庆、四川、贵州、河南、湖北、安徽等地的经济社会发展明显加速，经济规模稳步攀升，"东西差距"正让位于"南北差距"①。鉴于此，有必要重构欠发达地区评价指标体系，划分新的欠发达省份。

一、重构欠发达地区评价指标体系

本书以林勇等（2007）构建的欠发达地区评估指标体系和测算方法为蓝本，重构了指标体系，以更为契合我国新发展阶段的区域经济发展格局（见表4-1）。

---

① "南北"经济差距超"东西"到底是为什么？[EB/OL].[2020-11-10]. http://www.cre.org.cn/list2/qyjj/15499.html.

表 4-1　新发展阶段我国欠发达地区界定指标体系

目标层	一级指标	二级指标	具体指标
欠发达地区综合发展指数（IDI）	经济发展指标（B_1）	经济总量指标（C_1）	人均 GDP（D_1）
		经济开发指标（C_2）	贸易依存度（D_2）
		经济结构指标（C_3）	第二产业比重（D_3）
			第三产业比重（D_4）
	社会发展水平（B_2）	人口发展指标（C_4）	城镇化水平（D_5）
		教育水平指标（C_5）	每十万人拥有普通高等学校在校生人数（D_6）
			识字率（D_7）
			人均教育经费（D_8）
		生活水平指标（C_6）	城镇居民人均可支配收入（D_9）
			城镇居民人均全年消费性支出（D_{10}）
			农村居民人均可支配收入（D_{11}）
			农村居民人均全年生活消费支出（D_{12}）
		就业水平指标（C_7）	失业率（D_{13}）
		基础设施指标（C_8）	旅客周转量（D_{14}）
			货物周转量（D_{15}）
	资源与环境指标（B_3）	能源利用指标（C_9）	单位 GDP 能耗（D_{16}）
		环保指标（C_{10}）	环保投资支出（D_{17}）
	创新能力指标（B_4）	研发投入指标（C_{11}）	研发人员全时当量（D_{18}）
			研发经费（D_{19}）
		研发产出指标（C_{12}）	有效发明专利（D_{20}）
			有效实用新型专利（D_{21}）
			有效外观设计专利（D_{22}）

　　新的指标体系在原有的经济、社会、环境三维度基础上添加了创新能力维度。主要考虑党的十八大以来，尤其是进入新发展阶段，我国各级政府持续推动创新成为发展的第一动力。一个地区的创新能力是不可忽略的影响因素和考

量指标。另外，考虑"城镇化水平"这一个三级指标已经可以充分表征城镇化水平，间接地也可以表征区域人口平均预期寿命，把原来二级指标"人口发展指标"中的"人口平均预期寿命"这个三级指标取消了。此外，将原来的二级指标"资源利用"调整成了"能源利用指标"，因为资源本身分类多且在全国的分布极不平衡，不便于统计，而能源利用是普遍性的，其利用效率也常用来反映一个地区的全要素生产率水平。相应地，把"年产矿量"和"矿产品销售收入"两个主要表征区域资源禀赋的指标去掉了，用"单位GDP能耗"表征能源利用效率。

二、确定评价指标体系的权重

评价指标体系的权重采用层次分析法（AHP）和专家打分赋权法相结合来确定。

（一）构建两两比较的判断矩阵

依据九标度法，在专家咨询的基础上，对准则层相对于其目标层进行两两评判，确定其相对重要的程度，获得判断矩阵见表4-2。

表4-2　判断矩阵

B	B_1	B_2	B_3	B_4
B_1	1	2	8	3
B_2	1/2	1	6	2
B_3	1/8	1/6	1	1/5
B_4	1/3	1/2	5	1

$$即 A = \begin{bmatrix} 1 & 2 & 8 & 3 \\ 1/2 & 1 & 6 & 2 \\ 1/8 & 1/6 & 1 & 1/5 \\ 1/3 & 1/2 & 5 & 1 \end{bmatrix}$$

（二）计算指标权重

计算判断矩阵每一行元素的乘积 M_r，$M_1 = 48$，$M_2 = 6$，$M_3 = 1/96$，$M_4 = 5/6$。

计算 M_i 的 n 次方根 $\overline{W}_r$，$\overline{W}_1 = \sqrt[3]{M_1} = 2.632\,148$，$\overline{W}_2 = \sqrt[3]{M_2} = 1.565\,084\,58$，$\overline{W}_3 = \sqrt[3]{M_3} = 0.319\,471\,55$，$\overline{W}_4 = \sqrt[3]{M_4} = 0.955\,442\,79$。

将向量 $[\overline{W}_1, \overline{W}_2, \cdots, \overline{W}_n]^T$ 归一化，计算指标权重 W_τ：

$$W_1 = \frac{\overline{W}_1}{\sum\limits_{i=1}^{n} \overline{W}_i} = 0.481\ 0,\ W_2 = \frac{\overline{W}_2}{\sum\limits_{i=1}^{n} \overline{W}_i} = 0.286\ 0,\ W_3 = \frac{\overline{W}_3}{\sum\limits_{i=1}^{n} \overline{W}_i} = 0.058\ 4,$$

$$W_4 = \frac{\overline{W}_4}{\sum\limits_{i=1}^{n} \overline{W}_i} = 0.174\ 6_\circ$$

（三）计算判断矩阵 A 的最大特征值 $\lambda_{\max}$

$$A \cdot W = \begin{bmatrix} 1 & 2 & 8 & 3 \\ 1/2 & 1 & 6 & 2 \\ 1/8 & 1/6 & 1 & 1/5 \\ 1/3 & 1/2 & 5 & 1 \end{bmatrix} \cdot \begin{bmatrix} 0.481\ 0 \\ 0.286\ 0 \\ 0.058\ 4 \\ 0.174\ 6 \end{bmatrix} = \begin{bmatrix} 2.044 \\ 1.226\ 1 \\ 0.201\ 1 \\ 0.769\ 9 \end{bmatrix}$$

$$\lambda_{\max} = \sum_{i=1}^{n} \frac{(AW)_i}{n\ W_i} = 4.241\ 1_\circ$$

（四）一致性检验

先计算一致性指标：$\mathrm{CI} = \dfrac{\lambda_{\max} - n}{n-1} = 0.080\ 4_\circ$

给定 RI 为平均一致性指标，则检验系数为：$\mathrm{CR} = \dfrac{\mathrm{CI}}{\mathrm{RI}} = 0.089\ 3 < 0.1$，可认为判断矩阵具有满意的一致性，无须进行重新调整。RI 系数如表 4-3 所示。

表 4-3　RI 系数

阶数 n	RI	阶数 n	RI
3	0.58	7	1.32
4	0.90	8	1.41
5	1.12	9	1.45
6	1.24	—	—

所以，(B_1, B_2, B_3, B_4) 的权重为 $(0.486\ 7, 0.288\ 5, 0.047\ 2, 0.177\ 6)$。同理，按照以上步骤，用同样的方法计算得到指标层中复合指标各要素的权重并进行一致性检验，得出 (C_1, C_2, C_3)、$(C_4, C_5, C_6, C_7, C_8)$ 的权重分别为 $(0.478\ 8, 0.256\ 6, 0.264\ 6)$、$(0.248\ 4, 0.231\ 3, 0.341\ 1, 0.108\ 4,$ $0.070\ 8)$。因为资源与环境指标和创新能力指标均只有两个复合指标，因此，可不用经上述步骤，直接得出权重：C_9（0.55），C_{10}（0.45），

C_{11} (0.5)，C_{12} (0.5)。

（五）给各个指标赋予权重

用专家打分赋权法确定 D 指标层各具体指标的权重，得到表4-4所示权重值。

表4-4　指标体系各指标权重

目标层	一级指标	权重	二级指标	权重	具体指标	权重
A	B_1	0.486 7	C_1	0.478 8	D_1	1
			C_2	0.256 6	D_2	1
			C_3	0.264 6	D_3	0.46
					D_4	0.54
	B_2	0.288 5	C_4	0.248 4	D_5	1
			C_5	0.231 3	D_6	0.46
					D_7	0.24
					D_8	0.3
			C_6	0.341 1	D_9	0.25
					D_{10}	0.25
					D_{11}	0.25
					D_{12}	0.25
			C_7	0.108 4	D_{13}	1
			C_8	0.070 8	D_{14}	0.5
					D_{15}	0.5
	B_3	0.047 2	C_9	0.550 0	D_{16}	1
			C_{10}	0.450 0	D_{17}	1
	B_4	0.177 6	C_{11}	0.500 0	D_{18}	0.5
					D_{19}	0.5
			C_{12}	0.500 0	D_{20}	0.6
					D_{21}	0.2
					D_{22}	0.2

三、测度及结果

对 2018 年全国省级数据①进行测度，全国 31 个省（自治区、直辖市）的综合发展指数 IDI 见表 4-5。其间，为了解决所选指标的量纲差异和正负取向问题，对数据进行归一化和标准化处理，使结果落到 [0，1] 区间。采用 SPSS 软件对数据进行离差标准化，其转换公式为

$$y_i = \frac{x_i - x_{min}}{x_{max} - x_{min}}$$

其中，y_i 为经过标准化处理的指标数值；x_i 为指标的实际值；x_{max}、x_{min} 分别为该指标的最大值、最小值。对于逆向指标——失业率指标、单位 GDP 能耗，分别采取（1-失业率）和（1/单位 GDP 能耗）的方法先将其正向化，再用上述方法加以标准化。

表 4-5　全国 31 个省（自治区、直辖市）综合发展指数

地区	2018 年 IDI	位次	地区	2018 年人均 GDP	位次	2018 年 IDI 与人均 GDP 排名差	地区	2016 年 IDI	位次	2018 年与 2016 年 IDI 排名差
北京	0.761 3	1	北京	0.233 0	1	0	上海	0.858 5	1	+1
上海	0.711 2	2	上海	0.221 8	2	0	北京	0.725 9	2	-1
广东	0.631 9	3	天津	0.191 3	3	+4	天津	0.638 4	3	+2
江苏	0.609 1	4	江苏	0.179 4	4	0	浙江	0.532 5	4	+2
浙江	0.567 6	5	浙江	0.144 1	5	0	广东	0.478 3	5	-1
天津	0.517 0	6	福建	0.128 1	6	-3	江苏	0.434 5	6	-3
福建	0.397 5	7	广东	0.117 9	7	-1	山东	0.391 8	7	+2
山东	0.377 5	8	山东	0.096 2	8	0	辽宁	0.383 5	8	-1
重庆	0.312 0	9	内蒙古	0.079 1	9	+2	福建	0.377 1	9	+9
湖北	0.305 4	10	湖北	0.075 5	10	0	山西	0.304 7	10	+4
辽宁	0.282 0	11	重庆	0.074 0	11	+2	黑龙江	0.302 9	11	-3
陕西	0.268 9	12	陕西	0.068 8	12	0	河北	0.290 6	12	+5
安徽	0.253 6	13	辽宁	0.057 1	13	+9	内蒙古	0.274 8	13	+12

---

① 部分 2018 年数据不可得，采用 2017 年数据；数据主要来自《中国统计年鉴 2019》和《中国统计年鉴 2018》，个别指标数据来源于各省份统计年鉴和《中华人民共和国 2019 年国民经济和社会发展统计公报》。

表4-5(续)

地区	2018年IDI	位次	地区	2018年人均GDP	位次	2018年IDI与人均GDP排名差	地区	2016年IDI	位次	2018年与2016年IDI排名差
湖南	0.249 4	14	吉林	0.052 0	14	+2	湖北	0.246 1	14	+8
内蒙古	0.245 9	15	宁夏	0.048 7	15	−6	新疆	0.239 0	15	−1
河南	0.244 5	16	湖南	0.046 3	16	+2	吉林	0.234 8	16	+5
四川	0.228 7	17	海南	0.044 1	17	+3	陕西	0.228 8	17	+7
江西	0.228 0	18	河南	0.040 3	18	+6	重庆	0.228 6	18	+5
河北	0.226 3	19	新疆	0.038 8	19	+2	宁夏	0.227 0	19	−7
吉林	0.226 2	20	四川	0.037 6	20	−6	青海	0.221 0	20	−4
海南	0.220 1	21	河北	0.035 2	21	−4	河南	0.210 7	21	+8
宁夏	0.203 8	22	安徽	0.035 1	22	−7	湖南	0.205 4	22	−3
广西	0.195 4	23	青海	0.035 0	23	+5	江西	0.203 2	23	+5
山西	0.195 1	24	江西	0.034 5	24	+1	四川	0.199 4	24	−14
新疆	0.189 1	25	山西	0.029 9	25	−6	安徽	0.181 3	25	−10
青海	0.179 1	26	西藏	0.025 8	26	−3	西藏	0.173 3	26	−6
黑龙江	0.168 8	27	黑龙江	0.025 6	27	0	甘肃	0.160 7	27	−16
云南	0.151 8	28	广西	0.021 7	28	+2	广西	0.156 6	28	+2
贵州	0.150 7	29	贵州	0.021 2	29	0	海南	0.146 5	29	+2
西藏	0.149 1	30	云南	0.012 4	30	−4	云南	0.145 5	30	−4
甘肃	0.138 2	31	甘肃	0	31	0	贵州	0.115 1	31	−4

全国31个省（自治区、直辖市）综合发展指数平均为0.309 2，北京、上海、广东、江苏、浙江、天津、福建、山东、重庆9个省市的综合发展指数高于全国平均水平，而四川、江西、河北、吉林、海南、宁夏、广西、山西、新疆、青海、黑龙江、云南、贵州、西藏、甘肃15个地区的综合发展指数较低，不及全国平均水平的75%，甚至宁夏、广西、山西、新疆、青海、黑龙江、云南、贵州、西藏、甘肃10个地区发展指数都在0.2及以下，不及全国平均水平的70%。因此，将这15个地区界定为新发展阶段中国的欠发达地区。

这个结果和林勇等（2007）基于2006年数据计算的结果相比，31个省（自治区、直辖市）的排名变化显著。经过十余年的发展，陕西、重庆、安徽、湖南、安徽5个省市快速发展，已经不在欠发达地区之列；四川、江西、海南虽然仍在欠发达地区的行列，但排名都提升了5~8个名次；河北、吉林、山西和黑龙江4个省跌落到了欠发达地区行列。

进一步对一级指标进行解析（见表4-6），将欠发达地区划分为以下几种类型：

经济发展落后型。包括海南、新疆、青海、广西、西藏、黑龙江、云南、贵州和甘肃，这9个地区的经济发展指数都小于0.1，不及上海、北京的1/4。主要表现为经济总量低、贸易依存度小、非农产业比重低等。海南、黑龙江和广西的产业结构问题成为主要原因，第二产业比重分别为全国倒数三位。其中，黑龙江2018年的人均GDP也很低，因此黑龙江的经济发展明显落后。青海、贵州、西藏、甘肃等地区的贸易依存度较小。

社会发展滞后型。包括河北、江西、广西、吉林、新疆、四川、山西、黑龙江、宁夏、青海、甘肃、贵州、云南和西藏，整体社会发展指数都低于0.1，不及北京、上海的40%。主要表现为城镇化水平、教育水平、生活水平、就业水平和基础设施水平较低。其中，西藏、贵州、甘肃、云南、新疆的城镇化率依次在全国排名末五位。青海、甘肃、西藏、云南教育水平较低，不到全国平均水平的77.5%。就生活水平而言，甘肃、山西、西藏、云南、青海都较低，不到全国平均水平的45%，尤其是甘肃和山西，其生活水平仅为全国平均水平的22.6%和24.6%。黑龙江的就业水平最低，辽宁其次，不到全国平均水平的5%。基础设施方面，西藏、宁夏、青海都比较低，不到全国平均水平的10%。

节能环保欠缺型。包括黑龙江、河北、四川、甘肃、宁夏、云南、贵州、广西、山西、新疆。主要表现为能源利用率低和环保投资相对不足。其中，宁夏、西藏、青海、新疆的能源利用率极低，其单位GDP能耗水平不到全国平均水平的10%。关于环保支出，欠发达地区中四川、吉林、江西、广西、海南、新疆均低于全国平均水平，尤其是广西和四川不及全国平均水平的1/10。

创新不足型。包括江西、广西、山西、黑龙江、云南、贵州、吉林、甘肃、新疆、宁夏、海南、青海、西藏，创新水平指数均远低于全国平均水平。尤其西藏、青海、海南、宁夏4个地区的研发投入不及全国平均水平的8%，研发产出则不足全国平均水平的7%。

表 4-6　31 个省（自治区、直辖市）一级指标结果及位次

地区	B_1	位次	地区	B_2	位次	地区	B_3	位次	地区	B_4	位次
上海	0.417 4	1	北京	0.255 4	1	北京	0.033 6	1	广东	0.177 6	1
北京	0.410 3	2	上海	0.230 6	2	西藏	0.021 2	2	江苏	0.137 8	2
天津	0.312 0	3	浙江	0.177 6	3	海南	0.019 4	3	浙江	0.105 3	3
江苏	0.298 8	4	天津	0.173 2	4	广东	0.019 0	4	山东	0.075 3	4
广东	0.271 1	5	广东	0.164 1	5	上海	0.018 6	5	北京	0.061 9	5
浙江	0.270 0	6	江苏	0.155 7	6	江苏	0.016 8	6	上海	0.044 6	6
福建	0.228 0	7	湖北	0.118 3	7	江西	0.016 1	7	安徽	0.037 6	7
山东	0.185 0	8	福建	0.117 7	8	青海	0.015 5	8	福建	0.036 7	8
重庆	0.163 3	9	重庆	0.113 6	9	福建	0.015 0	9	河南	0.034 1	9
辽宁	0.148 9	10	辽宁	0.109 5	10	重庆	0.015 0	10	湖北	0.033 7	10
陕西	0.142 7	11	山东	0.106 7	11	浙江	0.014 8	11	四川	0.030 4	11
湖北	0.140 1	12	海南	0.103 0	12	安徽	0.014 5	12	湖南	0.029 6	12
内蒙古	0.137 6	13	内蒙古	0.096 8	13	河南	0.014 0	13	河北	0.021 5	13
吉林	0.118 9	14	湖南	0.096 2	14	吉林	0.013 8	14	重庆	0.020 1	14
宁夏	0.113 6	15	陕西	0.095 2	15	天津	0.013 7	15	辽宁	0.019 2	15
湖南	0.110 2	16	安徽	0.095 1	16	湖南	0.013 4	16	陕西	0.018 7	16
河南	0.107 7	17	河北	0.092 8	17	湖北	0.013 3	17	天津	0.018 1	17
安徽	0.106 4	18	河南	0.088 8	18	甘肃	0.013 0	18	江西	0.016 9	18
江西	0.106 3	19	江西	0.088 7	19	宁夏	0.012 7	19	广西	0.008 6	19
四川	0.105 5	20	广西	0.088 1	20	陕西	0.012 3	20	山西	0.007 8	20
山西	0.101 6	21	吉林	0.088 0	21	云南	0.012 0	21	黑龙江	0.007 5	21
河北	0.100 6	22	新疆	0.085 6	22	河北	0.011 3	22	云南	0.007 4	22
海南	0.096 7	23	四川	0.081 6	23	四川	0.011 2	23	贵州	0.006 3	23
新疆	0.096 7	24	山西	0.078 6	24	山东	0.010 5	24	吉林	0.005 5	24
青海	0.090 4	25	黑龙江	0.076 8	25	黑龙江	0.010 4	25	内蒙古	0.004 6	25
广西	0.088 9	26	宁夏	0.075 3	26	贵州	0.010 3	26	甘肃	0.003 6	26
西藏	0.083 4	27	青海	0.072 7	27	广西	0.009 9	27	新疆	0.002 8	27
黑龙江	0.074 2	28	甘肃	0.066 6	28	山西	0.007 1	28	宁夏	0.002 2	28
云南	0.070 1	29	贵州	0.066 3	29	内蒙古	0.006 8	29	海南	0.000 9	29
贵州	0.067 9	30	云南	0.062 3	30	辽宁	0.004 5	30	青海	0.000 5	30
甘肃	0.055 0	31	西藏	0.044 5	31	新疆	0.004 1	31	西藏	0.000 008	31

第三节　欠发达地区工业绿色转型发展的基本特点

一、工业总量相关指标低

一方面，欠发达地区的工业增加值总量低于全国平均值或排名低于其GDP排名。表4-7列出了2016年、2017年和2018年14个欠发达地区的工业增加值及相关排名情况。江西、吉林、山西、广西、黑龙江、贵州、甘肃、海南、宁夏、新疆、青海、云南12个欠发达地区的工业增加值均低于全国均值。四川和河北的工业增加值在2016—2018年3年中都高于全国均值，工业增加值的全国排名也都位列前10，只是四川工业增加值的全国排名小幅低于其GDP的全国排名，河北工业增加值的全国排名小幅高于其GDP的全国排名。说明在四川和河北两个省份的经济发展中工业部门仍在发挥着中流砥柱的作用，只是四川的工业还有更多的提升空间，河北的其他指标相对落后。

表4-7　欠发达地区2016—2018年的工业增加值总量及排名情况①

单位：亿元

地区	2016年			2017年			2018年		
	工业增加值	工业增加值排名	GDP排名	工业增加值	工业增加值排名	GDP排名	工业增加值	工业增加值排名	GDP排名
四川	11 570	8	6	11 517	9	6	12 191	8	6
江西	7 219	14	17	7 790	13	17	8 113	13	16
河北	13 387	6	8	13 758	6	8	13 698	7	9
吉林	7 005	15	24	6 999	15	22	6 411	16	24
山西	4 149	20	22	5 771	19	24	5 953	18	22
广西	6 817	17	18	5 823	18	19	4 974	20	18
黑龙江	3 647	24	23	3 333	24	21	3 263	25	23
贵州	3 683	23	25	4 260	23	25	4 929	21	25
甘肃	1 729	27	27	1 770	27	27	2 320	27	27
海南	483	30	28	528	30	28	573	30	28
宁夏	1 041	28	29	1 096	28	29	1 125	28	29

---

① 此处欠发达地区及全国均值的计算没有包括西藏，下同，不再一一备注。

表4-7(续)

地区	2016 年			2017 年			2018 年		
	工业增加值	工业增加值排名	GDP排名	工业增加值	工业增加值排名	GDP排名	工业增加值	工业增加值排名	GDP排名
新疆	2 678	25	26	3 254	25	26	3 744	24	26
青海	902	29	30	778	29	30	819	29	30
云南	4 000	22	22	4 265	22	20	4 484	22	20
欠发达地区均值	4 879	19	22	5 067	21	21	5 185	21	22
发达地区均值	12 692	11	10	13 063	10	10	14 226	11	10
全国均值	8 920	15	15	9 768	15	15	10 225	15	15

另一方面,欠发达地区工业增加值占比大范围低于全国平均水平。不仅是2018年,在2015年、2016年、2017年3个年份中,就至少有9个省份的工业增加值占比均低于全国平均水平。见表4-8。

表4-8　主要年份欠发达地区的工业增加值占比情况

地区	2010 年	2015 年	2016 年	2017 年	2018 年
四川	39. 1	36. 7	33. 6	31. 3	30
江西	45. 6	41. 8	39. 3	38. 9	36. 9
河北	47. 0	43. 1	42. 3	40. 4	38. 5
吉林	45. 3	43. 5	41. 1	40. 5	36. 1
山西	50. 9	34. 6	31. 9	37. 2	35. 4
广西	40. 5	38	37. 3	31. 4	30. 9
黑龙江	42. 9	27	23. 7	21	19. 9
贵州	36. 6	36	35	33. 9	29. 5
甘肃	39. 8	27. 3	25. 1	23. 6	23. 6
海南	17. 5	13. 1	11. 9	11. 8	11. 8
宁夏	38. 2	33. 9	33. 3	31. 8	30. 3
新疆	40. 0	29. 9	28. 2	29. 9	30. 7
青海	45. 4	37	35. 1	29. 6	28. 6
云南	36. 1	28. 3	26. 3	25. 0	25. 1

表4-8(续)

地区	2010 年	2015 年	2016 年	2017 年	2018 年
欠发达地区均值	40.4	33.6	31.7	30.5	29.1
发达地区均值	43.3	39.4	36.6	35.4	34.5
全国均值	41.9	36.7	34.3	38.5	32.0

二、污染密集型制造业占比高

原毅军和陈喆（2019）基于我国 30 个省份在 2000—2015 年的面板数据测算出各省份清洁型制造业总产值与污染密集型制造业总产值之比，得到图 4-1，并得到全国、东部地区、中西部地区的平均比值分别为 1.039、1.416、0.825 5。中西部地区的比值低于全国平均水平，说明污染密集型制造业在中西部地区的工业发展中占据着更为重要的位置。在比值倒数 10 位的省份中，本书界定的欠发达地区占了 9 席。不过，它也意味着我国欠发达地区推进工业绿色转型升级和技术创新、制度创新的空间广阔。孙宏芃（2016）的实证结果以及原毅军和陈喆（2019）计算出的绿色技术创新和制造业转型升级的"门槛值"也印证了这一点。

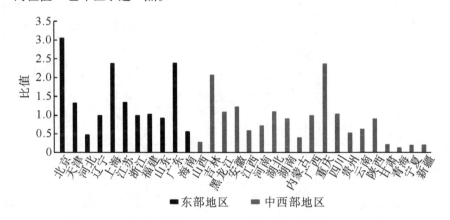

图 4-1　中国 30 个省份的清洁型制造业总产值与污染密集型制造业总产值之比
资料来源：原毅军和陈喆（2019）。

三、技术创新基底弱

表 4-9、表 4-10 及图 4-2 对比分析了 14 个欠发达省份的企业开展科技创新活动的情况。无论是 10 年前还是近年，14 个欠发达省份在"有研发活动的

企业""研发人员全时当量""研发经费内部支出""有效发明专利数"几个指标上的数据均大幅落后于全国均值。

表 4-9　主要年份欠发达地区工业企业的科技创新情况

地区	有研发活动的企业/个		研发人员全时当量/人年		研发经费内部支出/亿元		有效发明专利数/件	
	2010 年	2018 年	2010 年	2018 年	2010 年	2018 年	2010 年	2018 年
四川	208	2 569	34 600	77 848	80.98	342.39	2 236	35 959
江西	171	3 547	18 561	67 394	87.15	267.77	1 322	11 878
河北	290	1 748	37 814	68 956	155.45	381.99	3 122	18 762
吉林	76	324	19 411	11 124	35.54	57.50	519	4 612
山西	138	445	29 998	27 228	67.57	131.25	1 126	7 917
广西	167	485	11 895	17 228	35.89	89.10	684	6 846
黑龙江	118	329	32 467	13 110	72.85	60.57	1 387	4 708
贵州	69	948	8 633	20 041	21.78	76.23	757	6 544
甘肃	78	330	8 673	8 026	20.87	47.62	348	3 208
海南	18	66	862	1 971	1.83	11.37	203	1 258
宁夏	51	306	2 363	7 060	7.30	36.99	150	2 282
新疆	50	175	5 970	5 806	16.73	44.88	336	3 252
青海	18	60	1 842	1 157	6.02	6.77	58	559
云南	111	1 003	7 589	24 048	18.07	107.02	719	6 466
欠发达地区均值	112	881	15 763	25 071	39.45	118.68	729	14 171
发达地区均值	614	4 966	71 826	164 369	216.44	705.78	6 429	87 682
全国均值	380	3 060	45 663	99 364	133.84	431.80	3 769	53 377

在 2017 年，14 个欠发达省份制定创新战略的企业占全部企业的比重只有四川和甘肃略高于全国均值，吉林和黑龙江则比全国均值低了近 10 个百分点。而制定创新战略并致力于保持或超越国际领先水平的企业占全部工业企业的比重只有江西、河北、吉林、黑龙江、海南 5 个省份高于全国均值。对于实现产品创新、工艺创新以及产品或工艺创新的企业占比，除四川、江西、宁夏、云南外，其他省份全都低于全国均值，但都表现为实现工艺创新的企业占比不同

程度地大于实现产品创新的企业占比（见表4-10）。

表4-10　2017年14个欠发达省份的创新活动情况　　　单位:%

地区	制定创新战略企业占比	制定创新战略并致力于保持或超越国际领先水平的企业占比	实现产品创新企业占比	实现工艺创新企业占比	实现产品或工艺创新企业占比
四川	52.1	7.4	13.9	16.1	19.2
江西	47.1	9.5	16.1	18.9	22.2
河北	48.3	9.4	11.6	15.2	18.3
吉林	39.9	9.7	7.4	9.3	10.4
山西	47.7	6.9	6.6	9.7	11.1
广西	46.9	6.7	8.7	10.9	12.8
黑龙江	40.1	10.2	6.4	8.5	10.1
贵州	45.9	8.4	9.9	13.3	15.4
甘肃	52.7	6.9	9.3	13.2	15.1
海南	51.6	9.8	10.1	14.9	16.8
宁夏	56.5	6.9	13.7	19.4	21.7
新疆	47.4	6.6	5.3	8.7	9.9
青海	50.6	6.7	8.5	11.2	13.2
云南	56.3	7.1	15.9	20.4	22.8
欠发达地区均值	48.8	8.0	10.2	13.6	15.6
发达地区均值	49.8	9.8	16.2	17.8	21.6
全国均值	50.8	9.0	13.4	15.8	18.8

2008—2015年，14个欠发达省份的研发费用投入强度虽然连年在小幅增长，但也全面低于全国均值，也远低于北京、上海、江苏（见图4-2）。

彭星（2015）、岳鸿飞（2018）、王班班和赵程（2019）、原毅军和陈喆（2019）等基于我国各省份2000—2012年、2000—2015年相关面板经验数据的实证检验以及1997年以来的绿色专利统计结果也都表明，现阶段我国各省份的绿色技术创新水平都还普遍偏低，但中西部地区明显落后于东部地区和全国平均水平，尤其是云南、青海、甘肃、宁夏、新疆、山西、江西等中西部地区，几乎没有开展绿色技术创新活动，环境污染和技术落后问题较为突出，但是四川、重庆、陕西、贵州、内蒙古等自然资源丰富的西部省份的绿色专利申请表现突出。

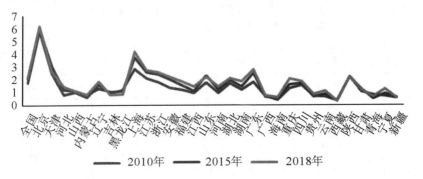

图 4-2 31 个省（自治区、直辖市）主要年份的研发经费投入强度

四、工业企业活力不足

一个地区的国有经济成分占比高表明该地区国有企业占据了更多的优势资源和市场份额，但生产经营体制和模式灵活性不足、技术创新活跃度不足、产业升级迟缓。王班班和赵程（2019）则发现我国绿色创新的规模在过去 10 年增加了 10 多倍，但创新方向和质量并没有实质性转变，国有经济是其中的阻碍性因素之一。2016 年 7 月，中国人民大学国家发展与战略研究院发布的《中国僵尸企业研究报告》显示，经济发展水平较低的西南、西北和东北地区僵尸企业比例较高；国有和集体企业中僵尸企业的比例最高，民营企业和港澳台及外商企业中僵尸企业的比例相近，但远低于国有和集体企业中僵尸企业的比例（聂辉华 等，2016）。在 14 个欠发达省份中，吉林、山西、黑龙江、贵州、甘肃、宁夏、新疆、青海、云南 9 个省份的国有经济成分在 2010 年、2015 年和 2018 年 3 个年份的占比均高于全国均值。在 14 个欠发达省份中，企业研发经费内部支持中的政府资金占比普遍高于全国均值，开展创新合作企业的占比大面积低于全国均值（见表 4-11）。

表4-11 14个欠发达省份研发经费内部支出来源及国有经济占比情况

单位:%

地区	研发经费内部支出中政府资金占比			国有经济占比①			创新合作企业占全部企业的比重
	2010年	2015年	2018年	2010年	2015年	2018年	2017年
四川	57	57	13.8	27.9	25.2	25.8	16.3
江西	19.9	19.9	17.8	26.7	18.3	23.6	17.8
河北	17.6	17.6	9.9	31.4	20.9	27.9	13.8
吉林	38	38	11.3	44.4	34.2	63.4	9.1
山西	15	15	9.1	55.3	58.6	51.3	9.9
广西	24	24	8.5	39.0	27.8	36.7	11.4
黑龙江	31	31	11.4	60.9	42.8	53.7	8.5
贵州	25	25	16.3	59.5	40.5	44.2	13.6
甘肃	39	39	13.6	82.0	79.9	82.2	13.9
海南	10	5	1	26.4	24.9	24.7	16.3
宁夏	9	6	8	51.1	39.3	40.7	18.8
新疆	6	3	5	71.8	54.2	57.3	8.8
青海	15	7	7	60.8	55.1	64.4	12.8
云南	7	10	3	59.1	56.6	54.8	19.5
欠发达地区均值	34	34	5	50	41	46	13.6
发达地区均值	22	22	4	32	25	30	17.0
全国均值	28	28	5	40.2	32.9	37.8	15.4

五、自然资源禀赋好

张峰等（2019b）基于2000—2016年我国30个省份能源、有色金属、黑色金属矿产和非金属矿产储量和产量，评估了各地区的资源储量丰裕度。储量视角的评估结果显示，我国中西部地区的自然资源丰裕度分别达到了1.593和1.758，远高于东部地区的0.844。产量视角的评估结果也显示我国中西部地区的自然资源丰裕度是高于东部地区的，只是中部地区最高（1.236），其次是西部地区（0.913），东部地区仍然只是中西部地区的50%左右。采用张峰等

---

① 国有及国有控股工业企业销售产值占全部工业产值的比重。

（2019b）的测度方法，从资源储量的视角测算欠发达地区在2008年以来的自然资源丰裕度。综合来看，欠发达地区自然资源禀赋明显好于全国均值和发达地区。图4-3呈现的是几个主要年份14个欠发达省份的自然资源丰裕度情况。

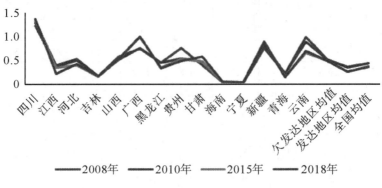

图4-3　14个欠发达省份主要年份的自然资源丰裕度

第四节　欠发达地区地方政府行为的基本特点

欠发达地区地方政府在推动区域工业绿色转型发展中的行为在很大程度上是未知的，这也是本书要重点探索的内容之一。按照逻辑，这一节主要根据已有研究和相关经验性数据提炼出欠发达地区地方政府推动工业绿色转型发展"行动""行为"的背景与限定条件，为建构模型及分析、解释实证结果做铺垫。

一、地方政府面临的资源环境约束趋紧但生态环保压力不大

因为地形、气候的影响和人为大规模开发破坏，我国欠发达地区的生态环境大都比较脆弱。杜宇晨和杨丹丹（2019）基于2011—2016年我国各省份的相关数据对东部、中部和西部三大区域经济板块的环保经济发展趋势进行了测度。结果显示：2011—2016年，全国东部、中部和西部三大区域的综合发展指数均呈现上升趋势，其中西部地区的增幅高于中东部地区且趋近于东部地区。西部地区的经济综合发展进步明显，但整体上仍落后于中东部地区（杜宇晨和杨丹丹，2019）；西部地区的资源承载指数在初期是好于中东部地区的，但近几年出现了小幅下降，说明西部地区的经济快速发展在一定程度上是以过度、低效消耗资源作为发展代价的；加入资源承载约束后，西部地区的指数下

降幅度较大，并且增长幅度有所减小，与中东部地区的差距较大，表明资源的承载力对西部地区的综合发展程度具有很大影响；加入环境容量约束后，西部地区在约束下的发展指数得分小于中东部地区，而中部地区在 2011 年的指数得分高于东部地区，但是在发展进程中逐渐被东部地区反超，说明东部地区在发展过程中对于环境容量的控制仍值得中西部地区借鉴；在资源承载与环境容量双重约束的条件下，西部地区的综合发展指数低于中东部地区，下降幅度大于中东部地区，但是整体的综合发展趋势保持了上升的状态。

从各地区面临的生态环保压力来看，欠发达地区均值在 2008—2018 年一直远低于全国均值和发达地区均值（见图 4-4）。

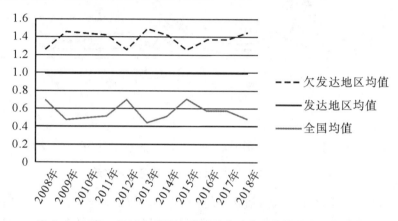

图 4-4　2008—2018 年我国各地区地方政府面临的生态环保压力

欠发达地区内部面临的生态环保压力呈现出明显的差异。其中，广西、河北和四川 3 个省份面临的压力最大，其次是江西、黑龙江、云南、山西、吉林、甘肃 6 个省份，最低的是宁夏、海南、贵州、新疆 4 个省份（见图 4-5）。

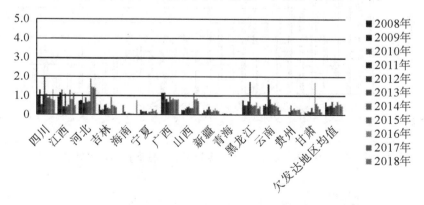

图 4-5　2008—2018 年我国欠发达地区地方政府面临的生态环保压力

二、地方政府财政能力弱但经济干预能力强

2015—2018 年，河北、江西、黑龙江、广西、四川 5 个省份的人均可支配财政收入（地方一般公共财政收入/常住人口）均远低于全国平均水平。贵州 2015 年的人均可支配财政收入小幅高于全国均值，山西、吉林、甘肃 3 个省份的人均可支配财政收入在 2016 年和 2017 年两个年度大幅高于全国均值，但和北京、上海、江苏等发达省市仍有很大差距。详见图 4-6。

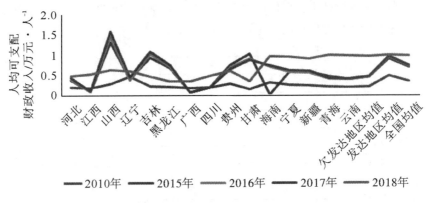

图 4-6　主要年份欠发达地区的人均可支配财政收入

2018 年全国 31 个省（自治区、直辖市）的财政自给率见图 4-7。在排名靠后的 15 个省份中，界定为欠发达地区的占了 12 席，占比达 80%，其中排名最后 10 位的省份全部为本书界定的欠发达地区。

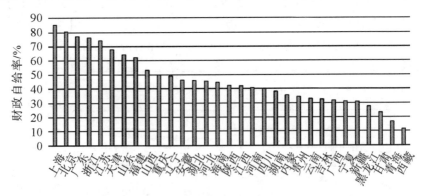

图 4-7　2018 年我国 31 个省（自治区、直辖市）的财政自给率

从地方政府干预经济的行为强度来看，欠发达地区的强度和强度提升的速度一直远高于全国均值和发达地区均值（见图4-8）。

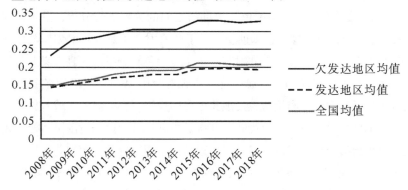

图4-8　2008—2018年我国各地区地方政府干预经济的行为强度

在欠发达地区内部，青海、甘肃、宁夏、贵州、甘肃、新疆、云南等几个综合发展指数排名靠后的省份，其地方政府干预经济的行为强度明显高于其他欠发达地区（见图4-9）。

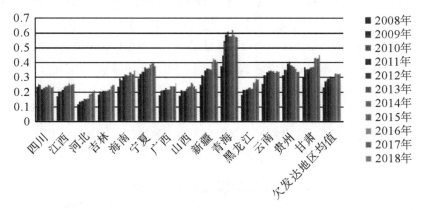

图4-9　2008—2018年我国欠发达地区地方政府干预经济的行为强度

三、社会投资活力不强

民间投资机制活力强、效率高、潜力大，现已成为我国全部社会总投资的主要力量，是我国构建经济发展内生动力机制、推动产业绿色转型升级、实现经济增长的重要推动力量（辜胜阻 等，2010；沈炳熙，2011；王凤祥和张伟，2017；李富有 等，2019）。外国直接投资（FDI）通过人员流动、竞争、示范和产业关联四种途径对东道国本土企业产生技术溢出效应（Das，1987）。李国祥和张伟（2016）、王凤祥和张伟（2017）、冉启英和杨小东（2020）分别以 2005—2014 年、2006—2015 年、2006—2017 年的省级面板数据为样本，对 FDI、民间投资、环境规制与绿色技术创新之间的关系进行分析，发现民间投资、FDI 显著地促进了绿色技术创新。对于政府财政困难、技术创新基础薄弱的欠发达地区，民间投资和 FDI 对其推进工业绿色转型发展更是意义非凡①。

张海松和王松江（2017）通过莫兰指数对我国 1997—2015 年各省份的民间投资数据进行空间分布检验，发现我国民间投资存在明显的区域差异性，其中长三角地区的民间投资指数最高，其次是中部地区，西部地区民间投资指数最低，呈现出沿长江和陇海—兰新线由东部向中西部以及由南向北逐步递减的规律。这背后的原因主要涉及社会、经济、区位、市场准入、制度、战略导向等因素的差异性（李富有 等，2019）。西部地区经济开放度低、地理位置相对偏远、基础设施及生产性服务业配套滞后、科技水平低等制约性因素突出，对民间投资的吸引力最弱。中部地区虽然第三产业没有长三角地区发达，但在承接东部地区产业转移方面较西部地区同时具有区位优势和产业基础优势，对民间投资的吸引力相对强些。李富有等（2019）对我国 1995—2016 年民间投资的总量特征、结构分布与动态演进的分析和张海松和王松江（2017）的结果基本一致：我国中西部地区民间投资总量远低于东部地区，但增速大于全国均值和东部地区；西部民间投资总量最小，增幅也小于中部地区；不过，西部地区的全部投资和国有投资的平均增速最高。

从欠发达地区近年实际利用外资的情况来看，山西、吉林、黑龙江、四川、贵州的实际利用外资额在过去 8 年里均有小幅增长，辽宁和甘肃则不升反降（见表 4-12）。

表 4-12　部分欠发达地区主要年份的对外开放情况

单位：亿美元

地区	进出口总额			实际利用外资		
	2010 年	2015 年	2018 年	2010 年	2015 年	2018 年
河北	419.31	514.82	3 551.6	43.66	73.69	97.03
江西	216.1	424	481.9	51.01	94.73	125.72

---

① 综合已有研究的结果看，欠发达地区地方政府还应重点从环境规制强度、市场化水平、人力资本要素等方面思考如何有效吸引、利用民间资本和 FDI 以促进本地区的工业绿色转型发展（李国祥和张伟，2016；刘斌斌和黄吉焱，2017）。

表4-12（续）

地区	进出口总额			实际利用外资		
	2010 年	2015 年	2018 年	2010 年	2015 年	2018 年
山西	125.78	147.15	207.75	11.65	32.58	35.90
吉林	168.46	189.38	206.74	41.65	85.72	N/A
黑龙江	255	209.9	264.1	27.59	55.45	59.48
广西	177.07	512.62	623.38	9.12	17.22	5.06
四川	327.04	511.89	899.38	70.13	104.37	110.37
贵州	31.47	122.21	76.03	3.40	26.27	47.44
甘肃	73.81	79.38	59.99	5.19	4.60	0.50
海南	108.17	869.10	848.18	15.23	24.66	8.19
宁夏	19.60	37.91	37.81	2.32	1.86	2.14
新疆	171.28	196.78	200.50	2.37	4.53	2.05
青海	7.89	19.34	7.27	2.19	0.55	0.04
云南	133.68	245.27	298.95	13.29	29.92	10.56
欠发达地区均值	166.25	335.88	605.57	31.59	46.58	40.49
发达地区均值	1 740.15	2 285.94	2 668.81	99.41	136.87	208.65
全国均值	1 005.56	1 375.91	1 705.96	67.76	94.73	130.17

第五节　欠发达地区工业发展面临的新要求、新机遇与新挑战

　　党的十八大以来，我国经济社会发展的价值取向和战略取向都已发生了转变。党的十八届五中全会首次提出创新、协调、绿色、开放、共享新发展理念，构成了"十三五"规划的精神实质。生态文明建设被首次列入五年规划，明确要推动建立绿色低碳循环发展产业体系，实行最严格的环保制度等，表明了中央政府推动全社会生产生活方式向绿色化转型发展的坚定决心，也为"十三五"时期的经济社会发展明确了方向和路径。在此基础上，党的十九大又进一步明确指出我国经济已转向高质量发展阶段，要求推动实现经济发展质

量变革、效率变革和动力变革。我国经济发展的衡量标准从"有没有"转向"优不优",重心从"规模性扩张""速度型增长"转向"内涵式发展"。新发展理念仍然是经济高质量发展的行动先导。党的十九届五中全会提出:把科技自立自强作为国家发展的战略支撑;到 2035 年广泛形成绿色生产生活方式,碳排放达峰后稳中有降,生态环境根本好转,美丽中国建设目标基本实现。相应地对我国工业发展也会提出新的要求,欠发达地区也会面临新的机遇和新的挑战。

一、新要求:两个"转向"

王一鸣(2019)用五个"转向"凝练出我国高质量发展阶段的新要求和新特征。这一提法精准且全面,不仅涵括了这一阶段我国经济发展要实现的"三个变革",还与新发展理念一脉相承。结合本书的聚焦点,在高质量发展阶段我国工业发展主要面临着目标和路径"转向"的新要求,指向不仅是一段时期内我国工业发展质量、效率和动力的变革,也是绿色发展和可持续发展,是发展方式的革命性变革。

(一)目标:从"规模追赶"转向"质量追赶"

我国工业经过劳动密集型产业主导、资本密集型产业主导的两个快速发展阶段,总量快速增长,在 2010 年我国制造业增加值超过美国成为世界第一制造业大国,在 2017 年则给全球制造业贡献了 27% 的增加值,生铁、汽车、家用电冰箱、手机等代表性工业产品的产量分别达到了 1978 年的 20 多倍、100 多倍、1 000 多倍和 10 000 多倍(郭朝先,2018),实现了数量上对欧美发达国家和经济体的追赶。但整体上"大而不优,快而不强",不能满足人民升级了的物质文化和生态环境的需要。按照以习近平同志为核心的党中央的要求,要充分利用全球创新资源,在更高起点上推进自主创新,把核心技术掌握在自己手中,不再跟在其他国家的后面亦步亦趋。只有这样才能对内进一步提高生产要素使用效率、提升产品品质、优化工业结构、满足人民群众日益增长的美好生活需要,对外真正提升我国制造业在全球产业链和价值链中的位置、在深刻变化的大国博弈和国际产业竞争中赢得主导权。

(二)路径:从"要素驱动、投资驱动"转向"创新驱动"

时至今日,我国工业"大而不优,快而不强"很大程度上是由基于比较优势和中国特色政府治理体制驱动的发展方式所决定的。一方面,低价优质的人口、能源、土地、环境承载力等生产要素及巨大的本土市场构成了过去我国工业对外引进设备、技术、资金的关键性影响因素;另一方面,财政分权和以

GDP 为中心的地方政府考核机制驱动地方政府偏好投资，尤其偏好投资产业链长、所得税额高、吸纳资本能力强和推动技术创新空间大的工业部门，并同时在土地、水电气、税收等要素方面给予强有力的支持，推动工业快速扩张成辖区的主导产业。整体上，过去我国工业的快速扩张主要基于要素驱动和投资驱动。但是，进入 21 世纪，我国劳动年龄人口比重开始下降，制造业的平均时薪在 2005—2016 年翻了三倍，达到了 3.6 美元，是时薪水平较低的欧元区成员国水平的 70% 左右，超过了除智利外的所有主要拉美经济体①。与此同时，能源、土地、环境容量等要素供给开始吃紧，投资总量在增加但结构性问题也日益凸显。依赖传统要素和投资驱动来支撑、拉动工业发展的边际效应和空间变得越来越小，甚至难以为继。我国工业发展亟须切换到创新驱动的发展轨道，以供给侧结构性改革为主线推动企业大力开展技术创新、商业模式创新、组织管理创新、制度创新等活动，实现从"传统三高"向高技术、高成长、高附加值的"新三高"的转变，提高要素利用效率，提升满足人民群众日益增长的美好生活需要的研发制造能力，重塑国际竞争优势。

二、新机遇：三"新"、一"高"、一"倡议"

（一）新一代技术革命和产业革命

人类经历的前三次工业革命及其引发的经济社会的飞跃性进步无不是基于颠覆性的技术变革。当前，以数字化、网络化、智能化、绿色化为主要特征的新一代技术日新月异，新产业、新业态、新模式等次生性变化层出不穷。在这些新兴领域，我国与欧美日发达国家领跑、并跑、跟跑并存，是我国制造业实现产业链排位跃迁、领跑全球的战略性机会窗口。欠发达地区则面临着三个潜在的"后发优势"和机遇。一是可以用相对较低的成本引入高新技术和绿色技术。新技术的不断涌现使得一大批高新技术和绿色技术的价值排序加速后移和淘汰。二是可以借鉴发达地区在发展过程中积累的经验教训，少走弯路，加快产业技术跨越的进程，实现技术经济的追赶目标。三是有着与发达地区同等的"名义技术机会"，即以技术促进社会经济发展的机会。新技术革命和产业革命为欠发达地区在技术—经济范式上进行分析、比较和筛选提供了广阔的回旋空间。贵州大数据产业的跨越式发展就是一个鲜活的例子。

（二）"一带一路"倡议

在传统地缘政治经济格局下，"闭塞"的西部地区对人才、资金、技术等

① 新华社. 中国制造业平均工资增速迅猛［EB/OL］.（2017-02-27）［2021-11-27］. http://www.xinhuanet.com/fortune/2017/02/27/c_1120535790.htm.

核心创新要素吸附能力弱，其经济发展犹如"无本之木"。"一带一路"倡议是我国主动应对深刻变化中的国内国际局势做出的重大决策，对促进我国中西部地区发展和拓展对外开放空间等都具有重大的现实意义。"一带一路"倡议共涉及 18 个重点省份，其中属于本书划定为欠发达地区的有 10 个。另外，"一带一路" 10 个节点城市中有 4 个城市为本书划定为欠发达地区的省会城市。我国对外开放的格局正由东部地区向西部地区转移。欠发达地区面临的区位劣势、创新要素低吸附力和低配置效率等局限性正在悄然改变。以中欧班列为例，它打破了我国与欧洲、中东、中亚各国的贸易阻隔，使得成都、重庆等内陆中心城市成为"一带一路"沿线各国的全新贸易伙伴，以这些中心城市为牵引，中西部地区跨境贸易业务持续增长。

（三）新一轮区域经济协调发展战略

在 15 个欠发达省份中，有 9 个处于西部地区，2 个处于东北地区，2 个处于中部地区，分别享有西部大开发形成新发展格局战略、新一轮东北振兴战略和中部崛起战略等国家级区域经济协调发展布局的政策红利。2020 年 5 月 17 日，中共中央 国务院发布《关于新时代推进西部大开发形成新格局的指导意见》（以下简称《指导意见》），要求西部地区贯彻新发展理念，以共建"一带一路"为引领，深化重点领域改革，形成大保护、大开放、高质量发展的新格局，到 2035 年西部地区基本实现社会主义现代化，基本公共服务、基础设施通达程度、人民生活水平与东部地区大体相当。具体来看，西部地区将在区域国家级公共创新平台建设、高水平创新合作、信息技术与传统产业的深度融合、清洁能源基地培育、高载能但合规的产业承接、资源枯竭型地区的振兴发展、基础设施建设、开放大通道建设、内陆多层次开放平台建设、区际互动合作、绿色产业发展、要素市场改革、科技体制改革、营商环境改善、财税支持等方面获得倾斜力度更大的政策支持，相应地发展也会大大提速，进入快车道。尤其是川渝地区，随着成渝地区双城经济圈建设上升为国家级战略，未来在市场空间拓展、产业链供应链优化稳定、国内国际双循环相互促进的新发展格局构建中将获得更多的利好政策。

（四）新基建

新基建的全称是新型基础设施建设，主要涉及 5G 基站、特高压、充电桩、大数据、人工智能和工业互联网 6 个高新技术板块，建设体系庞杂且周期长，是推动实现经济内循环、支撑产业数字化转型和绿色发展的重要发力点之一。早在 2018 年年底，中央经济工作会议就提出了要发挥投资关键作用，加大制造业技术改造和设备更新，加快 5G 商用步伐，加强人工智能、工业互联网、物联网等新型基础设施建设的概念，随后在 2019 年 3 月的国务院政府工作报告中再次被提及。进入 2020 年，全球突发新冠肺炎疫情，新基建在 1 月的国务院常务会议、2 月的中央全面深化改革委员会第十二次会议、3 月的中央政治局常委会会议上高频出现。国家强力推动这轮新基建投资的目的在于短期内提振内需、稳增长，更在于换动能、促转型，这是共识，也是必然之举。布局新基建，就是布局实体经济和数字经济融合发展的信息基础设施体系，就是谋划区域经济的未来，创新、产业链拉动、投资空间巨大，是欠发达地区推动经济发展动能、结构、质量和总量实现跨越式进阶的战略性机会窗口。尽管如此，欠发达地区政府要把握到"有效""关键"两个核心要义，既要考虑地区差异和平衡，也要注重与传统基建的衔接兼容，突出本地特色，突出实际需要，突出能力匹配，尤其要发挥中心城市的引领示范作用，避免基建真空倾向，积极探索 PPP 融资模式，在传统政府债务、国有企业、银行贷款之外，吸引更多的民营企业、民间资本入驻，成为新基建的重要主体，提高风险管控能力，降低地方政府债务压力。

（五）高水平制度建设

高水平的制度建设是推动实现高质量发展的"软基建"。2020 年 3 月 30 日，中共中央 国务院印发《关于构建更加完善的要素市场化配置体制机制的意见》，就新时代在更高起点、更高层次、更高目标上推进经济体制改革、建设高水平社会主义市场经济体制做出了全面部署。党的十九届五中全会提出，要"坚持和完善社会主义基本经济制度，充分发挥市场在资源配置中的决定性作用，更好发挥政府作用，推动有效市场和有为政府更好结合"，进一步明确了当前及今后一个时期我国深化社会主义市场经济体制改革的方向。两者都表明了我国进一步推进形成有效市场和有为政府有机相伴共生的决心。和技术追赶的后发优势一样，欠发达地区在营商环境改善、政府职能转变、现代财税金融体制建立、激发国有和民营市场主体活力等的制度支持方面具有后发优势。一方面，欠发达地区会加速享受新制度红利，落后的、不适宜的制度会被快速淘汰或调整；另一方面，减少制度试错成本，站在发达地区的经验教训"肩膀"上，欠发达地区在制度建设方面可以少走些弯路。

三、新挑战：在多重"后发劣势"中寻求高质量增长

2020 年 7 月 30 日，中央政治局会议明确提出"我国已进入高质量发展阶段"，要求围绕全面贯彻新发展理念、扎实供给侧结构性改革、建设现代化经济体系、满足人民不断升级的物质文化和生态环境需要等几个方面持续发力。

它意味着欠发达地区和发达地区一道进入了突出强调创新、协调、绿色、开放、共享的新发展阶段。历经40余年的改革开放，我国欠发达地区经济社会发展取得了长足进步，但经济总量、发展质量、产业结构、发展动能等不平衡不充分不高级的矛盾仍然突出。工业领域要在多重"后发劣势"中实现创新驱动和绿色增长，挑战多、考验大。此处，"后发劣势"是与"后发优势"相对的一个概念，是同一事物的不同两面，是历史的，也是具体的。

（一）传统比较优势不再明显

一方面，相较于我国工业早期发展阶段对优质低价劳动力、土地、资源、生态环境的高度依赖，高质量发展阶段的根本在于创新驱动，关键在于科技创新支撑。它意味着，欠发达地区在劳动力等传统要素方面的比较优势在这一阶段是相对弱化了的。另一方面，欠发达地区在劳动力、土地、资源、生态环境等传统要素方面的比较优势也在绝对弱化。其一，劳动力人口外流严重。其二，土地、生态环境约束进一步趋紧。其三，资源市场化、资本化转化开发一直在低水平徘徊。

（二）基础设施支撑仍然不足

欠发达地区丰富的能源、矿藏、原材料曾经为国民经济的发展提供了动力，但由于经济全球化的发展和欠发达地区能源运输距离长、费用高，很多资源的进口价格都低于欠发达地区运输出来的资源的价格，导致很多欠发达地区资源过剩，市场竞争力日益丧失。部分劳动密集型产业由东部地区转移到越南、印度等东亚欠发达经济体。

（三）新旧产业支撑引领"双不足"

一方面，传统支柱性制造业发展受困，规模和核心关键技术支撑力不足。近年来，受传统制造业不景气、行业竞争格局愈加激烈的大环境影响，欠发达地区工业的生产经营规模和利润要么经历了急速下滑，要么增速大幅放缓，关键核心技术的研发虽有一定进展，但并无实质性突破。另一方面，先进制造业发展不平衡不充分，"新技术、新组织、新产业、新业态、新模式"引领力不足。部分欠发达地区的局部区域虽然在先进制造业政策环境支持、人才储备、资金投入、产业生态建设、规模与增速等方面呈现出省域内"一枝独秀"的局面，但与发达地区比较，差距仍然不小。此外，对于快速迭代变化的技术和市场，欠发达地区的核心支撑性企业发展经营还主要着眼于规模和成本。部分企业遇到发展瓶颈，首先想到的是政府政策、资金、补贴、项目，甚至"专心"围着政府的补贴政策转。再有就是基于新一代信息技术的新型生产性服务业发展不足，支撑力较弱。

第六节　本章小结

本章主要就欠发达地区推进工业绿色转型发展的理论基础、现实基础，面临的新要求、新机遇、新挑战等高度关联的内容进行了梳理。同时，以林勇等（2007）构建的欠发达地区评估指标体系和测算方法为蓝本，重构了指标体系以更为契合新的区域经济发展格局，基于我国31个省（自治区、直辖市）在2018年的经济社会发展数据测度了各省份的综合发展指数。最终，形成了以下几点认识：

第一，四川、江西、河北、吉林、海南、宁夏、广西、山西、新疆、青海、黑龙江、云南、贵州、西藏、甘肃15个省份区域综合发展指数较低，划分为欠发达地区。这些地区自然资源禀赋好，工业以资源依赖型制造业为主，容易陷入"资源诅咒"。

第二，进入新的发展阶段，这些欠发达地区地方政府推进工业绿色转型发展面临着目标从"规模追赶"转向"质量追赶"、路径从"要素驱动、投资驱动"转向"创新驱动"的新要求，也面临着新一轮技术革命、新基建、西部大开发形成新发展格局等国家级区域经济协调发展战略以及"一带一路"倡议、高水平制度建设等重大赶超机遇窗口。与此同时，也要看到这些欠发达地区面临着工业基础薄弱、传统比较优势不再明显、环境资源约束趋紧、地方政府财政能力较弱、社会投资不够活跃等多方因素的掣肘。

第三，在新的发展阶段，欠发达地区能否不走"先污染、后治理"的老路，而是在工业化和城市化加快发展的初期就走经济发展与资源环境承载能力相适应的新路？如何走？欠发达地区工业绿色转型发展选择的路径是怎样的？欠发达地区地方政府推进工业绿色转型发展的行为及行为强度、与区域工业绿色转型发展路径选择的关联性是怎样的？与东部沿海地区有哪些异同？目前国内对欠发达地区工业绿色转型发展的研究寥寥，能回答这些问题的研究更是不多。

第五章 理论框架、研究命题、模型 设计、变量与数据

第一节 总揽性理论框架

这个理论框架是总揽性的，包括两个模块，同时涵盖了制度、结构、资源、政策等多个视角，构成实证部分描述性统计、计量分析和案例研究的基本逻辑遵循。模块1：地方政府的环境规制、财政支持、金融信贷干预、绿色宣传教育等关键性行为作用于由企业、企业群组成的产业体系的绿色转型发展路径选择。模块2：在地方政府治理服务体系之外，企业内部因素、区域地理空间因素、技术体制因素也会作用于由企业、企业群组成的产业体系的绿色转型发展路径选择。详见图5-1。

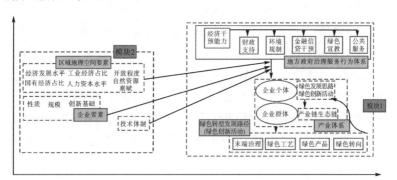

图5-1 欠发达地区工业绿色转型发展路径选择与地方政府行为分析框架

一、四个要点

两个模块主要由四个要点组成。这四个要点主要来自第二章和第三章，本

节简述如下，不再详细展开。

要点 1：区域工业绿色转型发展是一个区域创新系统发挥作用、实现绿色创新的动态过程。区域工业绿色转型发展是一个区域内的工业企业、政府、大学及研究机构、社会组织等创新主体间通过复杂互动，使得区域内自然资源、人才、资金、技术等创新要素实现更高效的配置和利用，同时实现经济收益和环境收益的绿色创新的过程，是一个区域产业转型和升级的重要方向与内容。

要点 2：区域工业绿色转型发展需要地方政府强有力的推拉力。强政府及"集中力量办大事"是转型期我国国家治理体系的特点与优势。在区域工业绿色转型发展中，地方政府处于与工业企业同样核心关键的位置。地方政府通过区域发展战略、环境规制、产业政策、绿色宣传教育、公共服务等方式引领、推拉以高校院所为主体的知识创新体系的技术进步活动和以社会为主体的绿色消费市场的成长。而地方政府的区域发展战略、环境规制等行为又由地方政府面临的绿色转型发展压力决定。

要点 3：区域工业绿色转型发展主要有末端治理、绿色工艺创新、绿色产品创新、绿色转向四条路径。其中，末端治理、绿色工艺创新、绿色产品创新都属于绿色技术创新范畴；按照绿色技术创新的"二分法"，末端治理和绿色工艺创新可以统一划到绿色工艺创新的范畴；绿色转向可以是工业内部结构绿色化，也可以是整体产业结构绿色化，属于产业边界调整变化的范畴。

要点 4：绿色转型发展路径选择受到企业内部因素、区域地理空间要素、地方政府行为、技术体制等多重因素的影响。一个区域的工业企业或企业群体选择的绿色转型路径首先体现在它们投入的努力方向和强度上，其次才会在成效上有所体现。相应地，聚焦于绿色技术创新绩效、能力、效率等的影响因素，但区分了绿色工艺创新和绿色产品创新的那部分研究探究到的企业内部因素、区域地理空间要素、地方政府行为等影响因素在逻辑上也是适用于区域工业绿色转型发展路径选择的，但是作用机制与关联性有待进一步考察。本书主要聚焦的各组要素见图 5-1 和表 5-1。为避免不必要的变量间内生相关性，同时考虑数据的可得性，不再把市场化程度、制度质量、企业高管环境注意力、预期收益、企业成长性、组织惯性等在第二章和第三章的综述中出现的变量纳入理论框架中。

二、四个新增要素①

在这个分析框架中，地方政府的绿色宣传教育行为、地方政府的绿色公共服务行为、地方政府的经济干预能力及技术体制（technologycial regime）是新增要素。

（一）绿色宣传教育行为

绿色转型发展需要持续推进工业企业生产经营观念的绿色化转变。地方政府的绿色宣传教育必要且重要。一方面，欠发达地区经济发展水平和对外开放程度相对落后，人们的受教育程度相对较低，思想观念相对落后，地方政府要推动区域工业开展绿色转型发展更需要加强绿色宣传教育，提高社会公众、工业企业对绿色转型发展重要性的认识，树立绿色转型发展意识，扩大绿色转型发展需求和供给。理论上，地方政府加大绿色宣传教育活动的力度，可以倒逼、牵引区域工业企业开展末端治理、绿色工艺创新、绿色产品创新、绿色转向等活动。另一方面，我国在 2012 年 11 月党的十八大做出"大力推进生态文明建设"的重大战略决策，后陆续在 2015 年 10 月党的十八届五中全会上鲜明地提出了新发展理念，2016 年启动了对省级党委、政府的环保督察巡视等一系列强有力的推进绿色转型发展的举措，加强了我国各地的绿色宣传教育。

（二）绿色公共服务行为

工业企业开展绿色转型发展的核心支撑是绿色技术创新。绿色技术创新具有双重外部性。地方政府提供公共服务是为区域工业企业开展绿色转型发展活动提供信息、搭建平台。其本质是将工业企业开展绿色转型发展的部分内部成本外部化为地方政府职能，需要地方政府有相应的人力、物力、资金等的投入，受地方政府财政能力、思维观念和价值取向的约束。欠发达地区工业企业整体技术基础薄弱、技术学习吸收能力不强，尤其需要地方政府提供适宜的公共服务。

（三）经济干预能力

经济干预能力反映了一个地区地方政府执行自身意志的自由度，主要受其财政能力约束。在推动区域工业企业绿色转型发展中，经济干预能力会影响地

---

① 原本在自然资源禀赋之外还应考虑区域政策资源禀赋，因为在本书重新界定的 15 个欠发达省份中有 9 个处于西部地区，2 个处于东北地区，2 个处于中部地区，分别享有西部大开发形成的新发展格局战略、新一轮东北振兴战略和中部崛起战略等国家级区域经济协调发展布局的政策倾斜。但是，15 个欠发达省份中的 13 个（占比 86.7%）都享有政策倾斜，也即本书对欠发达地区的相关研究本身就已经包含了政策倾斜影响因素。

方政府几个关键性行为的实施结构、强度和方向，进而会影响这些地方政府行为对区域工业企业绿色转型发展的路径选择。

（四）技术体制

技术体制是解释技术创新模式、技术创新路径差异的强有力因素（Malerba and Orsenigo, 1993, 1996; Lee and Lim, 2001; Marsili and Verspagen, 2002；等）。技术体制源自技术本身，它从技术的复杂度、创新频度、路线稳定性等方面反映了企业开展绿色转型发展时所处的技术环境，包括技术机会、创新独占性、创新累积性、知识基础、技术轨道的不确定性等（Malerba and Orsenigo, 1996; Lee and Lim, 2001; 龚天宇和袁健红, 2012; 马荣康和刘凤朝, 2019）。不同的工业行业、同一工业行业的不同细分领域所面对的技术体制也会有差异（Malerba and Orsenigo, 1996; Lee and Lim, 2001; 杨燕, 2020）。区域工业绿色转型发展路径选择会受到来自不同行业的多个技术体制影响。黄文炎和向丽（2019）基于我国 27 个工业行业在 2003—2011 年的面板数据，运用广义最小二乘法分析发现，技术复杂度显著负向影响绿色产品创新。

第二节　研究命题

工业绿色转型发展有末端治理、绿色工艺创新、绿色产品创新和绿色转向四条路径。其中，末端治理和绿色工艺创新是工艺视角的绿色转型发展方案，目标是提高环境绩效、降低能耗，以设备引进、工艺改造、技术升级等技术创新为主要实现方式，辅以制度设计、组织创新等非技术手段；绿色产品创新是产品视角的绿色转型发展方案，目标是提高财务绩效，以开发产品全生命周期内都是环境友好型的新产品为主要实现方式，辅以文化打造、管理创新等非技术手段；绿色转向则是整合视角的绿色转型发展方案，目标是提升竞争优势和财务绩效，综合运用各类创新是其主要实现方式。因此，工业企业选择的路径不同，它们要付出的努力也会有差异。同时，工业企业是理性的经济体，无论选择哪条路径，大概率是综合考虑了成本、收益及风险之后的决策。本节将地方政府的工业两类环境规制行为、财政支持行为、金融信贷干预行为、绿色宣传教育行为、经济干预能力等内生到企业的路径选择决策模型中，探寻我国欠发达地区工业绿色转型发展路径选择与地方政府行为的理论关联。

一、环境规制等地方政府行为对四条绿色转型发展路径选择的影响

按照公共选择理论，地方政府会在实现个人利益最大化中实现公共利益。也即地方政府在实施行为、行动时会把个体利益置于首要位置，把公共利益放在次要位置。生态环保是典型的公共品领域。在地方财政收入一定的情况下，地方政府会首选在容易寻租以及便于度量、比较的领域付诸行动和努力，比如发展地方经济。也因此，在过去以 GDP 作为地方政府政绩考核的单一指标时，我国地方政府基本上不会把生态环保质量的提升作为核心工作，甚至"环境规制失灵"现象屡见不鲜（杨晓萍，2006；黄慧婷，2012；孙晓伟，2012；等）。

（一）两类环境规制行为与欠发达地区工业绿色转型发展路径选择

环境规制是政府修正由工业环境污染负外部性问题造成的市场失灵，将工业企业绿色转型发展成本内部化的行动（彭文斌和路江林，2017；李瑞琴，2019）。在我国，环境规制由中央政府制定、地方政府实施。在实施中，地方政府、企业都会将环境规制纳入其目标函数中。换句话讲，地方政府实施环境规制的方式和强度会因其目标、成本、收益、风险的不同而有差异。在 2012 年年底国家实施创新驱动战略前，各地区的经济发展还主要倚重于投资驱动、出口驱动，高度重视投资。相较于发达地区，欠发达地区在人才、资金、技术等生产要素配套方面薄弱，为了吸引投资，会有意地通过降低标准、不作为、慢作为、考核偏软、落实不力等形式"打折扣"执行中央的环保要求。相应地，有些实证研究表明，我国东部地区地方政府实施的行政性环境规制最为严格、力度最大，西部地区地方政府对绿色转型发展的需求不高且不迫切，它们的行政性环境规制行为强度较弱，对区域的绿色技术创新影响也不显著（岳鸿飞，2018）。

从 2016 年开始，原环境保护部启动对省一级党委和政府及相关部门的环保督察巡视。由此，省一级地方政府在原有的经济发展考核目标之外，还必须把通过中央相关部门的环保督察巡视纳入目标函数。尽管如此，我国财政分权体制并没有根本性改变，经济发展政绩考核指标仍被保留，欠发达地区地方政府因为生态环保政绩考核约束会不同程度地提高其环境规制行为强度，但加快地方经济发展、做大地方经济规模仍会是首选目标，且因为信息不对称等，"地方政府行为偏差""环境规制失灵"现象会有所收敛，但仍将继续存在，且相较于发达地区更为普遍。

企业绿色转型发展的路径选择过程是一个与地方政府、其他相关企业博弈

的过程（张娟 等，2019）。随着地方政府环境规制行为强度的加大，欠发达地区工业企业由于人才、资金、技术等与创新相关的基础较弱，区域经济发展、对外开放、技术交易环境等条件又相对有限，为了减少或不被政府处罚甚至关停，加大对末端治理、绿色工艺创新两条路径的投入会是首选。不仅如此，欠发达地区工业企业面临的人才不足、资金短缺、技术不高、区域地理空间条件不佳等现状短期内不会发生质的改变。地方政府基于命令、管制、惩罚等手段的行政性环境规制不会对区域工业企业推进末端治理、绿色工艺创新、绿色产品创新、绿色转向等活动产生正向促进作用，相反地，还会进一步加剧区域工业企业面临的生产经营困境。地方政府的市场型环境规制行为则大不同。污染排放税、排放权交易、环境补贴、使用者收费、押金退还制度、专项补贴等为区域工业企业改造提升现有设备及工艺提供了可预期的动力，但是这个动力也只限于对现有设备及工艺加以改造提升，对于对资金、技术有更高阶要求、风险更高的绿色产品创新和绿色转向两类活动是无效的。相应地，欠发达地区地方政府为了有效推动区域工业企业开展绿色转型发展活动，会更多地实施市场型环境规制行为。

基于以上理论分析，综合考虑欠发达地区的区域地理空间要素条件、企业要素条件及各种因素综合作用下的绿色消费市场状况，本书提出命题1、命题2、命题3、命题4和命题5。

命题1：欠发达地区地方政府的行政性环境规制行为强度低于发达地区地方政府的行政性环境规制行为强度，且二者的差距从2016年开始缩小。

命题2：欠发达地区地方政府的市场型环境规制行为强度与发达地区地方政府的市场型环境规制行为强度的差距小于两类地区地方政府行政性环境规制行为强度的差距。

命题3：欠发达地区工业企业偏好选择末端治理（路径1）和绿色工艺创新（路径2）两条路径。

命题4：欠发达地区的行政性环境规制行为强度与区域工业企业选择四条路径中的任一路径显著负相关。

命题5：欠发达地区的市场型环境规制行为强度与区域工业企业选择末端治理和绿色工艺创新两条路径显著正相关，与区域工业企业选择绿色产品创新和绿色转向两条路径不显著相关。

（二）财政支持行为与欠发达地区工业绿色转型发展路径选择

地方政府给予区域工业绿色转型发展以财政支持主要是为了解决绿色技术创新的外部性问题，表现为对工业企业开展绿色技术创新活动的激励性经济补偿行为。研发补贴、研发加计扣除减免税收、贴息贷款等是常见的地方政府财政支持形式。

已有研究关注较多的是地方政府研发补贴对企业绿色技术创新水平、能力或绩效的影响，发现地方政府的研发补贴对工业企业的绿色技术创新努力的同时存在"杠杆效应"与"挤出效应"（孙宏芃，2016；张旭和王宇，2017；彭瑜欣和李华晶，2018）。"杠杆效应"是因为地方政府的研发补贴可以缓解工业企业实施绿色转型发展中的资金难题、降低研发风险，进而激发工业企业开展绿色技术创新的积极性。"挤出效应"是因为工业企业面对地方政府的研发补贴会形成资源依赖，会实施迎合性、寻租性、策略性的"绿色技术创新"活动，比如利用较少的创新投入申请价值贡献较小、申请门槛较低但地方政府会给予补贴的"绿色"实用新型专利或外观设计专利，而规避风险高但价值也更高的绿色产品创新活动。

在新发展理念和高质量发展要求下，基于地方政府官员任期的考核机制并没有改变，获得政治晋升仍然是地方政府官员的重要目标之一。政治晋升的前提是区域经济发展和生态环保两个目标的"有机组合"。在一定时期内，地方政府可支配的投资总量是有限的，有经济增长和生态环保两个投资方向，其中生态环保方向的投资收益因为涉及绿色技术创新而具有更高的不确定性和滞后性，地方政府会更偏爱经济增长方向的投资，且生态环保收益的不确定性越高，地方政府对经济增长的投资越大（申亮，2011）。

欠发达地区地方政府财政能力相对有限，研发补贴又属于对地方政府官员任期内财税增长贡献不大的公共品，因此，为区域工业企业提供财政支持的积极性不高，且支持规模相较于发达地区会更为有限，甚至还可能会面临捉襟见肘的困局。但是，新发展理念和高质量发展对各地稳步推进绿色转型发展、生态文明建设有要求。在这样的背景下，地方政府基于对投资、收益及其中风险的理性评估，更多地支持技术门槛低、耗费少但短时间内有助于同步提升生态环保政绩和经济发展政绩的绿色技术创新活动便成了理性选择。这一理性选择会和工业企业缺少绿色转型发展资金，开展迎合性、寻租性、策略性"绿色创新"活动的价值取向互为加强，引导区域内更多的工业企业选择末端治理和绿色工艺创新。只是，工业企业作为理性经济人，期望用最小的成本换取最大的收益。欠发达地区地方政府财政能力普遍相对较弱，如果财政支持太少，不一定会得到区域工业企业的响应。

基于以上理论分析，提出命题6和命题7。

命题6：欠发达地区地方政府的财政支持行为强度在2012年以后会呈明显

上升之势，但始终不会大于发达地区地方政府的财政支持行为强度。

命题7：欠发达地区地方政府的财政支持行为强度在某个门槛值之上时，欠发达地区地方政府的财政支持行为与区域工业企业选择路径1正相关，和路径2、路径3、路径4显著负相关，反之相关性不显著。

（三）金融信贷干预行为与欠发达地区工业绿色转型发展路径选择

地方政府对当地金融信贷系统的干预主要体现在三个层面，综合体现在一个地区的金融发展水平上。一是干预区域金融信贷机构对当地工业企业贷款的支持度，二是干预区域金融信贷机构以怎样的利率贷款给当地的工业企业，三是干预区域金融信贷机构把贷款贷给国有企业还是民营企业。

已有研究表明，一个地区的金融发展水平对绿色产品创新能力和绿色工艺创新能力均呈现出显著的正向影响（向丽和胡珑瑛，2017；黄文炎和向丽，2019；刘斌斌 等，2019）。按照技术经济管理中经典的AJ模型，工业企业投入的研发努力是其绿色技术水平的二次函数，即工业企业投入末端治理、绿色工艺创新及绿色产品创新的研发努力分别是其对应的末端治理水平、绿色工艺创新水平及绿色产品创新水平的二次函数，也即工业企业的绿色技术创新水平越高，它们要付出的研发努力越多，越可能选择高阶绿色技术创新路径。由此，一个地区的金融发展水平也会影响工业企业的绿色转型发展研发努力及相应的路径选择。

进入新发展阶段，我国各地地方政府对高质量的经济发展追求主动或被动地拉高。金融作为现代经济发展的血液和核心，金融信贷机构成了各地地方政府争相"拉拢""控制"的对象，因为控制了金融信贷机构就等于控制了金融要素，控制了对金融要素的资源配置权。这点对于发达地区、欠发达地区的地方政府都是适用的，只是各自"拉拢""控制"金融信贷机构的着力点不同。相较于发达地区，欠发达地区的工业底子比较薄弱，整体的区域地理空间要素不优，地方政府干预金融信贷的主要着力点在于支持地方工业平稳、快速发展，发达地区地方政府干预金融信贷的主要着力点则在于支持地方工业做大、做强、做优。就推动区域工业企业绿色转型发展而言，在实际行动上，欠发达地区地方政府会首先引导资金流向末端治理、绿色工艺创新等对于区域工业企业来说相对容易开展、落地的活动，其次是绿色产品创新、绿色转向等技术门槛高、资金门槛高、风险性大的领域；发达地区地方政府则可能会更偏好于引导资金流向绿色工艺创新、绿色产品创新、绿色转向等领域。

基于以上理论分析，提出命题8和命题9。

命题8：欠发达和发达两类地区地方政府的金融信贷干预强度差距不大，

且在近年有持续增强的趋势。

命题9：欠发达地区地方政府的金融信贷干预行为与区域工业企业选择路径1和路径2显著正相关，发达地区地方政府的金融信贷干预行为则与区域工业企业选择路径2、路径3、路径4显著正相关。

（四）绿色宣传教育行为与欠发达地区工业绿色转型发展路径选择

绿色转型发展需要持续推进工业企业生产经营观念的绿色化转变。地方政府的绿色宣传教育必要且重要。欠发达地区经济发展水平和对外开放程度相对不高，人们的受教育程度相对较低，思想观念相对落后，地方政府要推动区域工业企业开展绿色转型发展更需要加强绿色宣传教育，提高社会公众、工业企业对绿色转型发展重要性的认识，树立绿色转型发展意识，扩大绿色转型发展需求和供给。理论上，地方政府加大绿色宣传教育活动的力度，可以倒逼、牵引区域工业企业开展末端治理、绿色工艺创新、绿色产品创新、绿色转向等活动。这其中包含了两个基本前提：一是地方政府对工业企业、社会公众的绿色宣传教育是有效的，即工业企业愿意在自己能力范围内开展相应的绿色转型发展活动，社会公众有主动监督环境问题、维护公共环保收益的公民意识，愿意在自己能力范围内消费绿色产品；二是区域的工业企业有能力开展绿色转型发展活动。欠发达地区工业企业本身技术、人才、资金的底子薄，如果地方政府只是给予绿色宣传教育而没有实质性的扶持政策，绿色宣传教育很可能会事倍功半。

基于以上理论分析，提出命题10和命题11。

命题10：欠发达地区地方政府的绿色宣传教育行为强度远低于发达地区地方政府的绿色宣传教育行为强度，且2013年以来两类地区的绿色宣传教育行为强度都有加强之势。

命题11：欠发达地区地方政府的绿色宣传教育行为强度在某个门槛值之上时，欠发达地区地方政府的绿色宣传教育行为与区域工业企业选择路径1和路径2显著正相关；反之，欠发达地区地方政府的绿色宣传教育行为与区域工业企业路径选择相关性不显著。

（五）绿色公共服务行为与欠发达地区工业绿色转型发展路径选择

工业企业开展绿色转型发展的核心支撑是绿色技术创新。企业的技术能力、技术学习吸收能力、占据的技术机会和对创新成果的独占性对其绿色转型发展路径选择形成重要的约束。

绿色技术创新具有双重外部性。地方政府提供公共服务为区域工业企业开展绿色转型发展活动提供信息、搭建平台。其本质是将工业企业开展绿色转型发展的部分内部成本外部化为地方政府职能，需要地方政府有相应的人力、物力、资金等的投入，受地方政府财政能力、思维观念和价值取向的约束。与此同时，地方政府从提供公共服务到有效推动区域工业企业开展绿色转型发展活动，中间的"黑匣子"就是企业基于组织内部、外部因素进行综合评估并做出决策的过程。从这个视角看，地方政府的绿色公共服务只是影响区域工业企业绿色转型发展路径选择一揽子因素中的一项，而且是不能为企业直接提供资金支持的一项。

欠发达地区工业企业整体技术基础薄弱、技术学习吸收能力不高，尤其需要地方政府提供适宜的公共服务。所谓适宜，至少包含两个层次：满足区域工业企业对相关信息、平台的需求；适度引领，为区域工业企业提供的信息和平台是有助于引领企业接触其技术能力之上但有可能实现的相关信息和平台。

基于以上理论分析，提出命题12和命题13。

命题12：欠发达地区地方政府的绿色公共服务行为强度低于发达地区地方政府的绿色公共服务行为强度。

命题13：欠发达地区地方政府的绿色公共服务行为强度在某个门槛值之上时，欠发达地区地方政府的绿色公共服务行为与区域工业企业选择路径1和路径2显著正相关；反之，欠发达地区地方政府的绿色公共服务行为与区域工业企业路径选择相关性不显著。

二、地方政府经济干预能力对地方政府行为与路径选择的调节效应

经济干预能力反映了一个地区地方政府执行自身意志的自由度，主要受其财政能力约束。在推动区域工业企业绿色转型发展中，地方政府的经济干预能力与几个关键性地方政府行为都是地方政府自身意志的体现；地方政府的经济干预能力会影响地方政府几个关键性行为的实施结构、强度和方向，进而会影响这些地方政府行为对区域工业企业绿色转型发展的路径选择。

和地方政府行为作用于区域工业企业绿色转型发展路径选择一样，地方政府的经济干预能力要对地方政府的几个行为、对地方政府的几个行为与区域工业企业绿色转型发展路径选择产生显著性的影响，也会存在一个门槛。只是，欠发达地区和发达地区的工业企业，其区域地理空间要素差异性较大，这个门槛值大概率是不同的。

基于以上理论分析，提出命题14。该命题适用于但不限于欠发达地区。

命题14：欠发达地区地方政府的经济干预能力在某个门槛值之上时，欠发达地区地方政府的经济干预能力对其地方政府行为与区域工业企业路径选择

的调节效应显著正相关。

第三节 模型设计

为了检验第一节提出的理论命题，首先检验两类环境规制、财政支持、金融信贷干预、绿色宣传教育、绿色公共服务等地方政府行为对区域工业企业绿色转型发展路径选择的影响，然后检验地方政府经济干预能力对地方政府六个关键性地方政府行为与区域工业企业绿色转型发展路径选择的调节效应[①]。

基于以上考量，建立两组回归模型。

第一组：地方政府行为对区域工业绿色转型发展路径选择的影响模型[②]

$$Path_i = \alpha_j\, GB_j + \beta X + \mu + \lambda + \varepsilon\,(i = 1,\ 2,\ 3,\ 4;\ j = 1,\ 2,\ 3,\ 4,\ 5,\ 6)$$

(1)

$$Path_i = \sum_{j=1}^{j=6} \alpha_j\, GB_j + \beta X + \mu + \lambda + \varepsilon\ (i = 1,\ 2,\ 3,\ 4;\ j = 1,\ 2,\ 3,\ 4,\ 5,\ 6)$$

(2)

方程（1）和方程（2）分别用于检验单个地方政府行为对区域工业绿色转型发展路径选择的影响及六个地方政府行为共同作用于区域工业绿色转型发展路径选择的影响。

第二组：地方政府经济干预能力对地方政府行为的调节作用

$$Path_i = \alpha_j'\, GB_j + \rho_j \cdot GB_j \cdot EcoIntervCap + \theta X + \mu + \lambda + \varepsilon \tag{3}$$

$$Path_i = \sum_{j=1}^{j=6} \alpha_j''\, GB_j + \rho_j \cdot GB_j \cdot EcoIntervCap + \theta X + \mu + \lambda + \varepsilon \tag{4}$$

方程（3）和方程（4）分别用于检验地方政府经济干预能力对单个地方政府行为作用于区域工业绿色转型发展选择的调节效应及六个地方政府行为共同作用于区域工业绿色转型发展路径选择的调节效应。

方程式中 $Path_i$ 表示第 i 条路径。具体地，$Path_1$ 代表末端治理路径，$Path_2$ 代表绿色工艺创新路径，$Path_3$ 代表绿色产品创新路径，$Path_4$ 代表绿色转向路径，在实际回归运算中四条绿色转型发展路径分别用 EndT、GProcessTech、

---

① 考虑本书的重点在于地方政府行为与区域工业企业绿色转型发展路径选择，本书只构建了地方经济干预能力的调节效应模型，忽略其门槛值的相关检验。

② 本模型中的被解释变量有4个，为尽可能简化方程形式，此处用 i 表示四个不同的解释变量，与一般的面板数据回归模型用 i 表示不同的个体不同。为避免符号混淆，此处不再特别标注与个体及时间相关的脚注。

GProductTech、GTrans 表征。GB_j 表示第 j 个地方政府推动区域工业绿色转型发展的行为。具体地，GB_1 表示地方政府的行政性环境管理规制行为，GB_2 表示地方政府的市场导向型环境规制行为，GB_3 表示地方政府的财政支持行为，GB_4 表示地方政府的金融信贷干预行为，GB_5 表示地方政府的绿色宣传教育行为，GB_6 表示地方政府的绿色公共服务行为。

X 是一组控制变量，α_j、α_j'、α_j'' 是不随时间变化的个体效应，ε 表示随机扰动项，μ 和 λ 分别表示个体和时间的固定效应。

第四节 变量选取与测度

围绕研究主题，本书把绿色转型发展的四条路径作为被解释变量，把两类环境规制、财政支持、金融信贷干预、绿色宣传教育、绿色公共服务等地方政府行为作为核心解释变量，把地方政府的经济干预能力作为调节变量，把区域地理空间要素、企业内部要素、技术体制①等作为控制变量。为了保证数据的平稳性和可比性，对四条路径相关变量的测度做了取对数处理，对地方政府行为、区域空间地理要素及企业内部要素相关变量的测度大范围地做了除以全国均值处理。各变量的说明及测度方法见表 5-1。

表 5-1　主要变量及测度说明

		测度方法
被解释变量 绿色转型 发展路径 GPath	末端治理 EndT	各地区本年工业污染源治理实际投资（亿元）取对数
	绿色工艺 GProcessTech	各地区本年技术改造投入（亿元）取对数
	绿色产品 GProductTech	各地区本年新产品开发经费支出（亿元）取对数
	绿色转向 GTrans	各地区本年高技术产业研发内部与外部支出之和（亿元）取对数

---

① 技术体制本是一个独立于区域空间地理要素、企业内部要素的影响因素，但是考虑此处技术体制主要用于反映一个地区的技术水平，本书把技术体制归入了区域地理空间要素一组。

表5-1(续)

核心解释变量 地方政府行为 GB	环境规制 ER	行政环境规制强度 ER-Admin	各地区本年地方行政规章和当年受理行政处罚案件数/全国均值。若比值大于1,则该地区的行政规制行为强度较高,反之较低
		市场环境规制强度 ER-Market	各地区本年企业排污费收入额/全国均值。若比值大于1,则该地区的市场规制行为强度较高,反之较低
	财政支持行为 Subsidy		各地区规模以上工业企业研发经费内部支出中的政府资金占比/全国均值。若比值大于1,则该地区的财政支持行为强度较高,反之较低
	金融信贷干预行为 FinanInterv		年末银行业金融机构贷款余额/GDP。若比值大于1,则该地区的金融信贷干预行为强度较高,反之较低
	绿色宣传教育 GPublicity		各地区本年开展绿色宣传活动次数/全国均值。若比值大于1,则该地区的绿色宣传教育行为强度较高,反之较低
	绿色转型发展公共服务 GPubServ		(各地区本年技术市场成交额/各地区本年研发人员全时当量)/全国均值。比值越大,表示该地区的绿色转型发展公共服务行为强度越高,反之越低
调节变量 地方政府干预经济的能力 EconoIntervCap			各地区本年地方财政一般预算支出合计/GDP,比值越大,表示该地区地方政府的经济干预能力越强,反之越弱
控制变量 区域地理空间要素 RGeoFac	工业经济占比 Propor of Indus		各地区本年工业增加值占GDP比重。比值越大,表示该地区的工业体量越大,反之越小
	国有经济占比 Propor of SOE		各地区本年国有及国有控股企业工业总产值/全部工业总产值。比值越大,表示该地区的国有成分越大,反之越小
	对外开放程度 Openness		各地区本年进出口总额占GDP的比重。比值越大,表示该地区的对外开放程度越高,反之越低
	人力资本存量 Human Capti		各地区本年研发人员全时当量/工业总就业数。比值越大,表示该地区的人力资本存量越好,反之越差
	资源禀赋 REndow		从储量的角度对各地区本年的自然资源禀赋进行评估。比值越大,表示该地区的自然资源禀赋越好,反之越差
	技术体制 TechRegime		参照马晶梅(2016)的处理办法,用技术复杂度来表征一个地区面临的技术体制(主要是技术水平)。技术复杂度越高,表示该地区的工业企业技术水平越高,企业绿色转型发展的技术难度越小,反之越大

表5-1(续)

控制变量 企业要素 EntFac	规模 EScale	规模以上工业总产值/规模以上工业企业数,即规模以上工业企业平均产值。比值越大,表示该地区的企业规模越大,反之越小
	性质 EProperty	虚拟变量,国有企业为1,其他企业为0,用于调查问卷
	融资约束 FinanConst	用各地区本年企业利润/所有者权益来衡量企业融资约束的程度。比值越大,表示该地区的企业面临的融资约束越小,反之越大
	创新基础 InnoBase	各地区本年有效发明专利数/全国均值。若比值大于1,则该地区的创新基础较好,反之较差
	绿色转型压力 EGPressure	李克特5级,用于调查问卷

第五节　样本与数据说明

本书的实证分析共分三组样本。其中,由四川、江西、河北、吉林、海南、宁夏、广西、山西、新疆、青海、黑龙江、云南、贵州、西藏、甘肃15个综合发展指数较低省份的相关面板数据组成欠发达地区样本,其他16个省份的相关面板数据构成发达地区样本,两类地区的样本综合形成全样本①。

本书使用的数据主要有两类。一类是经验数据,主要来自2009—2019年的各类统计年鉴。包括《中国统计年鉴》《中国科技统计年鉴》《中国环境年鉴》《工业企业科技活动统计年鉴》《中国工业统计年鉴》以及30个省份的相关统计年鉴。部分和局部缺失数据参考相应年份国民经济和社会发展统计公报或采用插值法等方法补充。另一类数据是调研数据,主要来自问卷调查和实地访谈。问卷的问题主要包括企业基本信息、绿色转型发展活动、内外部影响因素、未来三年计划和政策建议四大类,共计27个问题。问卷调查共回收242份,有效问卷242份。填写问卷的不同性质的企业占比分别为:国有8.26%、民营80.99%、其他10.75%。企业所处行业大类分布为:采矿业14.46%、制造业76.45%、电力热力燃气及水生产和供应业9.09%。企业规模按大、中、小、微分类,占比分别为:8.68%、16.53%、63.22%、11.57%。参与调查的企业具有代表性。

---

① 港澳台除外;西藏数据缺失较多,做剔除处理。

访谈对象 12 个，访谈时间共计 990 分钟。实地访谈以座谈为主，辅以现场走访。访谈对象主要包括经信局、生态环保局等地方政府主管部门以及分布在不同行业的典型大、中、小企业。具体地，访谈对象包括：大型企业 6 家、中型企业 3 家、小型企业 3 家、地方经信局 3 家、地方生态环境局 1 家，其中的部分访谈是同时推进的。

年鉴数据、问卷数据和访谈数据互为三方检验、补充和支撑。

汇率从《中国统计年鉴》获取，详见表 5-2。

表 5-2　人民币美元汇率（100 美元/人民币）

2008 年	694.51	2014 年	614.28
2009 年	683.1	2015 年	691.41
2010 年	676.95	2016 年	664.23
2011 年	645.88	2017 年	675.18
2012 年	631.25	2018 年	—
2013 年	619.32	—	—

资料来源：基于相关年鉴数据。

第三部分

实证研究篇

第六章　欠发达地区路径选择与地方政府行为：计量分析

围绕研究问题，本章主要基于 2008—2018 年我国各省份的相关年鉴数据，先后统计分析了我国欠发达地区工业企业绿色转型发展选择的路径、地方政府行为及它们的变化，计量分析了地方政府行为与路径选择的关联性。

第一节　欠发达地区工业绿色转型发展选择的路径

对 2008—2018 年的相关数据进行分类、对比分析发现，欠发达地区工业绿色转型发展选择的路径呈现出四个特点。

一、以绿色工艺创新和绿色产品创新为主

图 6-1 呈现了 2008—2018 年欠发达地区在四条绿色转型发展路径的投资情况。从欠发达地区的均值来看，绿色工艺创新和绿色产品创新一直是这些地区工业企业推进绿色转型发展的首选路径；末端治理则是在这 11 年间"存在感"不足的非主流路径；绿色转向虽也不是主流路径，但工业企业对其的投资额保持着持续小幅上涨的态势。命题 3 部分成立。可能的原因是欠发达地区弱、小类工业企业绿色转型发展投入在绿色转型发展总量中的占比低。

二、2013 年是一个分界点

图 6-1 还反映出，在 2013 年以前，我国欠发达地区工业绿色转型发展选择的路径首先是绿色工艺创新，其次是绿色产品创新，但是从 2013 年开始，这些地区的工业企业在绿色产品创新的投入开始小幅超过其在绿色工艺创新的投入，并在随后几年呈现小幅持续上涨之势，也即从 2013 年开始，我国欠发达地区工业企业首先选择的绿色转型发展路径是绿色产品创新，其次是绿色工

艺创新。可能的原因是，在 2012 年年底，党的十八大将生态和经济、政治、文化、社会并列，形成"五位一体"总体布局。

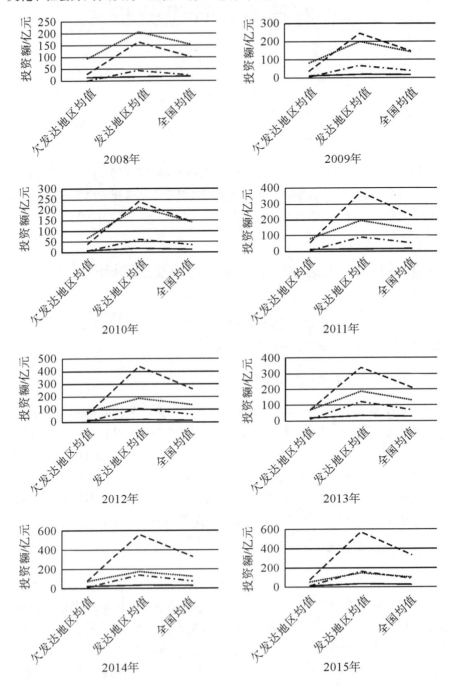

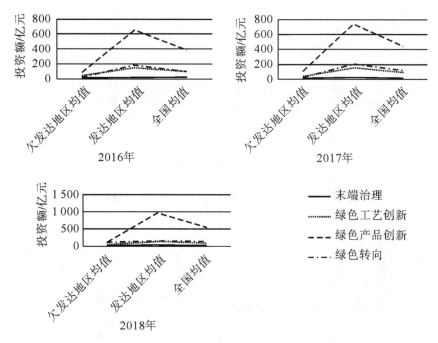

图 6-1　2008—2018 年欠发达地区工业企业在四条绿色转型路径的投资情况

三、欠发达地区内部在四条路径上的投资极不平衡

图 6-2 至图 6-5 展示了 2008—2018 年我国欠发达地区在四条绿色转型发展路径上的资金投入情况。

分路径看，在末端治理这条路径上，河北、山西、新疆、四川、云南等几个省份的投入相对较高，青海、海南、贵州 3 个省的投入则明显低出许多。在绿色工艺创新这条路径上，四川、河北、广西、山西 4 个省份的投入明显高于其他省份，海南、青海 2 个省的投入最少。在绿色产品创新这条路径上，河北、四川、江西 3 个省的投入明显高于其他省份，其次是广西、山西、黑龙江、吉林、甘肃、云南等省份，海南、青海、宁夏、新疆等省份最少。在绿色转向这条路径上，四川、河北、广西、山西 4 个省份领跑，其次是贵州、甘肃、黑龙江、吉林等省份，最后是海南、青海、宁夏、云南、新疆等省份。分省份看，四川、河北、山西、广西、黑龙江、吉林等综合发展指数相对排名靠前或工业规模较大、基础较好的省份在四个路径上的历年投入规模较大，且持续在绿色产品创新和绿色转向两个路径上加码的取向明显。

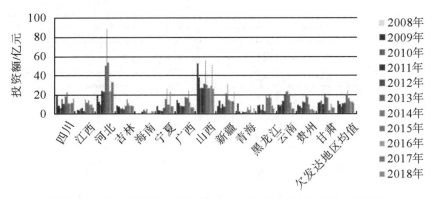

图 6-2　2008—2018 年欠发达地区工业企业在末端治理的投资情况

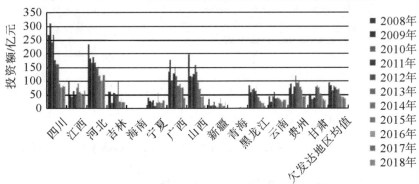

图 6-3　2008—2018 年欠发达地区工业企业
在绿色工艺创新的投资情况

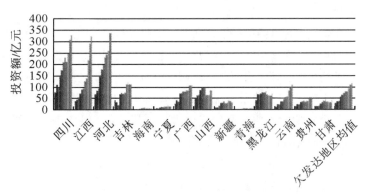

图 6-4　2008—2018 年欠发达地区工业企业
在绿色产品创新的投资情况

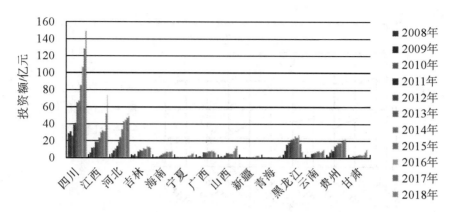

图 6-5　2008—2018 年欠发达地区工业企业在绿色转向的投资情况

四、与发达地区在两个高阶路径上的差距逐年拉大

欠发达地区与发达地区在绿色工艺创新这条路径上投入的努力呈极小幅缩小之势，但是在绿色产品创新和绿色转向两个相对高阶的绿色转型发展路径上投入的努力差距在加速扩大。不仅如此，欠发达地区在末端治理这一路径上投入的努力与发达地区也呈现出差距加速扩大的势头（见图6-6至图6-9）。

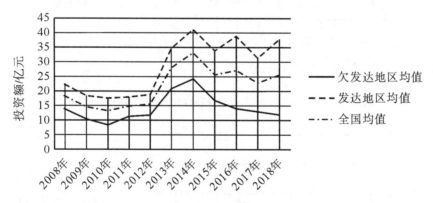

图 6-6　2008—2018 年工业企业在末端治理的投资情况

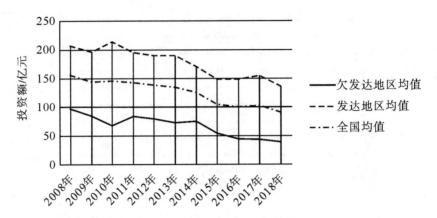

图 6-7　2008—2018 年工业企业在绿色工艺创新的投资情况

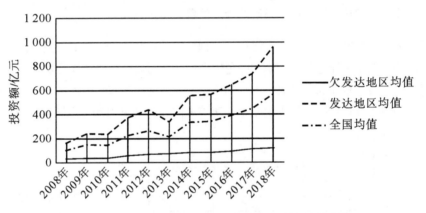

图 6-8　2008—2018 年工业企业在绿色产品创新的投资情况

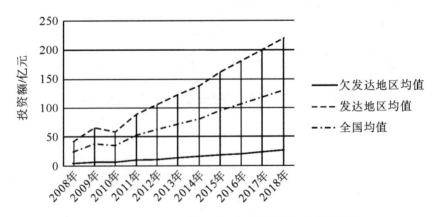

图 6-9　2008—2018 年工业企业在绿色转向的投资情况

第二节 欠发达地区工业绿色转型发展路径选择中的地方政府行为

一、环境规制行为

2008—2018 年，欠发达地区地方政府的行政性环境规制强度一直不同程度地低于发达地区；其中，2011—2013 年，两个地区的差距快速缩小，之后快速加大，随后趋缓（见图 6-10）。

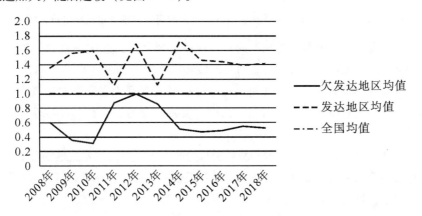

图 6-10　2008—2018 年我国各地区地方政府行政性环境规制的行为强度

需要注意的是，我国各地区地方政府的行政性环境规制行为强度经历了一定的波动（见图 6-11）。其中，欠发达地区的行政性环境规制行为强度分别在 2008—2010 年及 2010—2014 年经历了一次下降、上升、下降，在 2014 年以后趋于平缓。2008—2010 年，发达地区的行政性环境规制行为强度波动与欠发达地区不同，快速的升降发生在 2010—2013 年，之后在 2013—2015 年又经历了一轮差不多幅度的波动，在 2015 年以后趋于平缓。命题 1 部分成立，表明 2016 年以来严厉的生态环保督察对于我国各地方政府加强行政性环境规制行为起到了一定的督促作用，但并不显著。

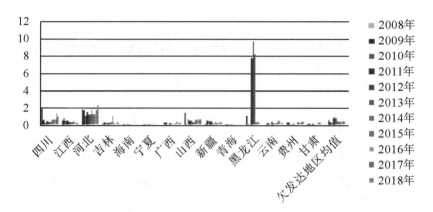

图6-11　2008—2018年我国欠发达地区地方政府行政性环境规制的行为强度

在欠发达地区内部，黑龙江的行政性环境规制行为强度在2011—2013年大幅高于其他地区，其次是河北的行政性环境规制行为强度在过去11年间都相对较高尤其是最近两年。四川的行政性环境规制行为强度虽然一直不是很高，但还是相对高于新疆、甘肃、云南、贵州、青海、宁夏、吉林等欠发达地区。

各地区地方政府的市场型环境规制行为强度也呈现出欠发达地区低于发达地区的趋势。欠发达地区与发达地区的差距整体比行政性环境规制行为强度的差距要小，且近年有小幅扩大之势（见图6-12）。命题2成立。

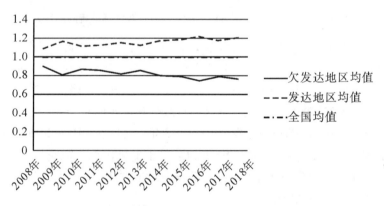

图6-12　2008—2018年我国各地区地方政府市场型环境规制的行为强度

在欠发达地区内部，各省份之间呈现出极不平衡的局面和变化趋势。山西、河北2个省份的市场型环境规制行为强度整体较高，只是一个呈现出持续下降的趋势而另一个则呈现出不断增强的态势。江西、四川、新疆3个省份的市场型环境规制行为强度也较高（见图6-13）。

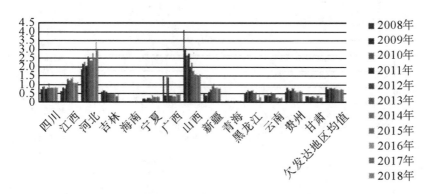

图 6-13 2008—2018 年我国欠发达地区地方政府市场型环境规制的行为强度

二、财政支持行为

从图 6-14 和图 6-15 看，我国各地区地方政府对区域工业企业研发活动的支持力度整体不大，且欠发达地区的财政支持力度大多数年份里都高于发达地区的财政支持力度；两个地区的差距在 2013—2015 年经历小幅扩大之后在 2016 年以后快速缩小、趋同。命题 6 部分成立。可能的原因是：欠发达地区规模以上工业企业研发经费内部支出规模基数远低于发达地区。

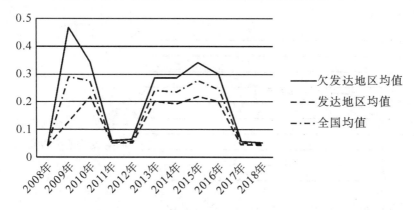

图 6-14 2008—2018 年我国各地区地方政府财政支持的行为强度

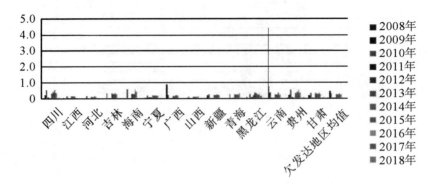

图 6-15　2008—2018 年我国欠发达地区地方政府财政支持的行为强度

三、金融信贷干预行为

图 6-16 和图 6-17 表明，欠发达地区内部各省份对区域金融发展的干预行为强度较为均衡且与各省份干预金融发展的行为强度差距甚小。不仅如此，在过去 11 年间，欠发达地区内部各省份对区域金融发展的干预行为强度持续加强，并在 2014 年超过发达地区的金融信贷干预行为强度。青海、甘肃、宁夏等综合发展指数排名靠后的省份干预金融发展的行为强度仍然也最强。命题 8 成立。

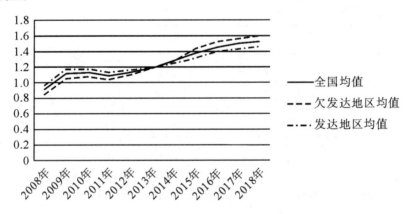

图 6-16　2008—2018 年我国各地区地方政府金融信贷干预的行为强度

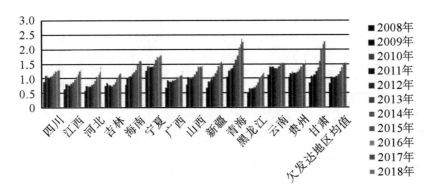

图 6-17　2008—2018 年我国欠发达地区地方政府金融干预的行为强度

四、绿色宣传教育行为

除 2013 年外，我国发达地区的绿色宣传教育行为强度都高于欠发达地区，且二者的差距在 2014 年以后在小幅波动中趋于缩小（见图 6-18）。在欠发达地区内部，各省份的绿色宣传教育强度整体不高，四川、云南、河北是绿色宣传教育强度相对较高的 3 个省（见图 6-19）。命题 10 部分成立。

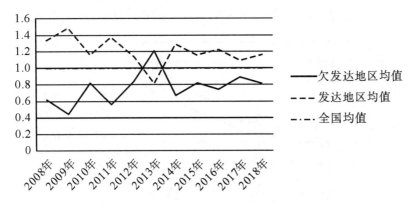

图 6-18　2008—2018 年我国各地区地方政府绿色宣传教育的行为强度

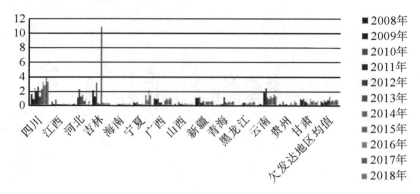

图 6-19　2008—2018 年我国欠发达地区地方政府绿色宣传教育的行为强度

五、绿色公共服务行为

2008—2018 年，我国各地区地方政府绿色公共服务的行为强度持续增强，且欠发达地区地方政府的绿色公共服务行为强度在 2014 年以后持续加速增强，与发达地区的差距不断缩小并在 2018 年欠发达地区地方政府的绿色公共服务行为强度小幅超过了发达地区（见图 6-20）。在欠发达地区内部，青海、甘肃两个省份的绿色公共服务行为强度相对突出（见图 6-21）。命题 12 成立。

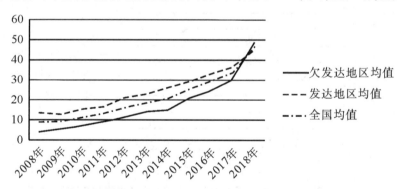

图 6-20　2008—2018 年我国各地区地方政府绿色公共服务的行为强度

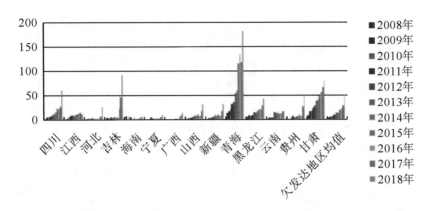

图6-21 2008—2018年我国欠发达地区地方政府绿色公共服务的行为强度

第三节 计量分析

本节将依次测度欠发达地区工业绿色转型发展路径选择与地方政府行为的关联、欠发达地区地方政府经济干预能力对欠发达地区工业绿色转型发展路径选择与地方政府行为的调节效应。同时，和第一节、第二节的推进思路保持一致，本章将同步测度全国、发达地区两个样本下的关联性和调节效应，以更全面地掌握和更精准地解读欠发达地区工业绿色转型发展路径选择与地方政府行为的关联性。

一、描述性统计

表6-1展示了欠发达地区样本中主要变量的描述性统计结果。从离散值及最大值与最小值的差异来看，欠发达地区内部各省份面临的生态环保压力、行政性环境管理规制行为强度、绿色公共服务行为强度、工业增加值占比、企业规模、创新基础以及在四条绿色转型发展路径上的投入等方面的差异性比较大。前面两节的相关比较分析也已表明这些差异。

表6-1 欠发达地区主要变量的描述性统计结果

变量	样本量	平均值	标准差	最小值	最大值
EndT	154	14.63	13.13	0.380	89
GProcessTech	154	68.51	60.86	0.810	313.3

表6-1(续)

变量	样本量	平均值	标准差	最小值	最大值
GProductTech	154	74. 38	76. 79	2. 610	373. 2
GTrans	154	14. 16	22. 26	0. 017 4	150. 1
GPressure	154	0. 485	0. 533	0	2. 584
EconoIntervCap	154	0. 301	0. 104	0. 117	0. 627
ER_ Admin	154	0. 585	1. 228	0	9. 705
ER_ Market	154	0. 818	0. 772	0. 046 0	4. 148
Subsidy	154	0. 202	0. 377	0. 000 460	4. 444
FinanInterv	154	1. 243	0. 375	0. 542	2. 404
GPublicity	154	0. 766	1. 102	0	10. 93
GPubServ	154	0. 726	0. 850	0. 037 5	4. 699
EconoDevLev	154	0. 678	0. 138	0. 303	0. 980
Propor_ of_ Indu	154	36. 36	8. 792	11. 80	53. 30
Propor_ of_ SOE	154	0. 459	0. 177	0. 172	0. 836
Openness	154	0. 180	0. 211	0. 016 7	1. 623
HumanCapti	154	0. 017 2	0. 007 98	0. 006 14	0. 044 7
REndow	154	0. 504	0. 359	0. 017 4	1. 397
EScale	154	3. 034	1. 052	1. 076	5. 809
FinanConst	154	0. 141	0. 071 1	−0. 022 3	0. 458
InnoBase	154	0. 225	0. 209	0. 005 88	1. 062
TechRegime	154	1. 281	0. 247	0. 742	1. 868

二、基准模型回归

首先，基于三个样本的面板数据用 Stata16. 0 对第一组模型进行实证回归分析。从实证结果来看，随机效应模型和反映个体特征的固定效应模型均可采用，不用进一步考虑混合回归。进一步采用 Hausman 检验确定面板数据模型的形式。根据 Hausman 检验结果，P 值为 0，更适于采用固定效应模型。

（一）欠发达地区单个地方政府行为与路径选择（方程1回归）

表 6-2 至表 6-5 分别呈现了欠发达地区地方政府的单个行为对区域工业企业绿色转型发展四个路径选择作用的基准模型（方程1）回归结果。从结果来看，四条绿色转型发展路径都有相应的影响显著的地方政府行为。它意味着

欠发达地区地方政府要有效推动区域工业企业选择某条路径都有非常明确且有效的政策抓手和方向

对于路径 1：地方政府的市场型环境规制行为与其显著正相关，即地方政府的市场型环境规制行为强度越高，欠发达地区工业企业选择路径 1 的可能性越大。

对于路径 2：地方政府的金融信贷干预行为和绿色公共服务行为与其显著正相关，即地方政府的金融信贷干预行为强度越高、绿色公共服务行为强度越高，欠发达地区工业企业选择路径 2 的可能性越大。

对于路径 3：地方政府的市场型环境规制行为和金融信贷干预行为与其显著正相关，地方政府的绿色宣传教育行为与其显著负相关，即地方政府的市场型环境规制行为强度越高、金融信贷干预行为强度越高，欠发达地区工业企业选择路径 3 的可能性越大，而地方政府的绿色宣传教育行为强度越高，欠发达地区工业企业选择路径 3 的可能性越小。

对于路径 4：地方政府的金融信贷干预行为和绿色公共服务行为与其显著正相关，即地方政府的金融信贷干预行为强度越高、绿色公共服务行为强度越高，欠发达地区工业企业选择路径 4 的可能性越大。这一结果与路径 2 的结果相同。

综合来看，命题 5 和命题 9 部分成立，命题 7 成立，命题 11 和命题 13 不成立。

可能的原因是：命题 5 假设的前提是欠发达地区工业企业首选的是路径 1 和路径 2，而实际统计结果是路径 2 和路径 3，相应地，市场型环境规制行为产生正向促进作用的就是路径 2 和路径 3，而不是命题 5 假设的路径 1 和路径 2。命题 9 同理。命题 11 是全面不成立：欠发达地区地方政府的绿色宣传教育行为与路径 1 和路径 2 没有显著的正相关关系，原因可能是欠发达地区地方政府的绿色宣传教育强度低于了某个门槛，但是，欠发达地区地方政府的绿色宣传教育行为却又与路径 3 显著负相关。可能的解释是：欠发达地区地方政府的绿色宣传教育行为强度达到了一定的门槛，但是主要效力发生在社会公众身上，而社会公众最敏感的是身边可见的环境问题，会推动区域工业企业把更多的注意力投入到末端治理和绿色工艺创新上，进而强化了对绿色产品创新的忽视。欠发达地区地方政府的绿色公共服务行为对区域工业企业选择路径 4 产生显著的正向促进作用，而不是命题 13 提出的路径 1 和路径 2。

表6-2　欠发达地区单个地方政府行为与工业企业选择路径1（末端治理）

VARIABLES	lnEndT	lnEndT	lnEndT	lnEndT	lnEndT	lnEndT
ER_ Admin	−0.037					
	(−0.83)					
EconoIntervCap	−2.885	−4.273*	−2.873	−3.851	−2.936	−3.211
	(−1.32)	(−1.91)	(−1.32)	(−1.55)	(−1.34)	(−1.44)
EconoDevLev	−1.120	−1.596	−1.212	−1.430	−1.164	−1.262
	(−1.07)	(−1.54)	(−1.16)	(−1.34)	(−1.12)	(−1.21)
Propor_ of_ Indu	0.050***	0.038**	0.049***	0.064***	0.050***	0.053***
	(3.15)	(2.34)	(3.11)	(2.74)	(3.18)	(3.24)
Propor_ of_ SOE	−1.081	−1.035	−1.087	−1.147	−1.167	−1.265
	(−1.08)	(−1.05)	(−1.08)	(−1.14)	(−1.16)	(−1.24)
Openness	0.092	0.076	0.084	0.055	0.097	0.124
	(0.29)	(0.24)	(0.26)	(0.17)	(0.30)	(0.38)
HumanCapti	8.229	2.093	7.627	6.550	7.293	7.710
	(1.04)	(0.26)	(0.96)	(0.84)	(0.94)	(0.99)
REndow	−0.578	−0.471	−0.638	−0.752	−0.676	−0.599
	(−0.69)	(−0.57)	(−0.75)	(−0.88)	(−0.80)	(−0.71)
EScale	0.380***	0.415***	0.377***	0.376***	0.376***	0.377***
	(4.79)	(5.20)	(4.73)	(4.75)	(4.74)	(4.76)
FinanConst	−5.224***	−5.175***	−5.198***	−5.401***	−5.259***	−5.285***
	(−3.91)	(−3.94)	(−3.86)	(−4.01)	(−3.94)	(−3.96)
InnoBase	−0.048	−0.041	0.110	0.129	0.175	0.100
	(−0.07)	(−0.06)	(0.15)	(0.18)	(0.24)	(0.14)
TechRegime	−0.462	−0.382	−0.482	−0.526	−0.500	−0.570
	(−1.11)	(−0.93)	(−1.16)	(−1.26)	(−1.20)	(−1.32)
ER_ Market		0.361**				
		(2.24)				
Subsidy			0.047			
			(0.38)			
FinanInterv				0.345		
				(0.82)		
GPublicity					−0.030	
					(−0.63)	
GPubServ						0.104
						(0.76)
R-squared	0.280	0.303	0.277	0.280	0.278	0.279

注：括号内数值为回归系数的t值，***、**、*分别为在1%、5%、10%的水平显著，常数项已删除。下同。

表6-3　欠发达地区单个地方政府行为与工业企业选择路径2（绿色工艺创新）

VARIABLES	lnGProcessTech	lnGProcessTech	lnGProcessTech	lnGProcessTech	lnGProcessTech	lnGProcessTech
ER_ Admin	0.016					
	(0.49)					
EconoIntervCap	3.271*	2.755	3.263*	1.013	3.198*	2.276
	(1.95)	(1.58)	(1.96)	(0.54)	(1.91)	(1.38)
EconoDevLev	1.759**	1.667**	1.784**	1.319	1.865**	1.681**
	(2.19)	(2.07)	(2.24)	(1.64)	(2.33)	(2.17)
Propor_ of_ Indu	0.039***	0.035***	0.040***	0.071***	0.040***	0.050***
	(3.23)	(2.75)	(3.32)	(4.09)	(3.29)	(4.07)
Propor_ of_ SOE	1.857**	1.903**	1.799**	1.805**	1.818**	1.438*
	(2.40)	(2.47)	(2.33)	(2.39)	(2.35)	(1.89)
Openness	0.165	0.156	0.194	0.069	0.164	0.246
	(0.66)	(0.63)	(0.78)	(0.28)	(0.66)	(1.02)
HumanCapti	19.284***	18.022***	18.353***	18.725***	20.117***	21.833***
	(3.18)	(2.91)	(3.03)	(3.21)	(3.38)	(3.76)
REndow	0.261	0.327	0.343	-0.048	0.205	0.311
	(0.40)	(0.51)	(0.53)	(-0.07)	(0.32)	(0.50)
EScale	-0.124**	-0.106*	-0.130**	-0.117*	-0.119*	-0.112*
	(-2.02)	(-1.70)	(-2.13)	(-1.97)	(-1.96)	(-1.90)

表6-3（续）

VARIABLES	lnGProcessTech	lnGProcessTech	lnGProcessTech	lnGProcessTech	lnGProcessTech	lnGProcessTech
FinanConst	-0.783	-0.735	-0.919	-1.090	-0.764	-0.837
	(-0.76)	(-0.72)	(-0.89)	(-1.08)	(-0.75)	(-0.84)
InnoBase	-1.281**	-1.406**	-1.358**	-1.302**	-1.278**	-1.375**
	(-2.26)	(-2.56)	(-2.49)	(-2.43)	(-2.31)	(-2.60)
TechRegime	-0.352	-0.313	-0.330	-0.466	-0.375	-0.628*
	(-1.10)	(-0.98)	(-1.04)	(-1.48)	(-1.17)	(-1.95)
ER_Market		0.132				
		(1.05)				
Subsidy			-0.114			
			(-1.22)			
FinanInterv				0.796**		
				(2.52)		
GPublicity					-0.033	
					(-0.91)	
GPubServ						0.307***
						(3.01)
R-squared	0.303	0.308	0.310	0.335	0.306	0.348

表6-4 欠发达地区单个地方政府行为与工业企业选择路径3（绿色产品创新）

VARIABLES	lnGProductTech	lnGProductTech	lnGProductTech	lnGProductTech	lnGProductTech	lnGProductTech
ER_Admin	0					
	(0.02)					
EconoIntervCap	3.211***	2.635***	3.212***	1.338	3.102***	2.911***
	(3.27)	(2.62)	(3.27)	(1.26)	(3.24)	(2.93)
EconoDevLev	2.808***	2.654***	2.812***	2.406***	2.908***	2.772***
	(5.96)	(5.69)	(6.01)	(5.25)	(6.35)	(5.97)
Propor_of_Indu	-0.003	-0.008	-0.003	0.024**	-0.002	0.000
	(-0.40)	(-1.04)	(-0.42)	(2.40)	(-0.27)	(0.05)
Propor_of_SOE	0.238	0.272	0.249	0.182	0.151	0.107
	(0.53)	(0.61)	(0.55)	(0.42)	(0.34)	(0.23)
Openness	-0.201	-0.209	-0.206	-0.280**	-0.199	-0.176
	(-1.38)	(-1.46)	(-1.40)	(-2.00)	(-1.40)	(-1.21)
HumanCapti	15.238***	13.218***	15.461***	14.338***	15.723***	15.861***
	(4.29)	(3.70)	(4.34)	(4.31)	(4.61)	(4.56)
REndow	-1.511***	-1.453***	-1.520***	-1.780***	-1.625***	-1.500***
	(-3.98)	(-3.88)	(-4.00)	(-4.84)	(-4.36)	(-3.99)
EScale	0.235***	0.253***	0.237***	0.239***	0.239***	0.238***
	(6.58)	(7.01)	(6.60)	(7.05)	(6.87)	(6.74)

表6-4（续）

VARIABLES	lnGProductTech	lnGProductTech	lnGProductTech	lnGProductTech	lnGProductTech	lnGProductTech
FinanConst	-0.399	-0.363	-0.376	-0.667	-0.394	-0.420
	(-0.66)	(-0.61)	(-0.62)	(-1.16)	(-0.67)	(-0.70)
InnoBase	0.922***	0.859***	0.921***	0.961***	1.038***	0.913***
	(2.78)	(2.71)	(2.87)	(3.15)	(3.28)	(2.87)
TechRegime	-0.376**	-0.338*	-0.379**	-0.475***	-0.421**	-0.461**
	(-2.01)	(-1.83)	(-2.03)	(-2.64)	(-2.30)	(-2.39)
ER_Market		0.149**				
		(2.05)				
Subsidy			0.016			
			(0.29)			
FinanInterv				0.661***		
				(3.67)		
GPublicity					-0.053**	
					(-2.55)	
GPubServ						0.093
						(1.52)
R-squared	0.785	0.791	0.785	0.805	0.795	0.788

表 6-5　欠发达地区单个地方政府行为与工业企业选择路径 4（绿色转向）

VARIABLES	lnGTrans	lnGTrans	lnGTrans	lnGTrans	lnGTrans	lnGTrans
ER_ Admin	0. 050					
	(1. 09)					
EconoIntervCap	2. 862	2. 893	2. 845	−1. 472	2. 802	1. 959
	(1. 26)	(1. 22)	(1. 26)	(−0. 60)	(1. 23)	(0. 86)
EconoDevLev	4. 206***	4. 355***	4. 323***	3. 414***	4. 384***	4. 233***
	(3. 87)	(3. 97)	(4. 00)	(3. 21)	(4. 03)	(3. 96)
Propor_ of_ Indu	−0. 056***	−0. 056***	−0. 055***	0. 005	−0. 056***	−0. 047***
	(−3. 43)	(−3. 22)	(−3. 36)	(0. 24)	(−3. 39)	(−2. 76)
Propor_ of_ SOE	−0. 889	−0. 843	−0. 917	−0. 972	−0. 877	−1. 231
	(−0. 85)	(−0. 80)	(−0. 88)	(−0. 97)	(−0. 84)	(−1. 17)
Openness	0. 006	0. 002	0. 032	−0. 180	0. 002	0. 075
	(0. 02)	(0. 00)	(0. 10)	(−0. 55)	(0. 01)	(0. 23)
HumanCapti	8. 178	9. 981	8. 297	7. 712	10. 015	11. 622
	(1. 00)	(1. 19)	(1. 01)	(1. 00)	(1. 24)	(1. 45)
REndow	0. 161	0. 202	0. 276	−0. 415	0. 159	0. 238
	(0. 18)	(0. 23)	(0. 31)	(−0. 49)	(0. 18)	(0. 28)
EScale	0. 229***	0. 236***	0. 229***	0. 245***	0. 239***	0. 246***
	(2. 78)	(2. 78)	(2. 76)	(3. 12)	(2. 90)	(3. 02)
FinanConst	−0. 819	−0. 772	−0. 927	−1. 390	−0. 768	−0. 833
	(−0. 59)	(−0. 55)	(−0. 66)	(−1. 04)	(−0. 55)	(−0. 61)
InnoBase	−0. 174	−0. 383	−0. 394	−0. 293	−0. 339	−0. 409
	(−0. 23)	(−0. 51)	(−0. 53)	(−0. 41)	(−0. 45)	(−0. 56)
TechRegime	−0. 770*	−0. 756*	−0. 735*	−0. 981**	−0. 771*	−1. 005**
	(−1. 79)	(−1. 74)	(−1. 70)	(−2. 36)	(−1. 78)	(−2. 26)
ER_ Market		−0. 012				
		(−0. 07)				
Subsidy			−0. 118			

表6-5(续)

VARIABLES	lnGTrans	lnGTrans	lnGTrans	lnGTrans	lnGTrans	lnGTrans
			(−0.93)			
FinanInterv				1.525***		
				(3.65)		
GPublicity					−0.022	
					(−0.45)	
GPubServ						0.276*
						(1.96)
R-squared	0.655	0.652	0.654	0.685	0.652	0.662

（二）欠发达地区六个地方政府行为交互项与路径选择（方程2回归）

表6-2至表6-5呈现了聚焦于单个地方政府行为、假设其他地方政府行为不变的条件下的基准回归结果。这个结果有可能会夸大单一变量的作用，也可能会遗漏掉一些重要的影响变量，为此，本书再进一步检验六个地方政府行为共同作用于四条路径选择的情况。相应地，这个基于交互项（方程2）的回归结果也会更为精准（见表6-6）。

表6-6 欠发达地区六个地方政府行为交互项与工业企业路径选择

VARIABLES	lnEndT	lnGProcessTech	lnGProductTech	lnGTrans
ER_ Admin	−0.047	0.016	−0.000	0.059
	(−1.05)	(0.50)	(−0.02)	(1.35)
ER_ Market	0.365**	0.027	0.081	−0.218
	(2.15)	(0.22)	(1.12)	(−1.30)
Subsidy	0.056	−0.153*	−0.012	−0.216*
	(0.45)	(−1.66)	(−0.23)	(−1.76)
FinanInterv	−0.007	0.680**	0.545***	1.685***
	(−0.01)	(2.03)	(2.83)	(3.77)
GPublicity	−0.023	−0.026	−0.046**	−0.010
	(−0.48)	(−0.74)	(−2.27)	(−0.21)
GPubServ	0.086	0.256**	0.049	0.165

表6-6(续)

VARIABLES	lnEndT	lnGProcessTech	lnGProductTech	lnGTrans
	(0.62)	(2.47)	(0.82)	(1.19)
EconoIntervCap	−4.606*	0.355	1.098	−1.623
	(−1.84)	(0.19)	(1.03)	(−0.65)
EconoDevLev	−1.452	1.235	2.456***	3.297***
	(−1.34)	(1.54)	(5.31)	(3.08)
Propor_ of_ Indu	0.041	0.077***	0.019*	0.027
	(1.59)	(4.04)	(1.77)	(1.06)
Propor_ of_ SOE	−1.111	1.299*	0.057	−1.483
	(−1.08)	(1.71)	(0.13)	(−1.46)
Openness	0.081	0.194	−0.252*	−0.078
	(0.24)	(0.79)	(−1.79)	(−0.24)
HumanCapti	5.060	17.911***	13.969***	6.928
	(0.60)	(2.88)	(3.90)	(0.84)
REndow	−0.496	0.057	−1.787***	−0.495
	(−0.57)	(0.09)	(−4.82)	(−0.58)
EScale	0.432***	−0.119*	0.251***	0.201**
	(5.25)	(−1.96)	(7.16)	(2.47)
FinanConst	−5.068***	−1.315	−0.625	−1.892
	(−3.73)	(−1.31)	(−1.08)	(−1.41)
InnoBase	−0.196	−1.221**	1.017***	0.055
	(−0.26)	(−2.20)	(3.19)	(0.08)
TechRegime	−0.470	−0.681**	−0.519***	−1.208***
	(−1.07)	(−2.09)	(−2.77)	(−2.78)
R-squared	0.314	0.385	0.816	0.703

　　方程（2）基于交互项的回归结果与方程（1）的回归结果大同小异。与路径1显著正相关的仍然只有地方政府的市场型环境规制行为，命题5部分成立；与路径2显著相关的地方政府行为在原来显著正相关的金融信贷干预行为

和绿色公共服务行为之外，多了一个显著负相关的政府财政支持行为，命题9、命题11部分成立，命题7成立；与路径3（绿色产品创新）显著相关的地方政府行为仍然保留了显著正相关的金融信贷干预行为以及显著负相关的绿色公共宣传行为，而原本显著正相关的市场型环境规制行为不再显著，命题9部分成立、命题11不成立；与路径4显著正相关的金融信贷干预行为仍然保留，但原来显著正相关的绿色公共服务行为被显著负相关的财政支持行为取代，命题7成立。各显著相关地方政府行为的回归系数都有变化但变化都不大。

（三）对比分析：基于欠发达地区、发达地区和全样本三个样本

表6-7汇总了方程（1）和方程（2）分别采用欠发达地区、发达地区及全样本三个样本的回归结果。

表6-7　三个样本方程（1）和方程（2）的回归结果

路径	样本		ER_Admin	ER_Market	Subsidy	FinanInterv	GPublicity	GPubServ
1	欠发达地区	方程（1）	-0.037 (-0.83)	0.361 ** (2.24)	0.047 (0.38)	0.345 (0.82)	-0.030 (-0.63)	0.104 (0.76)
		方程（2）	-0.047 (-1.05)	0.365 ** (2.15)	0.056 (0.45)	-0.007 (-0.01)	-0.023 (-0.48)	0.086 (0.62)
	发达地区	方程（1）	0.016 (0.40)	0.169 (0.81)	0.664 * (1.76)	-0.599 * (-1.68)	-0.044 (-0.88)	0.003 (0.03)
		方程（2）	-0.005 (-0.10)	0.073 (0.32)	0.791 ** (2.01)	-0.650 * (-1.74)	-0.075 (-1.39)	0.013 (0.18)
	全样本	方程（1）	-0.001 (-0.02)	0.325 *** (2.70)	0.141 (1.24)	-0.481 ** (-2.22)	-0.026 (-0.76)	-0.039 (-0.65)
		方程（2）	-0.023 (-0.75)	0.317 ** (2.58)	0.144 (1.28)	-0.466 ** (-2.13)	-0.027 (-0.79)	-0.008 (-0.13)
2	欠发达地区	方程（1）	0.016 (0.49)	0.132 (1.05)	-0.114 (-1.22)	0.796 ** (2.52)	-0.033 (-0.91)	0.307 *** (3.01)
		方程（2）	0.016 (0.50)	0.027 (0.22)	-0.153 * (-1.66)	0.680 ** (2.03)	-0.026 (-0.74)	0.256 ** (2.47)
	发达地区	方程（1）	0.001 (0.05)	0.001 (0.01)	-0.029 (-0.12)	-0.753 *** (-3.30)	-0.028 (-0.84)	-0.086 * (-1.81)
		方程（2）	-0.008 (-0.26)	-0.097 (-0.67)	0.021 (0.09)	-0.807 *** (-3.38)	-0.051 (-1.48)	-0.086 * (-1.79)
	全样本	方程（1）	0.023 (1.05)	0.206 ** (2.29)	-0.085 (-1.00)	-0.294 * (-1.81)	-0.039 (-1.54)	-0.035 (-0.78)
		方程（2）	0.016 (0.71)	0.175 * (1.90)	-0.091 (-1.08)	-0.259 (-1.57)	-0.045 * (-1.74)	-0.025 (-0.55)

表6-7(续)

路径	样本		ER_Admin	ER_Market	Subsidy	FinanInterv	GPublicity	GPubServ
3	欠发达地区	方程（1）	0.000 (0.02)	0.149 ** (2.05)	0.016 (0.29)	0.661 *** (3.67)	-0.053 ** (-2.55)	0.093 (1.52)
		方程（2）	-0.000 (-0.02)	0.081 (1.12)	-0.012 (-0.23)	0.545 *** (2.83)	-0.046 ** (-2.27)	0.049 (0.82)
	发达地区	方程（1）	0.032 (1.20)	-0.342 ** (-2.50)	0.076 (-0.30)	1.090 *** (4.86)	0.037 (1.12)	0.020 (0.40)
		方程（2）	0.085 *** (3.04)	-0.354 ** (-2.55)	-0.255 (-1.07)	1.142 *** (5.03)	0.037 (1.15)	0.021 (0.45)
	全样本	方程（1）	0.019 (1.10)	0.056 (0.78)	-0.016 (-0.24)	0.756 *** (6.16)	-0.002 (-0.07)	0.049 (1.36)
		方程（2）	0.027 (1.59)	0.072 (1.02)	-0.028 (-0.44)	0.777 *** (6.20)	0.004 (0.22)	0.023 (0.67)
4	欠发达地区	方程（1）	0.050 (1.09)	-0.012 (-0.07)	-0.118 (-0.93)	1.525 *** (3.65)	-0.022 (-0.45)	0.276 * (1.96)
		方程（2）	0.059 (1.35)	-0.218 (-1.30)	-0.216 * (-1.76)	1.685 *** (3.77)	-0.010 (-0.21)	0.165 (1.19)
	发达地区	方程（1）	0.003 (0.10)	-0.352 ** (-2.11)	-0.278 (-0.90)	1.671 *** (6.46)	0.002 (0.06)	0.018 (0.31)
		方程（2）	0.069 ** (2.08)	-0.246 (-1.49)	-0.418 (-1.48)	1.731 *** (6.42)	0.019 (0.50)	-0.007 (-0.14)
	全样本	方程（1）	0.035 (1.23)	-0.162 (-1.39)	-0.162 (-1.49)	1.559 *** (8.25)	-0.006 (-0.19)	0.126 ** (2.19)
		方程（2）	0.069 *** (2.61)	-0.138 (-1.30)	-0.181 * (-1.85)	1.567 *** (8.23)	0.003 (0.10)	0.057 (1.08)

方程（1）和方程（2）采用发达地区样本和全样本的回归结果在显著相关的地方政府行为和显著相关的方向两个方面也基本保持了一致性，回归系数的差异也不大。这点和欠发达地区样本的回归结果是一致的；不管是哪个样本，每条路径都有1~3个显著相关的地方政府行为；只是，不同的样本与每条路径显著相关的地方政府行为有一定的差异。它说明，工业企业无论是在发达地区还是欠发达地区，其路径选择都会显著地受到地方政府行为的影响；欠发达地区和发达地区的工业企业在发展基础、发展阶段和区域空间地理环境等方面差异性较大，它们在四条转型路径上对地方政府行为的需求存在较大的差异；全样本的结果则是欠发达地区和发达地区两个样本综合作用的结果。考虑政策时建议注重针对性，本书主要聚焦于比较分析欠发达地区和发达地区两个样本的回归结果，对全样本的回归结果不再具体展开。下同。

（四）控制变量的作用情况

综合表6-2至表6-6中控制变量与四条路径选择的回归结果，以表6-6的结果为主，分地区整理控制变量的作用情况如下：

对于欠发达地区，区域经济发展水平与路径3和路径4显著正相关；区域工业增加值占比与路径 2 和路径 3 显著正相关；区域国有经济成分占比与路径 2 显著正相关；区域对外开放水平与路径 3 显著负相关；区域人力资本存量与路径 2 和路径 3 显著正相关；区域自然资源禀赋与路径 3 显著负相关；企业创新基础与路径 2 显著负相关，与路径 3 显著正相关；区域技术复杂度与路径 2、路径 3 和路径 4 显著负相关；企业规模与路径 1、路径 3 和路径 4 显著正相关，与路径 2 显著负相关；企业融资约束与路径 1 显著负相关。

对于发达地区，区域经济发展水平与路径 1 和路径 3 的回归系数为负数，与路径 2 和路径 4 的回归系数为正数，但均不显著；区域工业经济增加值占比与路径 4 显著正相关；区域国有经济成分占比与路径 2 显著正相关，与路径 3 和路径 4 显著负相关；区域对外开放水平与路径 1、路径 3 和路径 4 显著负相关；区域人力资本水平与路径 1 显著正相关；区域自然资源禀赋与路径 1 显著正相关，与路径 2 和路径 3 显著负相关；区域创新基础与路径 3 显著负相关；区域技术复杂度与路径 4 显著负相关；企业规模与路径 3 和路径 4 显著正相关；企业融资约束与路径 1 和路径 4 显著负相关，与路径 2 显著正相关。

（五）稳健性检验：分样本回归和滞后一期回归

目前稳健性检验主要有替换变量、改变样本容量、分样本回归等方法，但因为研究视角、研究目的差异性比较大，具体采用哪种检验方法并没有统一的说法。为了检验实证结论的稳健性，本书采用滞后一期回归和分样本回归两个方法。与此同时，考虑内生性问题会不同程度地存在，会影响回归结果的稳健性和可靠性，因此，本书对模型的内生性也进行了检验。

分样本回归。在欠发达地区这个样本之外，本书对地方政府行为与区域工业绿色转型发展路径选择的关联性检验还同时采用了发达地区样本和全样本两个样本。前面基本模型的回归结果（见表 6-7）已充分表明，尽管样本不同，但对于工业企业对每条绿色转型发展路径的选择，都有 1~3 个显著相关的地方政府行为。不仅如此，不同的样本，对应的显著相关的地方政府行为也相应地呈现出了符合样本特征且可解释的差异性。因此，可以判定回归结果是稳健的。

滞后一期回归。表 6-8 至表 6-12 依次呈现了方程（1）和方程（2）滞后一期的回归结果。从结果来看，显著的结果在当期和滞后一期的显著性和回归系数方向大都一致，且回归系数变化也都不大。极个别不一致情况的出现，可能是因为相关数据的误差分布或者滞后一期行为与当期行为的相关性较大。整体上结果是稳健的。

表 6-8　欠发达地区单个地方政府行为与工业企业选择路径 1（滞后一期）

VARIABLES	lnEndT	lnEndT	lnEndT	lnEndT	lnEndT	lnEndT
ER_ Admin	-0.018					
	(-0.36)					
L_ ER_ Admin	0.028					
	(0.57)					
EconoIntervCap	-3.235	-5.500 **	-3.476	-4.071	-3.177	-4.463 *
	(-1.27)	(-2.09)	(-1.37)	(-1.48)	(-1.25)	(-1.80)
EconoDevLev	-1.639	-1.995	-1.681	-2.069	-1.731	-2.615 **
	(-1.29)	(-1.60)	(-1.30)	(-1.59)	(-1.36)	(-2.05)
Propor_ of_ Indu	0.068 ***	0.051 ***	0.068 ***	0.083 ***	0.067 ***	0.085 ***
	(4.25)	(3.04)	(4.25)	(3.58)	(4.25)	(5.12)
Propor_ of_ SOE	-1.376	-1.469	-1.462	-1.519	-1.407	-2.235 **
	(-1.37)	(-1.50)	(-1.43)	(-1.54)	(-1.41)	(-2.22)
Openness	-0.065	-0.095	-0.047	-0.034	-0.048	0.068
	(-0.21)	(-0.31)	(-0.15)	(-0.11)	(-0.16)	(0.22)
HumanCapti	-0.700	-7.697	-1.068	1.605	-1.790	10.647
	(-0.05)	(-0.59)	(-0.08)	(0.12)	(-0.14)	(0.81)
REndow	-0.192	0.009	-0.141	-0.286	-0.158	-0.080
	(-0.19)	(0.01)	(-0.14)	(-0.29)	(-0.16)	(-0.08)
EScale	0.401 ***	0.457 ***	0.400 ***	0.362 ***	0.395 ***	0.388 ***
	(4.98)	(5.58)	(4.93)	(4.41)	(4.89)	(4.96)
FinanConst	-8.833 ***	-8.795 ***	-9.015 ***	-10.143 ***	-8.904 ***	-8.711 ***
	(-5.43)	(-5.56)	(-5.53)	(-5.98)	(-5.59)	(-5.60)
InnoBase	-0.140	-0.389	-0.227	-0.116	-0.133	-0.183
	(-0.19)	(-0.57)	(-0.32)	(-0.17)	(-0.19)	(-0.27)
TechRegime	-0.370	-0.254	-0.373	-0.362	-0.318	-0.676
	(-0.91)	(-0.64)	(-0.92)	(-0.90)	(-0.77)	(-1.65)
ER_ Market		0.299 **				

表6-8(续)

VARIABLES	lnEndT	lnEndT	lnEndT	lnEndT	lnEndT	lnEndT
		(1.32)				
L_ ER_ Market		0.189**				
		(1.04)				
Subsidy			−0.049			
			(−0.42)			
L_ Subsidy			0.010			
			(0.09)			
FinanInterv				−0.997		
				(−1.42)		
L_ FinanInterv				1.236**		
				(2.00)		
GPublicity					−0.015	
					(−0.33)	
L_ GPublicity					0.049	
					(1.09)	
GPubServ						0.354
						(2.02)
L_ GPubServ						0.093
						(0.55)
R−squared	0.377	0.405	0.376	0.397	0.383	0.418

表 6-9 欠发达地区单个地方政府行为与工业企业选择路径 2（滞后一期）

VARIABLES	lnGProcessTech	lnGProcessTech	lnGProcessTech	lnGProcessTech	lnGProcessTech	lnGProcessTech
ER_ Admin	0.027					
	(0.64)					
L_ ER_ Admin	0.006					
	(0.15)					
EconoIntervCap	4.412**	3.096	4.309**	2.124	4.484**	3.665*
	(2.05)	(1.39)	(2.02)	(0.92)	(2.09)	(1.73)
EconoDevLev	3.023***	2.812***	3.037***	2.255**	3.043***	2.346**
	(2.82)	(2.65)	(2.81)	(2.07)	(2.83)	(2.15)
Propor_ of_ Indu	0.046***	0.034**	0.047***	0.081***	0.046***	0.059***
	(3.45)	(2.37)	(3.53)	(4.19)	(3.46)	(4.12)
Propor_ of_ SOE	2.216**	2.239***	2.211**	2.115**	2.199**	1.663*
	(2.62)	(2.70)	(2.59)	(2.57)	(2.60)	(1.94)
Openness	0.103	0.066	0.116	0.037	0.112	0.196
	(0.39)	(0.26)	(0.44)	(0.14)	(0.43)	(0.76)
HumanCapti	9.643	6.869	11.364	13.078	11.637	19.984*
	(0.85)	(0.62)	(1.03)	(1.21)	(1.06)	(1.77)
REndow	0.255	0.417	0.400	0.017	0.276	0.383
	(0.30)	(0.50)	(0.47)	(0.02)	(0.33)	(0.47)

表6-9（续）

VARIABLES	lnGProcessTech	lnGProcessTech	lnGProcessTech	lnGProcessTech	lnGProcessTech	lnGProcessTech
EScale	-0.105	-0.065	-0.112	-0.122*	-0.107	-0.115*
	(-1.55)	(-0.93)	(-1.64)	(-1.77)	(-1.58)	(-1.72)
FinanConst	-1.928	-1.468	-2.057	-2.286	-1.734	-1.633
	(-1.41)	(-1.09)	(-1.50)	(-1.61)	(-1.29)	(-1.23)
InnoBase	-1.380**	-1.628***	-1.533**	-1.366**	-1.401**	-1.473**
	(-2.23)	(-2.79)	(-2.61)	(-2.36)	(-2.35)	(-2.54)
TechRegime	-0.548	-0.454	-0.524	-0.617*	-0.525	-0.740**
	(-1.60)	(-1.34)	(-1.54)	(-1.83)	(-1.50)	(-2.11)
ER_Market		0.035				
		(0.18)				
L_ER_Market		0.271				
		(1.76)				
Subsidy			-0.112			
			(-1.13)			
L_Subsidy			0.055			
			(0.57)			
FinanInterv				0.256**		
				(0.44)		

表6-9（续）

VARIABLES	lnGProcessTech	lnGProcessTech	lnGProcessTech	lnGProcessTech	lnGProcessTech
L_ FinanInterv			0.574**		
			(1.11)		
GPublicity				-0.034	
				(-0.88)	
L_ GPublicity				0.029	
				(0.76)	
GPubServ					0.235**
					(1.57)
L_ GPubServ					0.087***
					(0.60)

表 6-10 欠发达地区单个地方政府行为与工业企业选择路径 3（滞后一期）

VARIABLES	lnGProductTech	lnGProductTech	lnGProductTech	lnGProductTech	lnGProductTech	lnGProductTech
ER_ Admin	-0.010					
	(-0.45)					
L_ ER_ Admin	0.019					
	(0.87)					
EconoIntervCap	3.044**	1.817	2.885**	1.163	2.554**	2.528**
	(2.59)	(1.52)	(2.46)	(0.95)	(2.28)	(2.20)
EconoDevLev	2.091***	1.896***	2.047***	1.562***	2.271***	1.769***
	(3.58)	(3.33)	(3.45)	(2.68)	(4.04)	(2.98)
Propor_ of_ Indu	0.003	-0.006	0.003	0.028***	0.005	0.009
	(0.47)	(-0.77)	(0.45)	(2.69)	(0.65)	(1.16)
Propor_ of_ SOE	0.385	0.338	0.318	0.278	0.177	0.068
	(0.83)	(0.76)	(0.68)	(0.63)	(0.40)	(0.15)
Openness	-0.248*	-0.267*	-0.234	-0.312**	-0.240*	-0.207
	(-1.73)	(-1.93)	(-1.62)	(-2.26)	(-1.76)	(-1.46)
HumanCapti	28.117***	24.328***	28.054***	28.220***	29.973***	32.461***
	(4.55)	(4.09)	(4.65)	(4.91)	(5.20)	(5.28)
REndow	-1.210***	-1.105**	-1.180**	-1.421***	-1.364***	-1.180***
	(-2.64)	(-2.49)	(-2.53)	(-3.22)	(-3.10)	(-2.63)

表6-10（续）

VARIABLES	lnGProductTech	lnGProductTech	lnGProductTech	lnGProductTech	lnGProductTech	lnGProductTech
EScale	0.221***	0.253***	0.221***	0.225***	0.232***	0.218***
	(5.96)	(6.77)	(5.91)	(6.16)	(6.50)	(6.01)
FinanConst	−1.058	−0.953	−1.116	−0.995	−1.019	−0.943
	(−1.42)	(−1.32)	(−1.48)	(−1.31)	(−1.45)	(−1.30)
InnoBase	0.837**	0.679**	0.774**	0.854***	0.876***	0.759**
	(2.48)	(2.17)	(2.39)	(2.77)	(2.81)	(2.40)
TechRegime	−0.320*	−0.258	−0.322*	−0.406**	−0.442**	−0.462**
	(−1.71)	(−1.42)	(−1.72)	(−2.26)	(−2.42)	(−2.42)
ER_Market		0.102***				
		(0.99)				
L_ER_Market		0.156*				
		(1.89)				
Subsidy			−0.017			
			(−0.31)			
L_Subsidy			−0.011			
			(−0.20)			
FinanInterv				0.685**		
				(2.19)		

表6-10(续)

VARIABLES	lnGProductTech	lnGProductTech	lnGProductTech	lnGProductTech	lnGProductTech	lnGProductTech
L_FinanInterv				0.048***		
				(-0.17)		
GPublicity					-0.061***	
					(-3.09)	
L_GPublicity					-0.035*	
					(-1.75)	
GPubServ						0.185
						(2.26)
L_GPubServ						-0.036
						(-0.46)

表 6-11　欠发达地区单个地方政府行为与工业企业选择路径 4（滞后一期）

VARIABLES	lnGTrans	lnGTrans	lnGTrans	lnGTrans	lnGTrans	lnGTrans
ER_ Admin	0.045					
	(0.88)					
L_ ER_ Admin	0.006					
	(0.11)					
EconoIntervCap	−1.330	−2.325	−1.572	−5.895**	−1.147	−2.811
	(−0.51)	(−0.85)	(−0.61)	(−2.26)	(−0.44)	(−1.16)
EconoDevLev	2.281*	2.139	2.064	0.666	2.253*	0.777
	(1.76)	(1.64)	(1.58)	(0.54)	(1.73)	(0.62)
Propor_ of_ Indu	−0.062***	−0.071***	−0.061***	0.010	−0.063***	−0.034**
	(−3.83)	(−4.03)	(−3.75)	(0.43)	(−3.88)	(−2.11)
Propor_ of_ SOE	−1.158	−1.129	−1.363	−1.380	−1.096	−2.333**
	(−1.13)	(−1.11)	(−1.32)	(−1.47)	(−1.07)	(−2.38)
Openness	0.045	0.026	0.105	−0.076	0.052	0.264
	(0.14)	(0.08)	(0.33)	(−0.26)	(0.16)	(0.89)
HumanCapti	32.855**	32.929**	34.761**	39.535***	35.698***	52.858***
	(2.40)	(2.42)	(2.62)	(3.23)	(2.67)	(4.10)
REndow	1.223	1.387	1.558	0.723	1.317	1.500
	(1.20)	(1.36)	(1.52)	(0.77)	(1.29)	(1.60)
EScale	0.230***	0.260***	0.220***	0.183**	0.227***	0.205***
	(2.80)	(3.05)	(2.68)	(2.35)	(2.74)	(2.69)
FinanConst	−1.201	−0.804	−1.296	−2.412	−0.904	−0.877
	(−0.73)	(−0.49)	(−0.78)	(−1.49)	(−0.55)	(−0.58)
InnoBase	−0.284	−0.556	−0.489	−0.167	−0.415	−0.325
	(−0.38)	(−0.78)	(−0.69)	(−0.25)	(−0.57)	(−0.49)
TechRegime	−0.590	−0.509	−0.534	−0.715*	−0.527	−0.910**
	(−1.43)	(−1.22)	(−1.30)	(−1.87)	(−1.24)	(−2.28)
ER_ Market		0.115				

表6-11(续)

VARIABLES	lnGTrans	lnGTrans	lnGTrans	lnGTrans	lnGTrans	lnGTrans
		(0.49)				
L_ ER_ Market		0.121				
		(0.64)				
Subsidy			−0.166			
			(−1.38)			
L_ Subsidy			−0.074			
			(−0.64)			
FinanInterv				0.116***		
				(0.17)		
L_ FinanInterv				1.554***		
				(2.64)		
GPublicity					−0.009	
					(−0.20)	
L_ GPublicity					0.034	
					(0.72)	
GPubServ						0.330*
						(1.93)
L_ GPubServ						0.370**
						(2.25)
Constant	2.511	2.792*	2.674	1.189	2.319	3.035*
	(1.50)	(1.66)	(1.61)	(0.76)	(1.40)	(1.97)
Observations	140	140	140	140	140	140
R−squared	0.597	0.597	0.600	0.659	0.595	0.654
Number of pro	14	14	14	14	14	14

表6-12 欠发达地区六个地方政府行为交互项与工业企业路径选择（滞后一期）

VARIABLES	lnEndT	lnGProcessTech	lnGProductTech	lnGTrans
ER_ Admin	−0.019	0.023	−0.011	0.028
	(−0.41)	(0.56)	(−0.54)	(0.66)
ER_ Market	0.251**	−0.110	0.020	−0.176
	(1.08)	(−0.56)	(0.20)	(−0.84)
Subsidy	0.035	−0.146*	−0.075	−0.228**
	(0.28)	(−1.38)	(−1.41)	(−2.05)
FinanInterv	−1.616	0.263**	0.705***	0.477
	(−2.08)	(0.40)	(2.10)	(0.68)
GPublicity	−0.017	−0.028	−0.056***	−0.019
	(−0.38)	(−0.75)	(−2.91)	(−0.49)
GPubServ	0.332	0.222**	0.160	0.298
	(1.86)	(1.45)	(2.08)	(1.85)
L_ ER_ Admin	0.013	0.004	0.009	0.027
	(0.28)	(0.09)	(0.43)	(0.61)
L_ ER_ Market	0.191**	0.216	0.094	−0.065
	(1.04)	(1.38)	(1.19)	(−0.40)
L_ Subsidy	0.012	−0.027**	−0.093*	−0.301***
	(0.10)	(−0.27)	(−1.79)	(−2.77)
L_ FinanInterv	1.247	0.462**	−0.068***	1.507***
	(1.94)	(0.84)	(−0.24)	(2.61)
L_ GPublicity	0.047	0.035	−0.030**	0.043
	(1.06)	(0.93)	(−1.57)	(1.08)
L_ GPubServ	0.108	0.004**	−0.080	0.259
	(0.62)	(0.03)	(−1.06)	(1.65)
EconoIntervCap	−4.904*	1.352	0.023	−7.097***
	(−1.72)	(0.56)	(0.02)	(−2.77)
EconoDevLev	−2.815**	1.624	1.307**	−1.322

表6-12(续)

VARIABLES	lnEndT	lnGProcessTech	lnGProductTech	lnGTrans
	(−2.07)	(1.40)	(2.23)	(−1.08)
Propor_ of_ Indu	0.062**	0.083***	0.029**	0.056**
	(2.16)	(3.39)	(2.34)	(2.19)
Propor_ of_ SOE	−2.162**	1.535*	−0.204	−2.963***
	(−2.07)	(1.72)	(−0.45)	(−3.14)
Openness	0.108	0.118	−0.277**	0.201
	(0.34)	(0.44)	(−2.05)	(0.71)
HumanCapti	6.497	12.953	29.843***	48.548***
	(0.46)	(1.07)	(4.87)	(3.79)
REndow	0.214	0.310	−1.328***	1.163
	(0.21)	(0.36)	(−3.08)	(1.29)
EScale	0.388***	−0.125*	0.241***	0.109
	(4.51)	(−1.70)	(6.49)	(1.41)
FinanConst	−9.775***	−2.332	−0.805	−3.059*
	(−5.65)	(−1.58)	(−1.08)	(−1.96)
InnoBase	−0.222	−1.263**	0.872***	0.376
	(−0.30)	(−1.99)	(2.73)	(0.56)
TechRegime	−0.392	−0.701*	−0.554***	−0.993**
	(−0.92)	(−1.92)	(−3.01)	(−2.58)

内生性检验。基准回归模型涉及众多自变量和控制变量，涵盖面广，自变量与自变量之间、自变量与控制变量之间大概率具有内生性，使用 OLS 估计会有偏，因而采用系统广义矩阵估计方法（System-GMM）进行内生性检验（Arellano and Bover，1995）。表6-13 至表6-17 表明基准回归模型内生性问题全面不显著，主要原因可能是：一方面，基准回归模型解释自变量、控制变量已具有很高的完备性，遗漏变量的可能性不大；另一方面，在中国的政府治理体系中，地方政府的行为主要受其考核压力的影响，而不是区域工业企业的路径选择，也即地方政府行为与区域工业企业绿色转型发展的路径选择不存在内生性，也因此，系统 GMM 回归结果全面不显著。

表 6-13 欠发达地区方程（1）的系统 GMM 回归结果（地方政府行为与路径 1）

VARIABLES	lnEndT	lnEndT	lnEndT	lnEndT	lnEndT	lnEndT
L. lnEndT	−0.292	−21.914*	−1.096	−0.921	20.680	0.193
	(−0.92)	(−1.82)	(−0.56)	(−0.55)	(1.13)	(0.53)
EconoIntervCap	−29.899	−4 497.652*	−124.064	−16.292	−719.432	−54.652**
	(−1.27)	(−1.82)	(−0.67)	(−0.36)	(−1.41)	(−2.50)
ER_ Admin	−0.615					
	(−0.87)					
EconoDevLev	6.952	527.501*	−106.477	−37.526	1 086.377	6.214
	(0.50)	(1.85)	(−0.63)	(−0.46)	(1.06)	(0.13)
Propor_ of_ Indu	0.014	−11.862*	−0.074	0.076	−2.345	−0.067
	(0.11)	(−1.82)	(−0.50)	(0.31)	(−1.17)	(−0.47)
Propor_ of_ SOE	−5.355	−942.334*	−27.077	−4.357	−78.416*	−12.754
	(−0.87)	(−1.82)	(−0.62)	(−0.68)	(−1.67)	(−1.34)
Openness	−1.304	−61.126*	26.685	3.620	−57.810	0.932
	(−0.57)	(−1.76)	(0.74)	(1.46)	(−0.76)	(0.26)
HumanCapti	23.351	3 594.548*	−245.039	352.236	−11 531.478	−276.253
	(0.18)	(1.83)	(−0.40)	(0.39)	(−1.20)	(−1.06)
REndow	−0.421	−2 877.072*	−37.846	8.344	−139.894*	−0.174
	(−0.02)	(−1.80)	(−0.55)	(1.19)	(−1.74)	(−0.02)
EScale	0.628	29.220*	2.300	−0.119	22.130	0.947
	(1.22)	(1.82)	(0.82)	(−0.08)	(1.34)	(1.49)
FinanConst	−14.856***	1 126.476*	−5.432	−19.256**	84.144	−11.124**
	(−2.58)	(1.79)	(−0.20)	(−2.11)	(1.31)	(−2.36)
InnoBase	−6.526	−1 394.633*	0.576	−13.047	222.299	−2.732
	(−0.58)	(−1.82)	(0.09)	(−0.56)	(1.21)	(−0.39)
TechRegime	−0.930	−333.306*	9.247	9.988	−256.259	−1.332
	(−0.22)	(−1.80)	(0.49)	(0.58)	(−1.16)	(−0.18)
ER_ Market		−277.987*				
		(−1.81)				
Subsidy			−1.531			
			(−0.18)			
FinanInterv				0.960		
				(0.58)		
GPublicity					2.705	
					(1.32)	
GPubServ						2.642

表6-14 欠发达地区方程 (1) 的系统 GMM 回归结果 (地方政府行为与路径 2)

VARIABLES	lnGProcessTech	lnGProcessTech	lnGProcessTech	lnGProcessTech	lnGProcessTech	lnGProcessTech
L. lnGProcessTech	1.084	-0.558	0.462	0.382	-8.944	-0.196
	(0.87)	(-0.74)	(0.31)	(0.54)	(-0.83)	(-0.38)
EconoIntervCap	-30.105	-18.145	-27.230	-7.068	153.789	6.606
	(-1.06)	(-0.48)	(-0.75)	(-0.39)	(0.79)	(0.32)
ER_Admin	-0.367					
	(-1.11)					
EconoDevLev	30.824	9.179	-19.592	-10.410	-154.271	-15.787
	(0.70)	(0.34)	(-1.01)	(-0.70)	(-0.83)	(-0.60)
Propor_of_Indu	0.076*	0.108	-0.076	0.119	0.597	0.202
	(1.71)	(0.52)	(-0.22)	(1.01)	(0.86)	(1.11)
Propor_of_SOE	-3.676	-1.160	1.799	1.401	2.472	1.316
	(-0.65)	(-0.43)	(0.41)	(0.23)	(0.51)	(0.38)
Openness	1.554	-2.193	-1.452	1.719	-13.266	3.242
	(0.25)	(-0.26)	(-0.18)	(0.82)	(-0.90)	(0.52)
HumanCapti	-41.549	111.728	-405.189	-21.021	2 092.349	101.624
	(-0.45)	(0.44)	(-0.57)	(-0.10)	(0.85)	(0.83)
REndow	-7.448	-3.294	12.477	4.089	66.207	6.305
	(-0.54)	(-0.62)	(0.82)	(0.50)	(0.87)	(0.76)

表6-14(续)

VARIABLES	lnGProcessTech	lnGProcessTech	lnGProcessTech	lnGProcessTech	lnGProcessTech	lnGProcessTech
EScale	0.291	-0.110	1.320	0.440	-4.756	-0.024
	(1.18)	(-0.15)	(0.63)	(0.83)	(-0.82)	(-0.09)
FinanConst	8.309	-1.235	-25.276	-2.927	-56.362	-3.436
	(0.59)	(-0.38)	(-1.00)	(-0.38)	(-0.85)	(-0.61)
InnoBase	6.564	-7.268	4.212	4.583	-104.182	4.202
	(0.55)	(-0.78)	(0.44)	(0.54)	(-0.85)	(0.37)
TechRegime	-14.339	-7.140*	7.178	-2.792	35.473	-3.360
	(-1.02)	(-1.74)	(0.51)	(-0.68)	(0.79)	(-0.66)
ER_Market		-2.205				
		(-0.82)				
Subsidy			-2.352			
			(-1.04)			
FinanInterv				0.743		
				(0.37)		
GPublicity					-2.489	
					(-0.89)	
GPubServ						0.333
						(0.11)

表 6-15 欠发达地区方程 (1) 的系统 GMM 回归结果 (地方政府行为与路径 3)

VARIABLES	lnGProductTech	lnGProductTech	lnGProductTech	lnGProductTech	lnGProductTech	lnGProductTech
L. lnGProductTech	1.176*	4.884	0.764	-2.002	0.476	0.387
	(1.76)	(0.87)	(1.19)	(-0.73)	(0.78)	(0.96)
EconoIntervCap	-5.800	155.005	12.431	-6.701	13.203	4.740
	(-1.22)	(.0.87)	(0.71)	(-0.68)	(0.99)	(1.45)
ER_ Admin	0.693					
	(1.41)					
EconoDevLev	-41.339	-191.979	-7.487	63.193	-21.083	-8.093
	(-1.32)	(-0.85)	(-0.60)	(0.85)	(-1.00)	(-0.87)
Propor_ of_ Indu	0.078	1.282	0.122	0.122	0.141**	-0.067
	(1.23)	(0.86)	(0.80)	(1.06)	(2.14)	(-0.75)
Propor_ of_ SOE	-2.470	40.034	3.214	5.151	1.849	4.298
	(-1.37)	(0.84)	(0.53)	(0.76)	(1.56)	(1.03)
Openmess	8.023	25.916	-0.009	-16.130	2.823	-4.262
	(1.49)	(0.87)	(-0.01)	(-0.84)	(0.84)	(-1.40)
HumanCapti	103.135	-674.541	94.677	50.501	122.668	-134.672
	(1.26)	(-0.75)	(1.18)	(1.12)	(0.68)	(-0.79)
REndow	5.141	109.032	-1.348	0.050	5.090	0.535
	(1.06)	(0.87)	(-0.26)	(0.01)	(0.83)	(0.17)

表6-15（续）

VARIABLES	lnGProductTech	lnGProductTech	lnGProductTech	lnGProductTech	lnGProductTech	lnGProductTech
EScale	0.028	2.207	0.213	0.007	0.132	0.939
	(0.12)	(0.88)	(0.76)	(0.02)	(0.74)	(1.30)
FinanConst	2.136	-44.131	6.460	-10.688	1.086	-7.778
	(1.07)	(-0.84)	(0.70)	(-0.82)	(0.69)	(-1.27)
InnoBase	8.917*	112.984	6.064	-20.123	8.117**	-0.421
	(1.67)	(0.86)	(0.90)	(-0.75)	(2.32)	(-0.09)
TechRegime	3.881	1.631	-4.164	-8.238	-0.979	4.011
	(0.82)	(0.41)	(-1.04)	(-1.12)	(-0.31)	(1.15)
ER_Market		15.569				
		(0.87)				
Subsidy			0.980			
			(0.59)			
FinanInterv				8.540		
				(0.85)		
GPublicity					0.213	
					(0.67)	
GPubServ						-0.812
						(-1.05)

表6-16　欠发达地区方程（1）的系统 GMM 回归结果（地方政府行为与路径4）

VARIABLES	lnGTrans	lnGTrans	lnGTrans	lnGTrans	lnGTrans	lnGTrans
L. lnGTrans	0. 278	−0. 482	−0. 006	7. 212	0. 646	−0. 405
	(1. 06)	(−0. 64)	(−0. 01)	(1. 29)	(1. 07)	(−0. 66)
EconoIntervCap	−8. 333	−128. 757	−16. 339	152. 384	−61. 576	−9. 678
	(−0. 63)	(−1. 21)	(−1. 14)	(0. 97)	(−0. 57)	(−0. 94)
ER_ Admin	−0. 391					
	(−1. 05)					
EconoDevLev	8. 362	11. 058	−6. 229	−300. 394	−8. 028	−36. 902
	(0. 36)	(0. 31)	(−0. 17)	(−1. 25)	(−0. 09)	(−1. 15)
Propor_ of_ Indu	−0. 049	0. 431	−0. 123	1. 594	−0. 218	0. 052
	(−0. 45)	(1. 38)	(−0. 73)	(0. 95)	(−0. 41)	(0. 53)
Propor_ of_ SOE	−4. 370	31. 769	−16. 751	147. 432	−5. 794	−20. 466
	(−1. 31)	(1. 20)	(−1. 52)	(1. 08)	(−0. 34)	(−1. 43)
Openness	−1. 004	−46. 869	6. 558	−41. 308	−1. 940	3. 932
	(−0. 37)	(−1. 24)	(1. 15)	(−1. 06)	(−0. 24)	(0. 99)
HumanCapti	63. 323 *	1 588. 823	−317. 826	−114. 573	−80. 485	7. 966
	(1. 75)	(1. 35)	(−0. 82)	(−0. 41)	(−0. 83)	(0. 09)
REndow	1. 215	−116. 905	28. 797	842. 024	−34. 634	−0. 330
	(0. 23)	(−1. 27)	(1. 31)	(1. 11)	(−0. 25)	(−0. 05)
EScale	0. 276	0. 079	−0. 399	−0. 081	0. 713 *	0. 330
	(1. 03)	(0. 24)	(−0. 73)	(−0. 05)	(1. 90)	(0. 95)
FinanConst	1. 962	−58. 152	−35. 924	−149. 136	−11. 405	2. 812
	(0. 26)	(−1. 19)	(−1. 33)	(−1. 12)	(−0. 41)	(0. 51)
InnoBase	−4. 624	−60. 909	7. 016	109. 795	−6. 930	2. 856
	(−0. 64)	(−1. 21)	(0. 67)	(1. 16)	(−0. 21)	(0. 38)
TechRegime	−4. 246	5. 673	10. 160	−59. 355	9. 702	1. 506
	(−1. 04)	(0. 69)	(1. 14)	(−1. 00)	(0. 50)	(0. 51)
ER_ Market		−17. 947				

表6-16（续）

VARIABLES	lnGTrans	lnGTrans	lnGTrans	lnGTrans	lnGTrans	lnGTrans
		（−1.27）				
Subsidy			−7.337			
			（−1.36）			
FinanInterv				−20.414		
				（−1.37）		
GPublicity					−0.400	
					（−0.45）	
GPubServ						4.937
						（1.35）

表6-17　欠发达地区方程（2）的系统 GMM
回归结果（六个地方政府行为交互项与路径选择）

VARIABLES	lnEndT	lnGProcessTech	lnGProductTech	lnTrans
L. lnEndT	0.182			
	（0.48）			
EconoIntervCap	−15.396	−6.446	−3.706	−3.543
	（−1.46）	（−0.88）	（−0.09）	（−0.59）
ER_ Admin	−0.114	−0.162	−0.035	−0.008
	（−0.31）	（−0.39）	（−0.01）	（−0.02）
ER_ Market	0.340	0.192	0.260	−0.026
	（0.25）	（0.41）	（0.07）	（−0.02）
Subsidy	1.739	−1.116	−0.241	−0.279
	（0.93）	（−0.92）	（−0.04）	（−0.54）
FinanInterv	0.158	−1.930	0.331	0.572
	（0.11）	（−0.71）	（0.17）	（0.40）
GPublicity	0.033	−0.078	−0.022	−0.001
	（0.09）	（−0.18）	（−0.02）	（−0.01）
GPubServ	−0.009	0.403	−0.191	−0.037

表6-17(续)

VARIABLES	lnEndT	lnGProcessTech	lnGProductTech	lnTrans
	(−0.01)	(0.56)	(−0.06)	(−0.05)
EconoDevLev	−0.434	−0.248	0.936	0.547
	(−0.07)	(−0.03)	(0.15)	(0.15)
Propor_ of_ Indu	0	0	0	0.002
	(−0.04)	(−0.02)	(0.04)	(0.98)
Propor_ of_ SOE	0.826	−5.929	−0.093	−2.415
	(0.25)	(−0.71)	(−0.01)	(−0.21)
Openness	−0.181	1.908	−0.188	0.301
	(−0.04)	(0.45)	(−0.03)	(0.29)
HumanCapti	0.653	13.742	−5.765	1.002
	(0.01)	(0.17)	(−0.01)	(0.02)
REndow	1.767	−0.899	0.904	0.353
	(0.38)	(−0.53)	(0.19)	(0.13)
EScale	0.662	−0.361	0.308	0.203
	(1.18)	(−0.51)	(0.10)	(0.62)
FinanConst	−4.086	−3.589	−2.321	−2.604
	(−0.63)	(−0.57)	(−0.03)	(−0.90)
InnoBase	0.105	0.403	0.005	0.054
	(0.19)	(0.79)	(0.01)	(0.13)
TechRegime	−0.627	3.118	−1.800	−0.761
	(−0.14)	(0.69)	(−0.24)	(−0.25)
L. lnGProcessTech		−0.749		
		(−0.75)		
L. lnGProductTech			0.353	
			(0.54)	
L. lnGTrans				0.517
				(0.75)

三、调节效应模型回归

表 6-18 至表 6-22 依次呈现了欠发达地区地方政府经济干预能力对单个地方政府行为及六个地方政府行为交互项与区域工业绿色转型发展路径选择的调节效应回归结果。

（一）对单个地方政府行为与路径选择的调节效应（方程 3 回归）

从表 6-18 至表 6-21 呈现的结果来看：

对于路径 1，欠发达地区地方政府的经济干预能力会显著正向调节市场型环境规制行为对区域工业企业选择路径 1 的影响。具体地，欠发达地区地方政府的经济干预能力每增强 1 个单位，地方政府市场型环境规制行为对区域工业企业选择路径 1 的作用会显著增强 0.352 个单位。

对于路径 2，欠发达地区地方政府的经济干预能力会显著正向调节行政性环境规制、市场型环境规制、金融信贷干预、绿色宣传教育四个地方政府行为对区域工业企业选择路径 2 的影响。具体地，欠发达地区地方政府的经济干预能力每增强 1 个单位，行政性环境规制、市场型环境规制、金融信贷干预、绿色宣传教育四个地方政府行为对区域工业企业选择路径 2 的作用会分别显著增强 0.810、0.542、1.143、0.413 个单位。

对于路径 3，欠发达地区地方政府的经济干预能力会显著正向调节行政性环境规制、市场型环境规制、绿色宣传教育三个地方政府行为对区域工业企业选择路径 3 的影响。具体地，欠发达地区地方政府的经济干预能力每增强 1 个单位，行政性环境规制、市场型环境规制、绿色宣传教育三个地方政府行为对区域工业企业选择路径 3 的作用会分别显著增强 1.213、0.824、0.301 个单位。

对于路径 4，欠发达地区地方政府的经济干预能力会显著正向调节行政性环境规制、市场型环境规制、金融信贷干预、绿色宣传教育四个地方政府行为对区域工业企业选择路径 4 的影响，显著负向调节地方政府绿色公共服务行为对区域工业企业选择路径 4 的影响。具体地，欠发达地区地方政府的经济干预能力每增强 1 个单位，行政性环境规制、市场型环境规制、金融信贷干预、绿色宣传教育四个地方政府行为对区域工业企业选择路径 4 的作用会分别显著增强 1.684、1.161、1.293、0.422 个单位，绿色公共服务行为对区域工业企业选择路径 4 的作用会显著减弱 0.916 个单位。

需要注意的是，在欠发达地区地方政府的经济干预能力呈显著调节作用的地方政府行为中，除了绿色公共服务行为对应的回归系数为负数外，其他均为正数，甚至有些回归系数还超过了1。进一步地，即使是调节作用不显著的地方政府行为，它们对应的回归系数也基本都是正数。此外，欠发达地区地方政府的经济干预能力对地方政府财政支持行为与四条路径选择的调节作用均不显著，但是对地方政府财政支持行为与路径1、路径2和路径3的调节作用回归系数均为正数，对地方政府财政支持行为与路径4的调节作用系数为负数。

以上结果表明，欠发达地区地方政府的经济干预能力增强，地方政府的行政性环境规制、市场型环境规制、金融信贷干预、绿色宣传教育四个行为对区域工业企业选择四条路径的作用都会相应地正向增强，只是增强的系数有大有小；欠发达地区地方政府的经济干预能力增强，地方政府绿色公共服务行为对区域工业企业选择路径4的作用会显著减弱。欠发达地区地方政府的经济干预能力对地方政府财政支持行为与路径选择的调节效应全面不显著。命题14大部分成立。可能的原因是：欠发达地区地方政府的经济干预能力、财政能力普遍较弱，区域开展绿色转型发展的工业企业以大中型企业为主，惯性较强，尤其不愿意转向，地方政府有限的财政支持对于这些企业的绿色转型发展决策很难造成影响。

表 6-18　欠发达地区地方政府经济干预能力
对单个地方政府行为与路径 1 的调节效应（方程 3）

VARIABLES	lnEndT	lnEndT	lnEndT	lnEndT	lnEndT	lnEndT
ER_ Admin	0.043					
	(0.87)					
EconoIntervCap0_ 1	-0.352^*	-0.374^*	-0.273	0.503	-0.310	-0.164
	(-1.73)	(-1.71)	(-1.45)	(0.96)	(-1.62)	(-0.81)
ER _ Admin _ EconoIntervCap0_ 1	0.495					
	(1.55)					
EconoDevLev	0.671	0.332	0.997	0.939	0.980	-0.282
	(1.05)	(0.55)	(1.56)	(1.48)	(1.55)	(-0.44)
Propor_ of_ Indu	0.053^{***}	0.024^{**}	0.053^{***}	0.050^{***}	0.054^{***}	0.057^{***}
	(5.68)	(2.49)	(5.68)	(5.37)	(5.83)	(6.32)
Propor_ of_ SOE	0.083	0.329	0.080	0.144	0.073	0.599
	(0.18)	(0.82)	(0.18)	(0.33)	(0.17)	(1.34)
Openness	0.108	-0.286	0.102	0.054	0.151	-0.278
	(0.33)	(-0.93)	(0.31)	(0.16)	(0.45)	(-0.88)
HumanCapti	20.270^{**}	19.120^{***}	26.505^{***}	23.268^{***}	24.777^{***}	14.022^*
	(2.43)	(2.67)	(3.30)	(2.83)	(3.14)	(1.83)

表6-18(续)

VARIABLES	lnEndT	lnEndT	lnEndT	lnEndT	lnEndT	lnEndT
REndow	1. 093 ***	0. 914 ***	1. 287 ***	1. 256 ***	1. 249 ***	0. 659 **
	(3. 78)	(3. 54)	(4. 78)	(4. 75)	(4. 54)	(2. 34)
EScale	0. 176 ***	0. 146 ***	0. 174 ***	0. 194 ***	0. 169 ***	0. 274 ***
	(2. 83)	(2. 58)	(2. 74)	(2. 78)	(2. 71)	(4. 43)
FinanConst	−4. 983 ***	−3. 905 ***	−4. 874 ***	−5. 840 ***	−5. 066 ***	−5. 552 ***
	(−4. 79)	(−4. 05)	(−4. 67)	(−4. 95)	(−4. 87)	(−5. 71)
InnoBase	−0. 297	−0. 235	−0. 346	−0. 487	−0. 204	0. 600
	(−0. 64)	(−0. 55)	(−0. 73)	(−1. 01)	(−0. 43)	(1. 19)
TechRegime	−0. 773 ***	−0. 230	−0. 854 ***	−0. 901 ***	−0. 824 ***	−0. 405
	(−2. 80)	(−0. 83)	(−3. 06)	(−3. 31)	(−2. 97)	(−1. 50)
ER_ Market		0. 408 ***				
		(4. 20)				
ER_ Market_ EconoIntervCap0_ 1		0. 352 **				
		(2. 02)				
Subsidy			−0. 382			
			(−0. 57)			
Subsidy_ EconoIntervCap0_ 1			0. 470			
			(0. 69)			
FinanInterv				0. 092		
				(0. 18)		
FinanInterv_ EconoIntervCap0_ 1				−0. 631		
				(−1. 28)		
GPublicity					−0. 085	
					(−1. 48)	
GPublicity_ EconoIntervCap0_ 1					0. 135	
					(0. 94)	
GPubServ						−0. 377
						(−1. 47)
GPubServ_ EconoIntervCap0_ 1						−0. 019
						(−0. 07)

表6-19 欠发达地区地方政府经济干预力对单个地方政府行为与路径2的调节效应（方程3）

VARIABLES	lnGProcessTech	lnGProcessTech	lnGProcessTech	lnGProcessTech	lnGProcessTech	lnGProcessTech
ER_Admin	0.059					
	(1.14)					
EconoIntervCap0_1	-0.941***	-1.123***	-0.765***	-1.843***	-0.984***	-0.658***
	(-4.42)	(-4.51)	(-3.81)	(-3.30)	(-4.93)	(-2.93)
ER_Admin_EconoIntervCap0_1	0.810**					
	(2.42)					
EconoDevLev	-0.178	-0.456	0.259	-0.039	0.165	-0.706
	(-0.27)	(-0.67)	(0.38)	(-0.06)	(0.25)	(-0.99)
Propor_of_Indu	0.060***	0.046***	0.061***	0.061***	0.062***	0.064***
	(6.16)	(4.13)	(6.11)	(6.21)	(6.43)	(6.44)
Propor_of_SOE	0.452	0.460	0.415	0.318	0.478	0.807
	(0.97)	(1.00)	(0.88)	(0.68)	(1.04)	(1.63)
Openness	0.377	0.181	0.388	0.411	0.577	0.097
	(1.10)	(0.52)	(1.10)	(1.18)	(1.64)	(0.27)
HumanCapti	12.927	17.788**	21.043**	17.512**	18.501**	12.451
	(1.48)	(2.18)	(2.47)	(2.00)	(2.24)	(1.47)

表6-19（续）

VARIABLES	lnGProcessTech	lnGProcessTech	lnGProcessTech	lnGProcessTech	lnGProcessTech	lnGProcessTech
REndow	0.963***	0.922***	1.279***	1.270***	1.091***	0.797**
	(3.18)	(3.14)	(4.47)	(4.51)	(3.80)	(2.56)
EScale	-0.177***	-0.193***	-0.191***	-0.138*	-0.183***	-0.109
	(-2.71)	(-2.98)	(-2.83)	(-1.84)	(-2.81)	(-1.58)
FinanConst	-1.579	-1.376	-1.594	-2.113*	-1.373	-2.042*
	(-1.45)	(-1.25)	(-1.44)	(-1.68)	(-1.26)	(-1.90)
InnoBase	0.421	0.489	0.348	0.633	0.417	1.040*
	(0.86)	(1.01)	(0.70)	(1.23)	(0.84)	(1.87)
TechRegime	-1.718***	-1.337***	-1.812***	-1.833***	-1.907***	-1.501***
	(-5.95)	(-4.21)	(-6.11)	(-6.32)	(-6.58)	(-5.02)
ER_Market		0.086				
		(0.78)				
ER_Market_EconoIntervCap0_1		0.542***				
		(2.72)				
Subsidy			-0.509			
			(-0.72)			

表6-19(续)

VARIABLES	lnGProcessTech	lnGProcessTech	lnGProcessTech	lnGProcessTech	lnGProcessTech	lnGProcessTech
Subsidy_ EconoIntervCap0_ 1		0.487				
		(0.67)				
FinanInterv			-1.080^{**}			
			(-1.97)			
FinanInterv_ EconoIntervCap0_ 1			1.143^{**}			
			(2.17)			
GPublicity					-0.055	
					(-0.92)	
GPublicity_ EconoIntervCap0_ 1					0.413^{***}	
					(2.75)	
GPubServ						-0.276
						(-0.97)
GPubServ_ EconoIntervCap0_ 1						-0.025
						(-0.09)

表 6-20　欠发达地区地方政府经济干预能力对单个地方政府行为与路径 3 的调节效应（方程 3）

VARIABLES	lnGProductTech	lnGProductTech	lnGProductTech	lnGProductTech	lnGProductTech	lnGProductTech
ER_Admin	0.060					
	(1.25)					
EconoIntervCap0_1	−1.004***	−1.242***	−0.686***	−0.620	−0.834***	−0.393*
	(−5.17)	(−5.81)	(−3.61)	(−1.15)	(−4.37)	(−1.84)
ER_Admin_EconoIntervCap0_1	1.213***					
	(3.97)					
EconoDevLev	0.254	−0.263	0.870	0.756	0.798	−0.099
	(0.42)	(−0.45)	(1.35)	(1.16)	(1.26)	(−0.15)
Propor_of_Indu	0.010	−0.015	0.013	0.012	0.013	0.019**
	(1.12)	(−1.60)	(1.33)	(1.27)	(1.45)	(1.98)
Propor_of_SOE	−0.426	−0.398	−0.514	−0.525	−0.488	−0.412
	(−1.00)	(−1.01)	(−1.15)	(−1.17)	(−1.11)	(−0.88)
Openness	−0.277	−0.632**	−0.259	−0.253	−0.127	−0.500
	(−0.88)	(−2.11)	(−0.78)	(−0.75)	(−0.38)	(−1.50)
HumanCapti	0.396	5.374	12.668	10.494	9.637	4.940
	(0.05)	(0.77)	(1.57)	(1.25)	(1.22)	(0.61)

表6-20（续）

VARIABLES	lnGProductTech	lnGProductTech	lnGProductTech	lnGProductTech	lnGProductTech	lnGProductTech
REndow	0.400	0.291	0.855***	0.844***	0.736***	0.524*
	(1.45)	(1.15)	(3.16)	(3.11)	(2.68)	(1.77)
EScale	0.212***	0.183***	0.199***	0.208***	0.197***	0.263***
	(3.55)	(3.29)	(3.12)	(2.90)	(3.16)	(4.05)
FinanConst	0.338	0.761	0.336	-0.076	0.286	-0.336
	(0.34)	(0.81)	(0.32)	(-0.06)	(0.28)	(-0.33)
InnoBase	1.716***	1.820***	1.568***	1.573***	1.703***	1.911***
	(3.85)	(4.38)	(3.31)	(3.19)	(3.57)	(3.62)
TechRegime	-1.077***	-0.423	-1.258***	-1.259***	-1.271***	-0.977***
	(-4.09)	(-1.55)	(-4.48)	(-4.51)	(-4.59)	(-3.44)
ER_ Market		0.209**				
		(2.20)				
ER_ Market_ EconoIntervCap0_ 1		0.824***				
		(4.82)				
Subsidy			-0.373			
			(-0.56)			

表6-20（续）

VARIABLES	lnGProductTech	lnGProductTech	lnGProductTech	lnGProductTech	lnGProductTech	lnGProductTech	lnGProductTech
Subsidy_EconoIntervCap0_1				0.479			
				(0.70)			
FinanInterv					-0.147		
					(-0.28)		
FinanInterv_EconoIntervCap0_1					0.020		
					(0.04)		
GPublicity						-0.081	
						(-1.40)	
GPublicity_EconoIntervCap0_1						0.301**	
						(2.11)	
GPubServ							0.127
							(0.47)
GPubServ_EconoIntervCap0_1							-0.395
							(-1.45)

表 6-21 欠发达地区地方政府经济干预能力
对单个地方政府行为与路径 4 的调节效应（方程 3）

VARIABLES	lnGTrans	lnGTrans	lnGTrans	lnGTrans	lnGTrans	lnGTrans
ER_ Admin	0. 171 **					
	(2. 50)					
EconoIntervCap0_ 1	−1. 357 ***	−1. 905 ***	−0. 710 **	−2. 245 ***	−1. 177 ***	−0. 403
	(−4. 83)	(−5. 64)	(−2. 56)	(−2. 89)	(−4. 19)	(−1. 26)
ER_ Admin_ EconoIntervCap0_ 1	1. 684 ***					
	(3. 81)					
EconoDevLev	−1. 765 **	−2. 145 **	−0. 979	−1. 042	−0. 908	−1. 401
	(−1. 99)	(−2. 31)	(−1. 04)	(−1. 11)	(−0. 98)	(−1. 39)
Propor_ of_ Indu	−0. 047 ***	−0. 059 ***	−0. 042 ***	−0. 041 ***	−0. 044 ***	−0. 035 **
	(−3. 70)	(−3. 92)	(−3. 06)	(−2. 99)	(−3. 24)	(−2. 46)
Propor_ of_ SOE	−1. 524 **	−1. 669 ***	−1. 584 **	−1. 683 ***	−1. 485 **	−1. 975 ***
	(−2. 47)	(−2. 68)	(−2. 43)	(−2. 59)	(−2. 29)	(−2. 81)
Openness	0. 293	0. 129	0. 378	0. 404	0. 518	0. 240
	(0. 65)	(0. 27)	(0. 77)	(0. 83)	(1. 05)	(0. 48)
HumanCapti	−18. 742	−2. 521	1. 313	0. 282	−2. 069	0. 016
	(−1. 63)	(−0. 23)	(0. 11)	(0. 02)	(−0. 18)	(0. 00)
REndow	−1. 279 ***	−1. 236 ***	−0. 659 *	−0. 612	−0. 814 **	−0. 596
	(−3. 21)	(−3. 10)	(−1. 67)	(−1. 56)	(−2. 02)	(−1. 35)
EScale	0. 165 *	0. 152 *	0. 147	0. 155	0. 147	0. 170 *
	(1. 92)	(1. 74)	(1. 58)	(1. 50)	(1. 60)	(1. 75)
FinanConst	1. 858	1. 534	1. 966	2. 356	2. 199	1. 407
	(1. 29)	(1. 03)	(1. 28)	(1. 35)	(1. 44)	(0. 92)
InnoBase	4. 258 ***	4. 404 ***	3. 971 ***	4. 367 ***	4. 157 ***	3. 637 ***
	(6. 61)	(6. 71)	(5. 73)	(6. 12)	(5. 92)	(4. 61)
TechRegime	−1. 793 ***	−1. 269 ***	−2. 102 ***	−2. 001 ***	−2. 119 ***	−1. 986 ***
	(−4. 71)	(−2. 95)	(−5. 12)	(−4. 96)	(−5. 20)	(−4. 68)

表6-21(续)

VARIABLES	lnGTrans	lnGTrans	lnGTrans	lnGTrans	lnGTrans	lnGTrans
ER_ Market		−0.163				
		(−1.09)				
ER_ Market_ EconoIntervCap0_ 1		1.161***				
		(4.30)				
Subsidy			1.301			
			(1.33)			
Subsidy_ EconoIntervCap0_ 1			−1.270			
			(−1.27)			
FinanInterv				−0.804		
				(−1.05)		
FinanInterv_ EconoIntervCap0_ 1				1.293*		
				(1.76)		
GPublicity					−0.060	
					(−0.71)	
GPublicity_ EconoIntervCap0_ 1					0.422**	
					(2.00)	
GPubServ						0.797**
						(1.98)
GPubServ_ EconoIntervCap0_ 1						−0.916**
						(−2.25)

（二）对六个地方政府行为交互项与路径选择的调节效应（方程4回归）

表6-22呈现了欠发达地区地方政府经济干预能力对地方政府行政性环境规制等六个地方政府行为交互项与区域工业企业路径选择的调整作用情况。

结果表明：

对于路径1，欠发达地区地方政府的经济干预能力显著正向调节地方政府市场型环境规制行为对区域工业企业选择路径1的影响、显著负向调节地方政府金融信贷干预行为对区域工业企业选择路径1的影响。具体地，欠发达地区地方政府的经济干预能力每增强1个单位，地方政府市场性环境规制行为对区域工业企业选择路径1的作用会显著增强0.393个单位，地方政府金融信贷干预行为对区域工业企业选择路径1的作用会显著减弱0.423个单位。

对于路径2，欠发达地区地方政府的经济干预能力显著正向调节欠发达地区地方政府行政性环境规制行为、市场型环境规制行为、绿色宣传教育行为及绿色公共服务行为对区域工业企业选择路径2的影响。具体地，欠发达地区地方政府的经济干预能力每增强1个单位，地方政府行政性环境规制行为、市场型环境规制行为、绿色宣传教育行为及绿色公共服务行为对区域工业企业选择路径2的作用分别会显著增强0.513、0.637、0.178、0.266个单位。

对于路径3，欠发达地区地方政府的经济干预能力显著正向调节欠发达地区地方政府市场型环境规制行为对区域工业企业选择路径3的影响，显著负向调节欠发达地区金融信贷干预行为对区域工业企业选择路径3的影响。具体地，欠发达地区地方政府的经济干预能力每增强1个单位，地方政府市场型环境规制行为对区域工业企业选择路径3的作用会显著增强0.463个单位，地方政府金融信贷干预行为对区域工业企业选择路径3的作用会显著减弱0.742个单位。

对于路径4，欠发达地区地方政府的经济干预能力显著正向调节欠发达地区地方政府行政性环境规制行为、市场型环境规制行为对区域工业企业选择路径4的作用，显著负向影响地方政府金融信贷干预行为对区域工业企业选择路径4的作用。具体地，欠发达地区地方政府的经济干预能力每增强1个单位，地方政府行政性环境规制行为、市场型环境规制行为对区域工业企业选择路径4的作用分别会显著增强0.567、0.742个单位，地方政府金融信贷干预行为对区域工业企业选择路径4的作用会显著减弱0.514个单位。

对比表6-18至表6-21呈现的结果发现：六个地方政府行为交互作用于区域工业企业路径选择时，欠发达地区地方政府的经济干预能力对地方政府行为与区域工业绿色转型发展路径选择的调节作用大致相同，对应的回归系数不同程度变大；但是，也有一些原本在单个地方政府行为作用于区域工业企业路径选择时不显著的调节作用变得显著，一些显著的调节作用变得不显著。具体如下：

对于路径1，欠发达地区地方政府的经济干预能力对地方政府市场型环境规制行为与区域工业企业选择路径1的显著正向调节作用仍在，回归系数从

0.352 增加到 0.393，多了对地方政府金融信贷干预行为与区域工业企业选择路径 1 的显著负向调节作用。

对于路径 2，欠发达地区地方政府的经济干预能力对地方政府行政性环境规制行为、市场型环境规制行为、绿色宣传教育行为与区域工业企业选择路径 2 的显著正向调节作用仍然存在，对金融信贷干预行为与路径 2 的显著正向调节作用被对绿色公共服务行为与路径 2 的显著正向调节作用替代。

对于路径 3，欠发达地区地方政府的经济干预能力对地方政府市场型环境规制行为与区域工业企业选择路径 3 的显著正向调节作用仍在，对行政性环境规制、绿色宣传教育两个地方政府行为与路径 3 的显著正向调节作用被金融信贷干预行为与路径 3 的显著负向调节作用取代。

对于路径 4，欠发达地区地方政府的经济干预能力对行政性环境规制、市场型环境规制两个地方政府行为与区域工业企业选择路径 4 的显著正向调节作用仍然保留了，欠发达地区地方政府的经济干预能力对金融信贷干预、绿色宣传教育两个地方政府行为与区域工业企业选择路径 4 的显著正向调节作用不再显著，对地方政府绿色公共服务行为与区域工业企业选择路径 4 的显著负向调节作用被对地方政府金融信贷干预行为与区域工业企业选择路径 4 的显著负向调节作用所取代。

以上结果说明，对于欠发达地区地方政府，地方政府的经济干预能力对地方政府行为作用于区域工业企业绿色转型发展路径选择确实有调节作用，只是，地方政府的经济干预能力不同，发挥的调节作用不同。整体上，欠发达地区地方政府的经济干预能力越强，对地方政府行政性环境规制、市场型环境规制、绿色宣传教育等行为与区域工业企业对四条路径的选择关系是显著正向调节的，对地方政府的金融信贷干预行为与区域工业企业选择路径 3 和路径 4 的关系是显著负向调节的。此外，欠发达地区地方政府的经济干预能力似乎对地方政府财政支持行为与区域工业企业路径选择的关系不存在显著调节效应。这其中可能的原因是：欠发达地区地方政府的经济干预能力越强，相应地，其财政自主能力也就越强，但其绝对的财政实力相较于发达地区地方政府又是有限的；而行政性环境规制、市场型环境规制、绿色宣传教育、绿色公共服务平台建设等地方政府行为，尤其是两类环境规制行为，对财政支出的要求比较灵活，而对区域工业企业的财政支持行为更为具体化，常常是欠发达地区地方政府有限的财政实力无法给予充分支持进而产生显著性影响的。

表 6-22 欠发达地区地方政府经济干预能力对六个
地方政府行为交互项与四条路径的调节效应（方程 4）

VARIABLES	lnEndT	lnGProcessTech	lnGProductTech	lnGTrans
ER_ Admin	0.025	0.046	0.029	0.122*
	(0.53)	(0.90)	(0.64)	(1.76)
ER_ Market	0.331***	−0.018	0.189*	−0.065
	(2.89)	(−0.15)	(1.74)	(−0.39)
Subsidy	0.462	−0.308	0.137	1.282
	(0.72)	(−0.44)	(0.23)	(1.37)
FinanInterv	0.590	−0.412	0.497	−0.247
	(1.12)	(−0.72)	(1.00)	(−0.32)
GPublicity	−0.037	−0.033	−0.025	−0.041
	(−0.69)	(−0.57)	(−0.48)	(−0.53)
GPubServ	−0.328	−0.338	−0.005	0.488
	(−1.10)	(−1.05)	(−0.02)	(1.13)
ER_ Admin_ EconoIntervCap0_ 1	0.211	0.301	0.732***	1.121***
	(0.71)	(0.93)	(2.61)	(2.59)
ER_ Market_ EconoIntervCap0_ 1	0.318	0.614***	0.828***	1.026***
	(1.60)	(2.84)	(4.39)	(3.53)
Subsidy_ EconoIntervCap0_ 1	−0.374	0.270	−0.010	−1.263
	(−0.57)	(0.38)	(−0.02)	(−1.32)
FinanInterv_ EconoIntervCap0_ 1	−0.527	1.136**	−0.065	1.263*
	(−1.03)	(2.04)	(−0.13)	(1.69)
GPublicity_ EconoIntervCap0_ 1	0.203	0.374**	0.350***	0.394**
	(1.49)	(2.53)	(2.72)	(1.99)
GPubServ_ EconoIntervCap0_ 1	0.045	−0.026	−0.170	−0.668
	(0.15)	(−0.08)	(−0.60)	(−1.53)
EconoIntervCap0_ 1	−0.002	−2.780***	−1.627***	−3.223***

表6-22(续)

VARIABLES	lnEndT	lnGProcessTech	lnGProductTech	lnGTrans
	(−0.00)	(−4.94)	(−3.32)	(−4.26)
EconoDevLev	−0.455	−1.933***	−1.047*	−3.552***
	(−0.70)	(−2.73)	(−1.70)	(−3.73)
Propor_ of_ Indu	0.032***	0.057***	−0.009	−0.046***
	(3.12)	(5.13)	(−0.97)	(−3.11)
Propor_ of_ SOE	0.764*	0.809*	−0.152	−1.878***
	(1.76)	(1.71)	(−0.37)	(−2.96)
Openness	−0.417	0.115	−0.612**	0.235
	(−1.35)	(0.34)	(−2.10)	(0.52)
HumanCapti	11.147	3.004	−2.626	−17.805
	(1.40)	(0.35)	(−0.35)	(−1.53)
REndow	0.333	0.105	−0.352	−1.901***
	(1.10)	(0.32)	(−1.23)	(−4.29)
EScale	0.205***	−0.103	0.205***	0.174*
	(3.10)	(−1.44)	(3.29)	(1.80)
FinanConst	−3.929***	−1.048	1.850*	2.939*
	(−3.46)	(−0.85)	(1.73)	(1.78)
InnoBase	0.388	1.755***	2.185***	4.693***
	(0.74)	(3.09)	(4.43)	(6.15)
TechRegime	−0.025	−0.896***	−0.218	−0.996**
	(−0.08)	(−2.78)	(−0.78)	(−2.30)

（三）对比分析：基于欠发达地区、发达地区和全样本三个样本

表6-23汇总了方程（3）和方程（4）分别采用欠发达地区、发达地区及全样本三个样本的回归结果。

和欠发达地区样本运行方程（3）、方程（4）的回归结果一致，发达地区样本及全样本运行方程（3）、方程（4）的回归结果也都呈现出了一定的差异性，尤其是发达地区样本的回归结果。这样的结果表明了两点：一是无论哪个样本，地方政府的经济干预能力都会对一个或多个地方政府行为与区域工业企业路径选择有显著的调节效应，也即地方政府的经济干预能力对地方政府行为与区域工业企业路径选择的调节效应是普遍存在的，不容忽视；二是样本不

同、情境不同（单个地方政府行为作用或六个地方政府行为交互作用），地方政府经济干预能力的调节效应会有差异。

考虑多个地方政府行为交互作用于区域工业企业绿色转型发展路径选择的情境更为贴近实际，欠发达地区和发达地区两个样本的结果对政府政策改进更有借鉴意义，接下来的分析主要基于欠发达地区和发达地区两个样本运行方程（4）的回归结果。

对于路径1，欠发达地区地方政府的经济干预能力对六个地方政府行为与区域工业企业选择路径1的调节效应均不显著，发达地区地方政府的经济干预能力显著正向调节市场型环境规制、财政支持、绿色公共服务三个地方政府行为对区域工业企业选择路径1的作用。

对于路径2，欠发达地区地方政府的经济干预能力显著正向调节市场型环境规制、金融信贷干预、绿色宣传教育三个地方政府行为对区域工业企业选择路径2的作用，发达地区地方政府的经济干预能力则表现为显著负向调节地方政府金融信贷干预行为对区域工业企业选择路径2的作用。

对于路径3，欠发达地区地方政府的经济干预能力显著正向调节行政性环境规制、绿色宣传教育两个地方政府行为对区域工业企业选择路径3的作用，而发达地区地方政府的经济干预能力对六个地方政府行为与区域工业企业选择路径3的调节效应均不显著。

对于路径4，欠发达地区地方政府的经济干预能力显著正向调节行政性环境规制、市场型环境规制、金融信贷干预、绿色宣传教育四个地方政府行为对区域工业企业选择路径4的作用，发达地区地方政府的经济干预能力显著正向调节行政性环境规制、市场型环境规制两个地方政府行为对区域工业企业选择路径4的作用，显著负向调节地方政府金融信贷干预行为对区域工业企业选择路径4的作用。

表 6-23　地方政府经济干预能力对地方政府行为与路径选择的调节效应（方程 3 和方程 4）：三个样本

路径	样本	方程	ER_Admin_EconoIntervCap0_1	ER_Market_EconoIntervCap0_1	Subsidy_EconoIntervCap0_1	FinanInterv_EconoIntervCap0_1	GPublicity_EconoIntervCap0_1	GPubServ_EconoIntervCap0_1
1	欠发达地区	(3)	0.495 (1.55)	0.352** (2.02)	0.470 (0.69)	-0.631 (-1.28)	0.135 (0.94)	-0.377 (-1.47)
		(4)	0.211 (0.71)	0.318 (1.60)	-0.374 (-0.57)	-0.527 (-1.03)	0.203 (1.49)	0.045 (0.15)
	发达地区	(3)	0.170 (0.14)	-0.739 (-1.09)	0.965 (1.13)	0.312 (0.45)	-0.011 (-0.08)	0.379 (1.38)
		(4)	-2.406 (-1.09)	2.874** (2.13)	2.583* (1.70)	0.653 (0.68)	0.095 (0.44)	0.808* (1.87)
	全样本	(3)	0.187 (0.69)	0.374** (2.25)	-0.359 (-1.07)	-0.292 (-1.19)	-0.081 (-1.43)	0.026 (0.22)
		(4)	0.348 (1.30)	0.393** (2.26)	-0.487 (-1.44)	-0.423* (-1.67)	.087 (0.960)	0.189 (1.54)

表6-23（续）

路径	样本	方程	ER_Admin_EconoIntervCap0_1	ER_Market_EconoIntervCap0_1	Subsidy_EconoIntervCap0_1	FinanInterv_EconoIntervCap0_1	GPublicity_EconoIntervCap0_1	GPubServ_EconoIntervCap0_1
2	欠发达地区	(3)	0.810** (2.42)	0.542*** (2.72)	0.487 (0.67)	1.143** (2.17)	0.413*** (2.75)	-0.025 (-0.09)
		(4)	0.301 (0.93)	0.614*** (2.84)	0.270 (0.38)	1.136** (2.04)	0.374** (2.53)	-0.026 (-0.08)
	发达地区	(3)	-0.067 (-0.08)	-0.560 (-1.12)	0.782 (1.35)	-0.097 (-0.20)	0.159* (1.79)	0.272 (1.52)
		(4)	0.414 (0.27)	-1.226 (-1.29)	-0.346 (-0.32)	-1.150* (-1.70)	0.042 (0.28)	-0.128 (-0.42)
	全样本	(3)	0.411* (1.92)	0.448*** (3.19)	0.318 (1.20)	0.727*** (3.61)	0.152* (2.18)	0.286*** (2.96)
		(4)	0.513** (2.40)	0.637*** (4.50)	0.240 (0.89)	0.228 (1.10)	0.178** (2.47)	0.266*** (2.63)

表6-23（续）

路径	样本	方程	ER_Admin_EconoIntervCap0_1	ER_Market_EconoIntervCap0_1	Subsidy_EconoIntervCap0_1	FinanInterv_EconoIntervCap0_1	GPublicity_EconoIntervCap0_1	GPubServ_EconoIntervCap0_1
3	欠发达地区	(3)	1.213*** (3.97)	0.824*** (4.82)	0.479 (0.70)	0.020 (0.04)	0.301** (2.11)	-0.395 (-1.45)
		(4)	0.732*** (2.61)	0.828 (4.39)	-0.010 (-0.02)	-0.065 (-0.13)	0.350*** (2.72)	-0.170 (-0.60)
	发达地区	(3)	0.203 (0.25)	0.530 (1.09)	0.236 (0.40)	0.078 (0.18)	-0.114 (-1.30)	-0.058 (-0.30)
		(4)	-0.211 (-0.11)	-0.519 (-0.45)	0.385 (0.30)	-0.250 (-0.31)	-0.105 (-0.58)	0.178 (0.49)
	全样本	(3)	0.162 (0.82)	0.542*** (4.12)	0.026 (0.11)	-0.595*** (-3.49)	0.002 (0.03)	-0.059 (-0.67)
		(4)	0.203 (1.11)	0.463*** (3.78)	0.333 (1.46)	-0.742*** (-4.10)	0.072 (1.17)	-0.036 (0.41)

表6-23（续）

路径	样本	方程	ER_Admin_EconoIntervCap0_1	ER_Market_EconoIntervCap0_1	Subsidy_EconoIntervCap0_1	FinanInterv_EconoIntervCap0_1	GPublicity_EconoIntervCap0_1	GPubServ_EconoIntervCap0_1
4	欠发达地区	(3)	1.684*** (3.81)	1.161*** (4.30)	-1.270 (-1.27)	1.293* (1.76)	0.422** (2.00)	-0.916** (-2.25)
		(4)	1.121*** (2.5)	1.026*** (3.53)	-1.263 (-1.32)	1.263* (1.69)	0.394** (1.99)	-0.668 (-1.53)
	发达地区	(3)	2.126** (1.98)	1.780*** (2.84)	0.324 (0.30)	0.468 (0.88)	-0.219* (-1.93)	-0.092 (-0.36)
		(4)	0.841 (0.32)	1.615 (0.99)	2.003 (1.10)	1.175 (1.01)	-0.119 (-0.46)	0.881* (1.70)
	全样本	(3)	0.744*** (2.67)	0.764*** (4.16)	-0.167 (-0.47)	-0.336 (-1.38)	0.088 (0.95)	0.047 (0.37)
		(4)	0.567** (2.29)	0.742*** (4.43)	0.244 (0.79)	-0.514** (-2.06)	0.103 (1.24)	0.019 (0.16)

（四）控制变量的作用情况

综合表6-18至表6-22中控制变量与四条路径选择的回归结果以及二维码中相应发达地区样本的回归结果，以对六个地方政府行为交互项与路径选择的调节效应结果（见表6-22）为主，分地区整理控制变量的作用情况如下：

对于欠发达地区，区域经济发展水平与区域工业企业选择四条路径都是负相关的，尤其与路径2、路径3、路径4显著负相关；区域工业经济占比以及区域工业经济中的国有成分与区域工业企业选择路径1和路径2显著正相关，与区域工业企业选择路径4显著负相关；区域对外开放水平与区域工业企业选择路径3显著负相关；区域自然资源丰裕度与区域工业企业选择路径4显著负相关；区域技术复杂度与区域工业企业选择路径2和路径4显著负相关；区域工业企业规模与区域工业企业选择路径1、路径3和路径4显著正相关；区域工业企业面临的融资约束与区域工业企业选择路径1显著负相关，与区域工业企业选择路径3和路径4显著正相关；区域工业企业的创新基础与区域工业企业选择路径2、路径3和路径4显著正相关；区域人力资本水平与区域工业企业选择任一路径都不显著相关。

对于发达地区，区域经济发展水平与区域工业企业选择路径4显著正相关；区域工业经济中的国有成分与区域工业企业选择路径2显著正相关，与区域工业企业选择路径3显著负相关；区域对外开放水平与区域工业企业选择路径4显著负相关；区域人力资本水平与区域工业企业选择路径1显著正相关；区域自然资源丰裕度与区域工业企业选择路径1显著正相关，与区域工业企业选择路径2、路径3和路径4显著负相关；区域技术复杂度与区域工业企业选择任一路径都显著负相关；区域工业企业规模与区域工业企业选择路径1、路径3和路径4均显著正相关，与区域工业企业选择路径2显著负相关；区域工业企业面临的融资约束与区域工业企业选择路径4显著负相关；区域工业企业的创新基础与区域工业企业选择路径2、路径3和路径4显著正相关。

（五）稳健性检验：分样本回归和滞后一期

与前面基准模型（方程1和方程2）的稳健性检验方法保持一致，此处仍采用滞后一期回归和分样本回归两个方法。

分样本回归。在欠发达地区这个样本之外，地方政府经济干预能力对地方政府行为与区域工业企业路径选择的调节效应检验还同时运行了发达地区样本和全样本两个样本。三个样本调节效应的回归结果（见表6-23）已充分表明，尽管样本不同，但地方政府经济干预能力对地方政府行为与区域工业企业路径选择的调节效应是普遍存在的，且不同样本呈现了符合样本特征且可解释的差异性。因此，可以判定回归结果是稳健的。

滞后一期回归。表6-24至表6-28依次呈现了方程（3）和方程（4）滞后一期的回归结果。从结果来看，显著的结果在当期和滞后一期的显著性和回归系数方向大都一致，且回归系数变化都不大。极个别不一致的情况，如对地方政府金融信贷干预行为与路径1（方程3、方程4）、路径3（方程3）的调节效应，可能是因为相关数据的误差分布或者滞后一期行为与当期行为的相关性较大。整体上，结果还是稳健的。

表6-24　欠发达地区—调节效应—路径1（方程3，滞后一期）

VARIABLES	lnEndT	lnEndT	lnEndT	lnEndT	lnEndT	lnEndT
ER_ Admin	−0.023					
	(−0.46)					
L_ ER_ Admin	0.036					
	(0.71)					
L_ ER_ Admin_ EconoIntervCap0_ 1	−0.004					
	(−0.02)					
EconoIntervCap0_ 1	−0.002	−0.209	0.073	1.440**	−0.040	0.105
	(−0.01)	(−0.72)	(0.37)	(2.55)	(−0.21)	(0.41)
EconoDevLev	−1.301	−1.523	−1.230	0.209	−1.425	−2.083
	(−1.03)	(−1.22)	(−0.96)	(0.15)	(−1.13)	(−1.65)
Propor_ of_ Indu	0.071***	0.061***	0.071***	0.084***	0.071***	0.088***
	(4.42)	(3.67)	(4.43)	(3.73)	(4.45)	(5.21)
Propor_ of_ SOE	−1.026	−0.982	−0.988	−0.703	−1.061	−1.864*
	(−1.05)	(−1.01)	(−0.99)	(−0.73)	(−1.09)	(−1.76)
Openness	−0.114	−0.138	−0.094	−0.089	−0.097	0.001
	(−0.36)	(−0.44)	(−0.30)	(−0.29)	(−0.31)	(0.00)
HumanCapti	1.133	−3.622	1.182	3.687	−0.578	12.197
	(0.08)	(−0.27)	(0.09)	(0.29)	(−0.04)	(0.90)
REndow	−0.298	−0.489	0.076	0.506	−0.188	−0.203

表6-24(续)

VARIABLES	lnEndT	lnEndT	lnEndT	lnEndT	lnEndT	lnEndT
	(−0.29)	(−0.46)	(0.07)	(0.49)	(−0.18)	(−0.20)
EScale	0.351***	0.375***	0.340***	0.261***	0.346***	0.319***
	(4.78)	(5.23)	(4.68)	(3.44)	(4.87)	(4.51)
FinanConst	−8.300***	−7.820***	−8.602***	−10.372***	−8.447***	−7.870***
	(−5.08)	(−4.80)	(−5.23)	(−6.17)	(−5.26)	(−4.95)
InnoBase	−0.060	−0.139	−0.228	−0.987	−0.049	−0.148
	(−0.08)	(−0.19)	(−0.32)	(−1.29)	(−0.07)	(−0.21)
TechRegime	−0.285	−0.207	−0.257	−0.408	−0.237	−0.540
	(−0.68)	(−0.50)	(−0.62)	(−1.01)	(−0.56)	(−1.29)
ER_ Market		0.183				
		(0.81)				
L_ ER_ Market		0.084				
		(0.41)				
L_ ER_ Market_ EconoIntervCap0_ 1		0.150**				
		(0.80)				
Subsidy			−0.053			
			(−0.44)			
L_ Subsidy			0.376			
			(0.84)			
L_ Subsidy_ EconoIntervCap0_ 1			−0.390			
			(−0.83)			
FinanInterv				−1.351*		
				(−1.96)		
L_ FinanInterv				2.579***		
				(3.17)		

表6-24(续)

VARIABLES	lnEndT	lnEndT	lnEndT	lnEndT	lnEndT	lnEndT
L_ FinanInterv_ EconoIntervCap0_ 1				-1.329^{**}		
				(-2.56)		
GPublicity					-0.014	
					(-0.30)	
L_ GPublicity					0.050	
					(1.08)	
L_ GPublicity_ EconoIntervCap0_ 1					0.062	
					(0.45)	
GPubServ						0.319^{*}
						(1.77)
L_ GPubServ						0.201
						(0.52)
L_ GPubServ_ EconoIntervCap0_ 1						-0.122
						(-0.33)
R-squared	0.368	0.386	0.370	0.420	0.376	0.402

表6-25　欠发达地区—调节效应—路径2（方程3，滞后一期）

VARIABLES	lnGProcessTech	lnGProcessTech	lnGProcessTech	lnGProcessTech	lnGProcessTech	lnGProcessTech
ER_ Admin	0.045					
	(1.05)					
L_ ER_ Admin	−0.009					
	(−0.21)					
L_ ER_ Admin_ EconoIntervCap0_ 1	0.253**					
	(1.16)					
EconoIntervCap0_ 1	−0.007	0.045	0.154	−0.585	0.088	0.138
	(−0.03)	(0.19)	(0.92)	(−1.23)	(0.55)	(0.64)
EconoDevLev	2.441**	2.446**	2.607**	1.026	2.617**	1.890*
	(2.29)	(2.33)	(2.42)	(0.87)	(2.43)	(1.76)
Propor_ of_ Indu	0.042***	0.028*	0.041***	0.079***	0.041***	0.055***
	(3.10)	(1.96)	(3.05)	(4.15)	(3.00)	(3.83)
Propor_ of_ SOE	1.670**	1.873**	1.696**	1.574*	1.665**	1.177
	(2.02)	(2.30)	(2.00)	(1.95)	(2.00)	(1.31)
Openness	0.147	0.106	0.185	0.070	0.172	0.257
	(0.56)	(0.41)	(0.70)	(0.27)	(0.65)	(0.98)

表6-25（续）

VARIABLES	lnGProcessTech	lnGProcessTech	lnGProcessTech	lnGProcessTech	lnGProcessTech	lnGProcessTech
HumanCapti	6.214	4.786	9.724	13.663	9.803	20.745*
	(0.54)	(0.43)	(0.87)	(1.28)	(0.87)	(1.80)
REndow	0.521	0.607	0.846	-0.149	0.629	0.765
	(0.60)	(0.68)	(0.88)	(-0.17)	(0.71)	(0.90)
EScale	-0.021	-0.012	-0.050	-0.076	-0.038	-0.062
	(-0.34)	(-0.20)	(-0.81)	(-1.19)	(-0.63)	(-1.04)
FinanConst	-2.530*	-1.618	-2.541*	-1.859	-2.225	-1.804
	(-1.83)	(-1.18)	(-1.83)	(-1.31)	(-1.63)	(-1.34)
InnoBase	-1.400**	-1.733***	-1.707***	-0.990	-1.530**	-1.621***
	(-2.21)	(-2.88)	(-2.81)	(-1.54)	(-2.50)	(-2.73)
TechRegime	-0.643*	-0.466	-0.561	-0.490	-0.607*	-0.775**
	(-1.83)	(-1.33)	(-1.60)	(-1.44)	(-1.69)	(-2.18)
ER_ Market		0.101				
		(0.53)				
L_ ER_ Market		0.261				
		(1.54)				

表6-25（续）

VARIABLES	lnGProcessTech	lnGProcessTech	lnGProcessTech	lnGProcessTech	lnGProcessTech	lnGProcessTech	lnGProcessTech
L_ ER_ Market_ EconoIntervCap0_ 1		0.048***					
		(0.31)					
Subsidy			-0.132				
			(-1.29)				
L_ Subsidy			0.145				
			(0.38)				
L_ Subsidy_ EconoIntervCap0_ 1			-0.107				
			(-0.27)				
FinanInterv				0.284			
				(0.49)			
L_ FinanInterv				0.012			
				(0.02)			
L_ FinanInterv_ EconoIntervCap0_ 1				0.720**			
				(1.65)			
GPublicity					-0.037		

表6-25（续）

VARIABLES	lnGProcessTech	lnGProcessTech	lnGProcessTech	lnGProcessTech	lnGProcessTech	lnGProcessTech
					(−0.96)	
L_GPublicity					0.019	
					(0.46)	
L_GPublicity_EconoIntervCap0_1					0.054***	
					(0.47)	
GPubServ						0.286*
						(1.87)
L_GPubServ						0.032
						(0.10)
L_GPubServ_EconoIntervCap0_1						0.066
						(0.21)
R-squared	0.261	0.289	0.259	0.325	0.256	0.294

表 6-26 欠发达地区—调节效应—路径 3（方程 3，滞后一期）

VARIABLES	lnGProductTech	lnGProductTech	lnGProductTech	lnGProductTech	lnGProductTech	lnGProductTech
ER_Admin	-0.002					
	(-0.11)					
L_ER_Admin	0.002					
	(0.09)					
L_ER_Admin_EconoIntervCap0_1	0.201*					
	(1.69)					
EconoIntervCap0_1	-0.176	-0.058	-0.034	0.692***	-0.066	0.126
	(-1.58)	(-0.44)	(-0.37)	(2.81)	(-0.80)	(1.06)
EconoDevLev	1.657***	1.688***	1.742***	2.331***	2.023***	1.457**
	(2.82)	(2.99)	(2.91)	(3.82)	(3.59)	(2.49)
Propor_of_Indu	0.002	-0.009	0.001	0.035***	0.003	0.008
	(0.30)	(-1.13)	(0.11)	(3.53)	(0.38)	(1.07)
Propor_of_SOE	0.090	0.195	0.045	0.455	-0.063	-0.510
	(0.20)	(0.45)	(0.09)	(1.09)	(-0.14)	(-1.04)
Openness	-0.217	-0.247*	-0.187	-0.326**	-0.202	-0.147
	(-1.49)	(-1.77)	(-1.27)	(-2.45)	(-1.46)	(-1.03)

表6-26（续）

VARIABLES	lnGProductTech	lnGProductTech	lnGProductTech	lnGProductTech	lnGProductTech	lnGProductTech
HumanCapti	25.228***	22.325***	26.043***	27.077***	28.341***	30.656***
	(4.01)	(3.74)	(4.20)	(4.88)	(4.81)	(4.88)
REndow	-1.236**	-1.112**	-1.083**	-1.095**	-1.425***	-1.188**
	(-2.58)	(-2.31)	(-2.03)	(-2.41)	(-3.06)	(-2.55)
EScale	0.283***	0.283***	0.264***	0.216***	0.273***	0.251***
	(8.29)	(8.77)	(7.76)	(6.54)	(8.61)	(7.69)
FinanConst	-1.799**	-1.347*	-1.745**	-1.746**	-1.595**	-1.331*
	(-2.37)	(-1.83)	(-2.26)	(-2.38)	(-2.22)	(-1.81)
InnoBase	0.874**	0.664**	0.734**	0.403	0.867***	0.680**
	(2.51)	(2.06)	(2.18)	(1.21)	(2.70)	(2.10)
TechRegime	-0.462**	-0.316*	-0.414**	-0.576***	-0.556***	-0.601***
	(-2.40)	(-1.68)	(-2.12)	(-3.26)	(-2.96)	(-3.09)
ER_Market		0.129				
		(1.26)				
L_ER_Market		0.176*				
		(1.92)				

表6-26（续）

VARIABLES	lnGProductTech	lnGProductTech	lnGProductTech	lnGProductTech	lnGProductTech	lnGProductTech
L_ ER_ Market_ EconoIntervCap0_ 1		0.002* (0.00)				
Subsidy			−0.026 (−0.45)			
L_ Subsidy			0.041 (0.20)			
L_ Subsidy_ EconoIntervCap0_ 1			−0.062 (−0.28)			
FinanInterv				0.744** (2.47)		
L_ FinanInterv				0.643* (1.81)		
L_ FinanInterv_ EconoIntervCap0_ 1				−0.722*** (−3.19)		
GPublicity					−0.065***	

表6-26(续)

VARIABLES	lnGProductTech	lnGProductTech	lnGProductTech	lnGProductTech	lnGProductTech	lnGProductTech
					(−3.19)	
L_ GPublicity					−0.040*	
					(−1.92)	
L_ GPublicity_EconoIntervCap0_1					0.019**	
					(0.31)	
GPubServ						0.183**
						(2.20)
L_ GPubServ						0.234
						(1.30)
L_ GPubServ_EconoIntervCap0_1						−0.279
						(−1.65)
R-squared	0.742	0.762	0.736	0.791	0.763	0.757

表 6-27　欠发达地区—调节效应—路径 4（方程 3，滞后一期）

VARIABLES	lnGTrans	lnGTrans	lnGTrans	lnGTrans	lnGTrans	lnGTrans
ER_ Admin	0.041					
	(0.80)					
L_ ER_ Admin	−0.014					
	(−0.29)					
L_ ER_ Admin_ EconoIntervCap0_ 1	0.320**					
	(1.25)					
EconoIntervCap0_ 1	−0.479**	−0.491*	−0.225	0.273	−0.426**	−0.179
	(−2.00)	(−1.68)	(−1.14)	(0.49)	(−2.30)	(−0.73)
EconoDevLev	2.209*	2.225*	2.260*	2.116	2.356*	1.134
	(1.76)	(1.76)	(1.78)	(1.55)	(1.88)	(0.94)
Propor_ of_ Indu	−0.055***	−0.064***	−0.056***	0.004	−0.055***	−0.031*
	(−3.46)	(−3.78)	(−3.54)	(0.18)	(−3.47)	(−1.90)
Propor_ of_ SOE	−0.859	−0.791	−0.970	−0.534	−0.826	−1.930*
	(−0.88)	(−0.81)	(−0.97)	(−0.57)	(−0.85)	(−1.90)
Openness	0.004	0.017	0.085	−0.125	0.025	0.218
	(0.01)	(0.05)	(0.27)	(−0.42)	(0.08)	(0.74)
HumanCapti	31.245**	32.144**	33.957**	40.111***	33.208**	51.268***
	(2.31)	(2.41)	(2.59)	(3.22)	(2.53)	(3.94)
REndow	0.727	0.624	1.358	0.649	1.093	1.075
	(0.71)	(0.58)	(1.20)	(0.64)	(1.05)	(1.11)
EScale	0.236***	0.234***	0.195***	0.101	0.215***	0.166**
	(3.23)	(3.23)	(2.70)	(1.36)	(3.05)	(2.45)
FinanConst	−1.743	−0.934	−1.798	−2.221	−1.572	−0.960
	(−1.07)	(−0.57)	(−1.10)	(−1.35)	(−0.98)	(−0.63)
InnoBase	−0.023	−0.234	−0.353	−0.331	−0.136	−0.169
	(−0.03)	(−0.32)	(−0.50)	(−0.44)	(−0.19)	(−0.25)
TechRegime	−0.743*	−0.652	−0.610	−0.730*	−0.696*	−0.924**

表6-27(续)

VARIABLES	lnGTrans	lnGTrans	lnGTrans	lnGTrans	lnGTrans	lnGTrans
	(−1.80)	(−1.55)	(−1.47)	(−1.84)	(−1.66)	(−2.29)
ER_ Market		0.025				
		(0.11)				
L_ ER_ Market		0.073				
		(0.36)				
L_ ER_ Market_ EconoIntervCap0_ 1		0.146*				
		(0.77)				
Subsidy			−0.162			
			(−1.35)			
L_ Subsidy			0.194			
			(0.44)			
L_ Subsidy_ EconoIntervCap0_ 1			−0.287			
			(−0.61)			
FinanInterv				−0.042		
				(−0.06)		
L_ FinanInterv				1.778**		
				(2.23)		
L_ FinanInterv_ EconoIntervCap0_ 1				0.481**		
				(0.95)		
GPublicity					−0.021	
					(−0.46)	
L_ GPublicity					0.011	
					(0.24)	
L_ GPublicity_ EconoIntervCap0_ 1					0.227*	
					(1.66)	
GPubServ						0.279

表6-27(续)

VARIABLES	lnGTrans	lnGTrans	lnGTrans	lnGTrans	lnGTrans	lnGTrans
						(1.61)
L_ GPubServ						0.441
						(1.19)
L_ GPubServ_ EconoIntervCap0_ 1						-0.082^{*}
						(-0.23)
R-squared	0.610	0.608	0.610	0.653	0.614	0.656

表6-28 欠发达地区—调节效应—四条路径（方程4，滞后一期）

VARIABLES	lnEndT	lnGProcessTech	lnGProductTech	lnGTrans
ER_ Admin	-0.004	0.021	-0.010	0.028
	(-0.08)	(0.49)	(-0.46)	(0.60)
ER_ Market	0.143	-0.069	0.005	-0.298
	(0.59)	(-0.34)	(0.05)	(-1.33)
Subsidy	0.062	-0.137	-0.092^{*}	-0.159
	(0.47)	(-1.24)	(-1.67)	(-1.31)
FinanInterv	-2.046^{**}	-0.021	0.801^{**}	0.142
	(-2.46)	(-0.03)	(2.31)	(0.19)
GPublicity	-0.000	-0.036	-0.050^{**}	-0.010
	(-0.00)	(-0.93)	(-2.58)	(-0.23)
GPubServ	0.206	0.349^{**}	0.110	0.129
	(1.06)	(2.16)	(1.36)	(0.72)
L_ ER_ Admin	0.042	-0.005	0.001	0.028
	(0.79)	(-0.12)	(0.05)	(0.57)
L_ ER_ Market	0.017	0.267	0.027	-0.251
	(0.08)	(1.40)	(0.28)	(-1.19)
L_ Subsidy	0.088	0.000	-0.178	-0.252
	(0.17)	(0.00)	(-0.81)	(-0.53)

表6-28(续)

VARIABLES	lnEndT	lnGProcessTech	lnGProductTech	lnGTrans
L_ FinanInterv	2. 856 ***	−0. 418	0. 379	2. 566 ***
	(3. 04)	(−0. 53)	(0. 96)	(2. 97)
L_ GPublicity	0. 056	0. 041	−0. 026	0. 041
	(1. 17)	(1. 03)	(−1. 32)	(0. 93)
L_ GPubServ	−0. 046	0. 067	0. 184	0. 431
	(−0. 11)	(0. 19)	(1. 03)	(1. 10)
L_ ER_ Admin_ EconoIntervCap0_ 1	0. 042	0. 122	0. 025 *	0. 123 *
	(0. 15)	(0. 51)	(0. 21)	(0. 47)
L_ ER_ Market_ EconoIntervCap0_ 1	0. 209	0. 041 *	0. 056	0. 262 *
	(0. 92)	(0. 21)	(0. 59)	(1. 25)
L_ Subsidy_ EconoIntervCap0_ 1	−0. 048	−0. 043	0. 074	0. 029
	(−0. 09)	(−0. 10)	(0. 33)	(0. 06)
L_ FinanInterv_ EconoIntervCap0_ 1	−1. 390 **	1. 154 **	−0. 457 *	1. 046 *
	(−2. 23)	(2. 22)	(−1. 75)	(1. 83)
L_ GPublicity_ EconoIntervCap0_ 1	0. 070	0. 102 *	0. 029 *	0. 160 *
	(0. 45)	(0. 78)	(0. 44)	(1. 11)
L_ GPubServ_ EconoIntervCap0_ 1	0. 264	−0. 112	−0. 261	−0. 096
	(0. 64)	(−0. 32)	(−1. 51)	(−0. 25)
EconoIntervCap0_ 1	1. 150	−0. 880	0. 458	0. 541
	(1. 62)	(−1. 48)	(1. 54)	(0. 83)
EconoDevLev	−0. 568	−0. 161	1. 733 ***	0. 858
	(−0. 37)	(−0. 13)	(2. 69)	(0. 61)
Propor_ of_ Indu	0. 073 **	0. 071 ***	0. 039 ***	0. 064 **
	(2. 41)	(2. 78)	(3. 07)	(2. 29)

表6-28(续)

VARIABLES	lnEndT	lnGProcessTech	lnGProductTech	lnGTrans
Propor_ of_ SOE	−0.925	0.604	−0.326	−1.767
	(−0.79)	(0.62)	(−0.66)	(−1.64)
Openness	0.035	0.193	−0.265*	0.112
	(0.11)	(0.72)	(−1.97)	(0.38)
HumanCapti	7.083	16.953	28.602***	48.036***
	(0.49)	(1.39)	(4.68)	(3.58)
REndow	0.839	−0.001	−1.444***	0.992
	(0.65)	(0.00)	(−2.65)	(0.83)
EScale	0.274***	−0.070	0.219***	0.001
	(3.13)	(−0.96)	(5.97)	(0.01)
FinanConst	−10.200***	−1.325	−1.174	−2.988*
	(−5.39)	(−0.84)	(−1.48)	(−1.72)
InnoBase	−0.666	−0.730	0.622*	0.185
	(−0.80)	(−1.04)	(1.78)	(0.24)
TechRegime	−0.354	−0.531	−0.714***	−1.084**
	(−0.78)	(−1.40)	(−3.77)	(−2.60)
R−squared	0.490	0.412	0.830	0.730

第四节 本章小结

本章围绕第五章建立的理论分析框架和四个结构方程,基于2009—2019年相关年鉴的统计数据,依次对欠发达地区工业企业选择的路径、路径的变化、关键性地方政府行为、地方政府行为的变化、地方政府行为与路径选择的关系进行了基础性的统计分析和计量分析。相关结果均通过了稳健性检验。这些结果反映了以下几点:

第一,路径选择及其变化。2008—2018年,欠发达地区工业企业选择的绿色转型发展路径以绿色工艺创新和绿色产品创新为主。末端治理是非主流路径，绿色转向虽然也不是主流路径，但工业企业对其投资额保持持续小幅上涨之势。欠发达地区工业企业选择的绿色转型发展路径在2013年前后发生了变化：在2013年以前，欠发达地区工业企业首选的路径是绿色工艺创新，其次是绿色产品创新；从2013年开始，我国欠发达地区工业企业推动绿色转型发展首选的路径是绿色产品创新，然后是绿色工艺创新。欠发达地区内部各省份的工业企业对四条路径的选择差异极大：河北、山西、新疆、四川、云南等省份的工业企业偏好选择末端治理这条路径，四川、河北、广西、山西等省份青睐绿色工艺创新这条路径，河北、四川、江西3个省份的工业企业更倾向于选择绿色产品创新这条路径，四川、河北、广西、山西等省份选择投资绿色转向这条路径的工业企业最多。综合来看，四川、河北、山西、广西、黑龙江、吉林等综合发展指数相对排名靠前或工业规模较大、基础较好的省份在四条路径上的历年投入规模较大，且持续在绿色产品创新和绿色转向两个路径上加码的取向明显；欠发达地区与发达地区在绿色产品创新和绿色转向两个高阶路径上的差距呈加速拉大之势。

第二，关键性地方政府行为及其变化。欠发达地区地方政府的行政性环境规制强度和市场型环境规制强度一直不同程度地低于发达地区，四川的行政性环境规制行为强度虽然一直不是很高，但高于新疆、甘肃、云南、贵州、青海、宁夏、吉林等欠发达省份；我国各地区地方政府对区域工业企业研发活动的支持力度整体不大，但欠发达地区地方政府对区域工业企业研发活动的财政支持力度大多大于发达地区；欠发达地区各省份的金融信贷干预行为强度较为均衡且与发达地区相差不大；欠发达地区地方政府的绿色宣传教育行为强度普遍不高且远低于发达地区，四川、云南、河北是绿色宣传教育强度相对较高的3个省份；欠发达地区地方政府的绿色公共服务行为强度在2014年以后持续提升，与发达地区的差距不断缩小，并在2018年小幅超过了发达地区。

第三，欠发达地区地方政府行为与区域工业企业的路径选择。欠发达地区地方政府的市场型环境规制行为与路径1显著正相关，金融信贷干预行为与路径2、路径3和路径4显著正相关，财政支持行为与路径2、路径4显著负相关，绿色公共宣传教育行为与路径3显著负相关，绿色公共服务行为与路径2显著正相关。对比发达地区发现：不管是发达地区还是欠发达地区，每条路径都有1~3个显著相关的地方政府行为，也即工业企业无论是在发达地区还是在欠发达地区，其路径选择都会显著地受到地方政府行为的影响，只是，与每条路径显著相关的地方政府行为因为工业企业在发展基础、发展阶段和区域空间地理环境等方面存在差异性而有不同；工业企业开展绿色产品创新和绿色转向等高阶绿色转型发展活动都需要地方政府在金融信贷方面给予强有力的支持。与此同时，对于欠发达地区的工业企业，不能为企业提供实质性帮助的绿色宣传教育活动可能反而会引发企业的逆反性决策。

第四，欠发达地区地方政府经济干预能力对地方政府行为与区域工业企业路径选择的调节效应。欠发达地区地方政府的经济干预能力显著正向调节地方政府市场型环境规制行为对区域工业企业选择路径1的影响，显著负向调节地方政府金融信贷干预行为对区域工业企业选择路径1的影响；欠发达地区地方政府的经济干预能力显著正向调节欠发达地区地方政府行政性环境规制行为、市场型环境规制行为、绿色宣传教育行为及绿色公共服务行为对区域工业企业选择路径2的影响；欠发达地区地方政府的经济干预能力分别显著正向、显著负向调节欠发达地区地方政府市场型环境规制行为、金融信贷干预行为对区域工业企业选择路径3的影响；欠发达地区地方政府的经济干预能力显著正向调节欠发达地区地方政府行政性环境规制行为、市场型环境规制行为对区域工业企业选择路径4的影响，显著负向调节地方政府金融信贷干预行为对区域工业企业选择路径4的影响。对比发达地区发现：无论是发达地区还是欠发达地区，地方政府的经济干预能力都会对一个或多个地方政府行为与区域工业企业路径选择有显著的调节效应，也即地方政府的经济干预能力对地方政府行为与区域工业企业路径选择的调节效应普遍存在；样本不同、情境不同（单个地方政府行为作用或六个地方政府行为交互作用），地方政府经济干预能力的调节效应也会有差异。

第五，控制变量。对于欠发达地区，在基准回归方程（2）中，区域经济发展水平与路径3和路径4显著正相关；区域工业增加值占比与路径2和路径3显著相正关；区域国有经济成分占比与路径2显著正相关；区域对外开放水平与路径3显著负相关；区域人力资本存量与路径1显著正相关；区域自然资源禀赋与路径3显著负相关；区域技术复杂度与路径2、路径3和路径4显著负相关；企业创新基础与路径2显著负相关、与路径3显著正相关；企业规模与路径1、路径3和路径4显著正相关，与路径2显著负相关；企业融资约束与路径1显著负相关。在调节效应回归方程（4）中，区域经济发展水平与路径2、路径3、路径4显著负相关；区域工业经济占比以及区域工业经济中的国有经济成分与区域工业企业选择路径1和路径2显著正相关，与区域工业企业选择路径4显著负相关；区域对外开放水平与区域工业企业选择路径3显著负相关；区域自然资源丰裕度与区域工业企业选择路径4显著负相关；区域技术复杂度与区域工业企业选择路径2和路径4显著负相关；区域工业企业规模与区域工业企业选择路径1、路径3和路径4显著正相关；区域工业企业面临的融资约束与区域工业企业选择路径1显著负相关、与区域工业企业选择路径3和路径4显著正相关；区域工业企业的创新基础与区域工业企业选择路径2、路径3和路径4显著正相关；区域人力资本水平与区域工业企业选择任一路径都不显著相关。对比发达地区发现：区域工业企业选择路径3和路径4对区域经济发展水平的要求存在一个门槛值。当前，我国欠发达地区和发达地区的经济发展水平应该分别处于该门槛值以下和以上；区域工业经济的规模越大，欠发达地区的工业企业越可能会选择路径2和路径3，发达地区的工业企业则偏好选择路径3；国有工业企业都倾向于首选绿色工艺创新这条路径，发达地区的国有工业企业明显地排斥路径3和路径4；提高对外开放水平有助于欠发达地区工业企业接触到绿色产品创新的市场与技术，有助于欠发达地区地方政府推动区域工业企业选择路径3，对于发达地区，提高对外开放水平，反而可能会使区域工业企业陷入绿色工艺创新路径依赖困境；区域人力资本存量对欠发达地区地方政府推动区域工业企业选择路径2和路径3、对发达地区地方政府推动区域工业企业选择路径1有一个显著的正向支撑；区域技术复杂度越高，创新基础越好，工业企业对原有技术的路径依赖度越高；无论是欠发达地区还是发达地区，企业规模越大，越可能会选择路径3和路径4。

第七章 欠发达地区路径选择与地方政府行为：四川实践

2013 年 3 月国家发改委印发《关于全国老工业基地调整改造规划（2013—2022 年）的通知》（以下简称《通知》）。《通知》指出，规划范围内的老工业基地资产存量大、产业规模大、产业地位重要、科技创新潜力大、自然资源丰富，但存在"产业层次低，发展方式粗放""排放强度大，环境污染严重""城市内部空间布局不合理，基础设施落后""就业压力大，收入水平低""国有企业改革相对落后，历史遗留问题多"五个问题。这五个问题中的前面三个直接指向区域工业企业的绿色转型发展，后面两个问题虽不直接指向绿色转型发展，但也可以是绿色转型发展的主要内容和目标。

四川有八个地级市和一个省会城市的市辖区在列，包括自贡、攀枝花、泸州、德阳、绵阳、内江、乐山、宜宾和成都市青白江区。四川是划入改造规划市、区最多的省份。四川在当前这轮全国老工业基地调整改造中的关键、重要地位可见一斑。规划范围内的九个市、区的工业绿色转型发展很重要，需要特别重视和加快推进。

基于以上现实背景，"抓大放小"，同时综合考量调研的可行性，本书将问卷调查和对四川工业企业、四川相关地方政府的访谈集中在了德阳、攀枝花和泸州三个老工业基地。

按照第五章构建的理论分析框架，本章首先基于相关经验数据、问卷调查数据、访谈数据及相关公开数据分析四川工业整体及四川工业企业个体选择的绿色转型发展路径、路径的变化，然后分析其中的关键性地方政府行为、地方政府行为的变化及地方政府行为对四川工业企业绿色转型发展路径选择的影响。

第一节 四川工业选择的绿色转型发展路径

一、整体情况

图 7-1 呈现了 2008—2018 年四川工业企业在四条绿色转型发展路径上的投资情况。

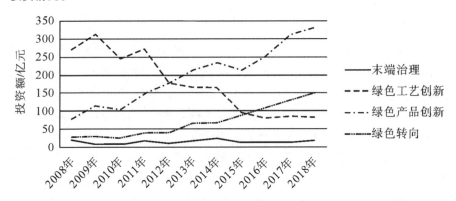

图 7-1 2008—2018 年四川工业企业在四条绿色转型路径的投资情况

可以看到:

2012 年和 2015 年是两个转折点。在 2012 年,四川工业企业在绿色产品创新这条路径上的投入首次超过在绿色工艺创新这条路径上的投入,绿色产品创新取代绿色工艺创新成为四川工业企业绿色转型发展的首选路径。在 2012 年以后,四川工业企业在绿色产品创新路径上的投入持续增加,在绿色工艺创新路径上的投入不断减少,绿色产品创新和绿色工艺创新仍然是四川工业企业绿色转型发展主要选择的两条路径。直到 2015 年,四川工业企业在绿色转向路径上的投入超过在绿色工艺创新路径上的投入,绿色产品创新和绿色转向成为四川工业企业绿色转型发展选择的两大路径。

与欠发达地区[①]、发达地区工业整体上绿色转型发展路径选择的调整节奏相比,四川实现在绿色产品创新路径上的投入超过在绿色工艺创新路径上的投入,比欠发达地区工业整体早了一年,比发达地区工业整体晚了三年;在

---

① 此处欠发达地区指除去四川之外的欠发达省份,包括江西、河北、吉林、海南、宁夏、广西、山西、新疆、青海、黑龙江、云南、贵州、甘肃。

2016 年，四川实现绿色转向取代绿色工艺创新，绿色转向成为区域工业企业绿色转型发展选择的第二大路径，只是比发达地区晚了一年，而欠发达地区直到 2018 年绿色转向都只是区域工业企业绿色转型发展的第三个路径选择。

四川在四条路径上的投入全面高于欠发达地区的均值，但优势在不断缩小。在 15 个欠发达省份中，四川的综合发展指数排名是最靠前的，其工业基础在全国也是数得着的，相应地，四川工业企业在四条路径上的投入年年明显地高于欠发达地区均值。只是，从 2012 年开始，四川在四条路径上的投入高于欠发达地区均值的部分在持续小幅缩小。可能的原因是：四川工业企业在四条路径上的投入总额占欠发达省份在四条路径上的投入总额的比例从 2009 年的 23% 下滑到 2018 年的 14%，尤其是在绿色工艺创新这条路径上的投入不升反降。与此同时，其他欠发达省份在四条路径上的投入增速也在减缓，最终呈现出来的就是两者差距不断缩小。2008—2018 年四川工业企业在四条绿色转型路径的投资情况见图 7-2。

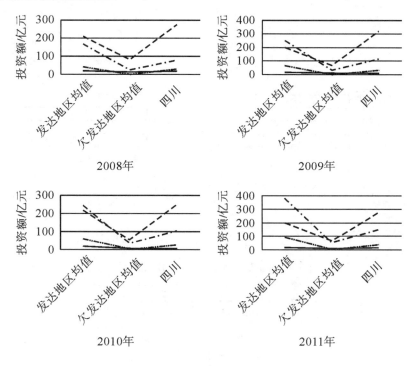

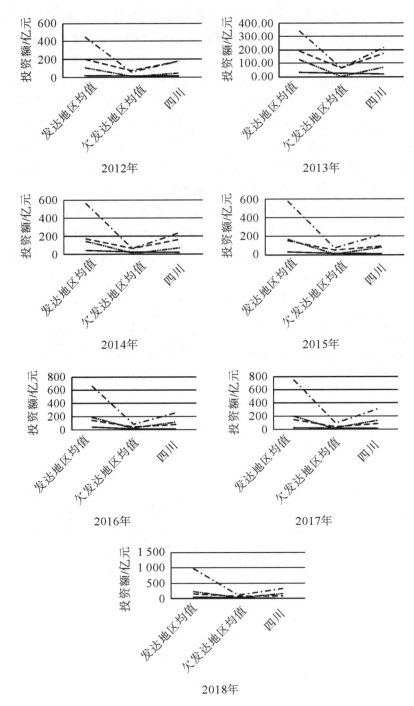

图 7-2 2008—2018 年四川工业企业在四条绿色转型路径的投资情况

欠发达地区工业绿色转型发展路径选择与地方政府行为研究

二、问卷统计结果

（一）基础统计分析结果

受访的工业企业共有242家。这些企业以小型企业、民营企业、制造类企业为主，占比分别为63.22%、80.99%和76.45%；成立年限以6年及以上为主，占比为74.8%；研发投入强度以3%以下为主，占比为66.94%，其中研发投入强度为1%（不含）~3%（不含）的占比为37.19%，研发投入强度小于等于1%的占比为29.75%。在242家受访的工业企业中，2015年以来推进过绿色转型发展活动的有152家，占比为62.8%。

路径选择：这些企业选择的绿色转型发展路径以绿色工艺创新为主，占比为71.05%，其次是末端治理和绿色产品创新，占比分别为41.45%和34.87%（见图7-3）。命题3成立。

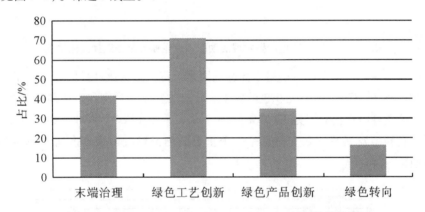

图7-3　开展了绿色转型发展活动的工业企业的路径选择情况

路径的变化：在过去5年中，这些企业选择的绿色转型发展路径大多发生了变化，完全没有变化的只占17.11%。绿色转型发展路径发生的变化是"从以末端治理为主转向以绿色工艺创新为主"，占比为34.87%，其次是"从以绿色工艺创新为主转向以绿色产品创新为主"和"从以末端治理为主转向以绿色工艺创新和绿色产品创新为主"，占比分别为25%和17.11%，"从以末端治理为主转向以绿色产品创新为主"只占5.92%（见图7-4）。

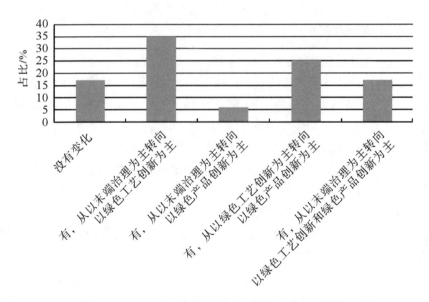

图 7-4　开展了绿色转型发展活动的工业企业的路径选择变化情况

开展绿色转型发展活动的内部影响因素：首先是企业自身生存发展需要，占比达到 84.87%；其次是积极响应中央政府的新发展理念和企业高管重视企业社会责任，占比分别为 72.37% 和 59.21%；企业在资金、技术、人才等方面有绿色转型发展基础和支撑也是一个重要的内部影响因素，占比为 39.47%（见图 7-5）。

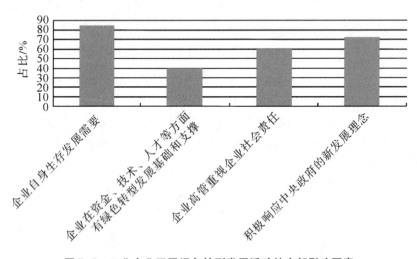

图 7-5　工业企业开展绿色转型发展活动的内部影响因素

开展绿色转型发展活动的成效：近90%的工业企业感受到了开展绿色转型发展活动带来的成效。这些成效首先体现在提升了企业的声誉和社会形象，占比为72.37%；其次是促进了企业的技术创新和提升了企业的经济效益，占比分别为54.61%和53.29%；最后是促进了企业新产品、新业务的推出，占比为44.44%（见图7-6）。

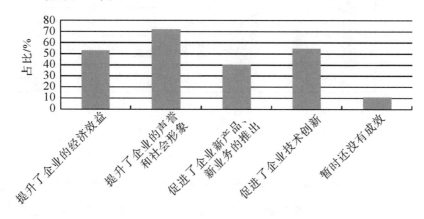

图7-6　开展了绿色转型发展活动的工业企业感受到的成效

没有开展绿色转型发展活动的原因：在过去5年中没有开展绿色转型发展活动的受访工业企业认为，其中的主要原因依次是资金不足、技术能力不足和不知道怎么转，占比分别为32.22%、26.67%和24.44%；认为没有必要开展绿色转型发展活动的占比为12.22%（见图7-7）。

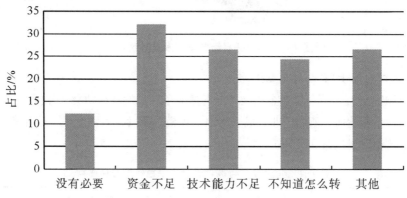

图7-7　工业企业没有开展绿色转型发展活动的原因

开展绿色转型发展活动中遇到的困难：主要集中在资金不足（73.7%）、人才不足（59.9%）、技术能力不足（57.9%）、经验不足（49.3%）、信息不足（30.3%）、其他（8.6%）、政府干预过多（4.0%）几个方面（见图7-8）。

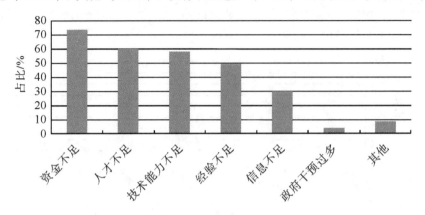

图7-8 开展了绿色转型发展活动的工业企业遇到的主要困难

在242家受访的工业企业中，51.2%的企业明确要在未来3年内推进绿色转型发展（见图7-9）。

图7-9 企业开展绿色转型发展活动的计划

（二）基于SPSS的交叉分析结果

1. 企业性质等与工业企业是否推进过绿色转型发展活动交叉分析

将企业性质、所属行业、成立年限、规模、研发投入强度等与是否推进过绿色转型发展进行交叉分析，结果分别见表7-1至表7-5。

表7-1 企业性质与是否进行过绿色转型发展活动

企业性质		是否进行过转型		总计
		是	否	
国有企业	计数	19	1	20
	占比/%	12.5	1.1	8.3

表7-1（续）

企业性质		是否进行过转型		总计
		是	否	
民营企业	计数	123	73	196
	占比/%	80.9	81.1	81
中外合资企业	计数	1	1	2
	占比/%	0.7	1.1	0.8
外商独资企业	计数	1	0	1
	占比/%	0.7	0	0.4
其他	计数	8	15	23
	占比/%	5.3	16.7	9.5
总计	计数	152	90	242
	占比/%	100	100	100

表 7-2 企业所属行业与是否进行过绿色转型发展活动

企业所属行业大类		是否进行过绿色转型发展活动		总计
		是	否	
采矿业	计数	20	15	35
	占比/%	13.2	16.7	14.5
制造业	计数	122	63	185
	占比/%	80.3	70	76.4
电力、热力等	计数	10	12	22
	占比/%	6.6	13.3	9.1
总计	计数	152	90	242
	占比/%	100	100	100

表 7-3　企业成立年限与是否进行过绿色转型发展活动

企业成立年限		是否进行过绿色转型发展活动		总计
		是	否	
2 年及以下	计数	15	8	23
	占比/%	9.9	8.9	9.5
3~5 年	计数	24	14	38
	占比/%	15.8	15.6	15.7
6~10 年	计数	31	21	52
	占比/%	20.4	23.3	21.5
大于 10 年	计数	82	47	129
	占比/%	53.9	52.2	53.3
总计	计数	152	90	242
	占比/%	100	100	100

表 7-4　企业规模与是否进行过绿色转型发展活动

企业规模		是否进行过绿色转型发展活动		总计
		是	否	
大型企业	计数	21	0	21
	占比/%	13.8	0	8.7
中型企业	计数	30	10	40
	占比/%	19.7	11.1	16.5
小型企业	计数	88	65	153
	占比/%	57.9	72.2	63.2
微型企业	计数	13	15	28
	占比/%	8.6	16.7	11.6
总计	计数	152	90	242
	占比/%	100	100	100

表 7-5　企业研发投入强度与是否进行过绿色转型发展活动

企业研发费用占总销售收入的百分比		是否进行过绿色转型发展活动		总计
		是	否	
小于等于 1%	计数	27	45	72
	占比/%	17.8	50	29.8
1%（不含）~3%	计数	65	25	90
	占比/%	42.8	27.8	37.2
3%（不含）~5%	计数	32	11	43
	占比/%	21.1	12.2	17.8
5% 以上	计数	28	9	37
	占比/%	18.4	10	15.3
总计	计数	152	90	242
	占比/%	100	100	100

这些结果表明：在过去 5 年中，四川国有工业企业开展绿色转型发展活动的比例非常高，高达 95%，高出四川民营工业企业开展绿色转型发展活动的比例 32.2 个百分点；制造类企业开展绿色转型发展活动的比例最高，达到 65.9%，其次是采矿业企业，有 57.1% 的企业开展了绿色转型发展活动，电力热力类企业开展绿色转型发展活动的比例为 45.4%，在三个工业行业大类中是最低的；企业是否开展绿色转型发展活动与企业成立年限基本没有关联；企业规模越大，开展绿色转型发展活动的比例越高：大、中、小、微四类企业开展绿色转型发展活动的占比分别为 100%、75%、57.5%、46.4%；企业研发投入强度越高，开展绿色转型发展活动的比例越高，研发强度小于等于 1%、1%（不含）~3%、3%（不含）~5%、大于 5% 的企业开展绿色转型发展活动的比例分别为 37.5%、72.2%、74.4、75.6%。

2. 企业内部因素等与四条路径选择交叉分析

把企业内部影响因素、绿色转型发展成效、遇到的困难等与四条路径选择进行交叉分析，结果分别见表 7-6 至表 7-8。

表 7-6 企业内部因素与绿色转型路径选择

企业内部影响因素		末端治理	绿色工艺创新	绿色产品创新	绿色转向	总计
自身生存发展需要	计数	55	97	48	18	218
	占比/%	29.9	31.7	30.8	29.5	
企业在资金、技术、人才等方面有绿色转型发展基础和支撑	计数	31	51	30	9	121
	占比/%	16.8	16.7	19.2	14.8	
企业高管重视企业社会责任	计数	45	72	33	13	163
	占比/%	24.5	23.5	21.2	21.3	
积极响应中央政府的新发展理念	计数	53	83	43	17	196
	占比/%	28.8	27.1	27.6	27.9	
其他	计数	0	3	2	4	9
	占比/%	0	1	1.3	6.6	
总计	计数	184	306	156	61	707

表 7-7 企业绿色转型发展成效与绿色转型路径选择

企业绿色转型成效		末端治理	绿色工艺创新	绿色产品创新	绿色转向	总计
提升了企业的经济效益	计数	36	64	41	13	154
	占比/%	23.2	23.1	26.6	21.7	
提升了企业的声誉和社会形象	计数	52	85	39	18	194
	占比/%	33.5	30.7	25.3	30	
促进了企业新产品和新业务的推出	计数	25	50	32	13	120
	占比/%	16.1	18.1	20.8	21.7	
促进了企业技术创新	计数	38	68	39	11	156
	占比/%	24.5	24.5	25.3	18.3	
暂时还没有成效	计数	4	10	3	5	22
	占比/%	2.6	3.6	1.9	8.3	
总计	计数	155	277	154	60	646

表 7-8　企业绿色转型发展面临的问题与绿色转型路径选择

企业绿色转型 面临的问题		末端 治理	绿色 工艺 创新	绿色 产品 创新	绿色 转向	总计
资金不足	计数	43	84	44	18	189
	占比/%	21.9	25.5	26.5	26.1	
人才不足	计数	45	70	35	14	164
	占比/%	23	21.3	21.1	20.3	
技术能力不足	计数	40	69	32	14	155
	占比/%	20.4	21	19.3	20.3	
经验不足	计数	32	58	28	12	130
	占比/%	16.3	17.6	16.9	17.4	
信息不足	计数	27	37	23	7	94
	占比/%	13.8	11.2	13.9	10.1	
政府干预过多	计数	3	5	3	1	12
	占比/%	1.5	1.5	1.8	1.4	
其他	计数	6	6	1	3	16
	占比/%	3.1	1.8	0.6	4.3	
总计	计数	196	329	166	69	760

　　这些结果表明，无论选择哪条路径，企业内部要素的影响是无差异的。企业自身生存发展需要是首要影响因素，其次是响应中央政府的新发展理念，再次是企业高管重视企业社会责任以及企业在人才、技术等方面有基础。企业选择的路径不同，成效会有差异：对于末端治理和绿色工艺创新两条路径，企业认为最大的成效在于提升了企业的社会形象、促进了技术创新和提升了企业的经济效益；对于选择绿色产品创新路径的企业，它们认为最大的成效首先是提升了企业的经济效益，其后依次是提升了企业社会形象、促进了技术创新、促进了企业新产品和新服务的推出；对于选择绿色转向路径的企业，它们认为从大到小的成效依次为提升了企业的社会形象、提升了企业的经济效益及促进了企业新产品新服务的推出、促进了技术创新。企业选择的路径不同，遇到的困难也有差异：选择末端治理路径的企业认为，它们遇到的最大困难是人才不足，其次是资金不足，然后是技术不足、经验不足、信息不足等；选择绿色工

艺创新、绿色产品创新和绿色转向三个路径的企业认为它们遇到的最大困难都是资金不足，然后依次是人才不足、技术不足、经验不足、信息不足等。

（三）基于 SPSS 的相关性分析结果

进一步地，将企业选择的绿色转型发展路径和内部影响因素进行相关性分析，结果见表 7-9。

表 7-9　企业内部影响因素与绿色转型路径选择

相关性		末端治理	绿色工艺创新	绿色产品创新	绿色转向	自身生存发展需要	企业在资金、技术、人才等方面有绿色转型发展基础和支撑	企业高管重视企业社会责任	积极响应中央政府的新发展理念	其他
末端治理	皮尔逊相关性	1	-0.052	0.001	-0.085	0.027	0.168*	0.209**	0.221**	-0.185*
	Sig.（双尾）		0.525	0.991	0.297	0.485	0.039	0.010	0.006	0.023
	个案数	152	152	152	152	152	152	152	152	152
绿色工艺创新	皮尔逊相关性	-0.52	1	0.071	-0.226**	0.216**	0.248**	0.238**	0.157	-0.137
	Sig.（双尾）	0.525		0.392	0.005	0.007	0.002	0.003	0.053	0.093
	个案数	152	152	152	152	152	152	152	152	152
绿色产品创新	皮尔逊相关性	0.001	0.071	1	-0.027	0.116	0.256**	0.045	0.143	-0.029
	Sig.（双尾）	0.991	0.383		0.744	0.154	0.001	0.578	0.078	0.723
	个案数	152	152	152	152	152	152	152	152	152
绿色转向	皮尔逊相关性	0.085	0.226**	0.027	1	-0.159*	-0.032	-0.065	-0.043	0.241**
	Sig.（双尾）	0.297	0.005	0.744		0.05	0.700	0.426	0.596	0.000
	个案数	12	152	152	152	152	152	152	152	152
自身生存发展需要	皮尔逊相关性	0.057	0.216**	0.116	-0.159*	1	0.153	0.210**	-0.056	-0.170*
	Sig.（双尾）	0.485	0.007	0.154	0.050		0.060	0.009	0.496	0.036
	个案数	152	152	152	152	152	152	152	152	152
企业在资金、技术、人才等方面有绿色转型发展基础和支撑	皮尔逊相关性	0.158*	0.248**	0.256**	-0.032	0.153	1	0.287**	0.138	-0.177*
	Sig.（双尾）	0.39	0.002	0.001	0.700	0.06		0.000	0.090	0.029
	个案数	152	152	152	152	152	152	152	152	152
企业高管重视企业社会责任	皮尔逊相关性	0.209**	0.238**	0.045	-0.065	0.210**	0.287**	1	-0.415**	-0.201*
	Sig.（双尾）	0.01	0.003	0.578	0.426	0.009	0.000		0.000	0.0113
	个案数	152	152	152	152	152	152	152	152	152
积极响应中央政府的新发展理念	皮尔逊相关性	0.221**	0.157	0.143	-0.043	-0.056	0.138	0.415**	1	-0.215**
	Sig.（双尾）	0.06	0.053	0.078	0.596	0.496	0.090	0.000		0.008
	个案数	152	152	152	152	152	152	152	152	152
其他	皮尔逊相关性	0.185*	0.137	-0.029	0.241**	-0.170*	-0.177*	-0.201*	-0.215**	1
	Sig.（双尾）	0.023	0.93	0.723	0.003	0.036	0.029	0.013	0.008	
	个案数	152	152	152	152	152	152	152	152	152

注：** 表示在 0.01 级别（双尾），相关性显著；* 表示在 0.05 级别（双尾），相关性显著。

结果表明：企业自身生存发展需要与企业选择绿色工艺创新路径显著正相关、与企业选择绿色转向路径显著负相关；企业在资金、技术、人才等方面有基础与企业选择末端治理、绿色工艺创新、绿色产品创新三条路径均显著正相关；企业高管重视企业社会责任与企业选择末端治理、绿色工艺创新两条路径显著正相关；积极响应中央政府的新发展理念与企业选择末端治理路径正相关。

三、基于访谈及公开数据

（一）四类典型行业大型工业企业的绿色转型发展实践

1. 资源依赖型：攀钢集团和钢城集团

2019 年，攀枝花全市共有 333 户规模以上工业企业。这些企业多是资源型、耗能型、工业三废利用型和服务型，技术含量不高，处于行业产业链的低端。但是，这些企业构成了攀枝花以钢铁、钒钛资源综合利用为主线形成的矿业、钢铁、钒钛、能源、化工、机械制造六大传统优势产业的重要支撑，是攀枝花市工业绿色转型发展的重点。其中，攀钢集团（以下简称"攀钢"）和钢城集团（以下简称"钢城"）两大企业的绿色转型发展又尤为重要，因为在全市工业总产值中，近 70% 的贡献来自钒钛和钢铁两个产业，而攀钢和钢城（冶炼、轧钢）则是全市钢铁生产和钒钛制品生产的两大龙头企业，贡献突出。

（1）攀钢绿色转型发展之路。

攀钢是依托攀西地区丰富的钒钛磁铁矿资源建设发展起来的特大型钒钛钢铁企业集团，是攀枝花立市之根本。直到 2019 年，攀钢的工业产值仍然占全市工业总产值的 30% 左右。在攀枝花市被列入全国环保"黑名单"时，攀钢身负沉重的环保历史旧账[①]。2005 年以来，攀钢着力推进了"还环保欠账""矿渣二次开发利用""创建绿色工厂""构建攀钢绿色低成本战略体系"四项重点任务，"生态立企、绿色发展"战略体系逐渐清晰完善。末端治理和绿色工艺创新是核心支撑，也是攀钢在过去 15 年间绿色转型发展选择的主要路径。

2005—2018 年，攀钢先后实施了 450 多项环保治理项目，包括矿山、发电、焦炉、烧结、高炉、转炉、轧钢、钒制品、钛产品等工序的废水、废气、固体废物、噪声治理项目等，投资高达 170 亿元，攻克了以攀西钒钛磁铁矿烧结烟气脱硫、捣固焦炉烟气二氧化硫深度治理等为代表的重点难题，解决了历史遗留的环保问题。其中，2005—2007 年 3 年间，攀钢完成包括省市政府下达的限期老污染治理项目 100 多项，投入资金 17 亿元；2018 年实施环保治理项目 100 个，投资 10 亿元，主要污染物排放量均达到国家、省市环保督察标准。

与此同时，攀钢全面实施了生产工艺技术升级改造，发展循环经济。一方面，攀钢以绿色制造体系建设工程为抓手，实现余热余能回收利用；另一方

[①] 据估算，攀枝花大气污染中的 60% 以上来自攀钢。

面，攀钢着力高效、低耗、绿色、环保的钒钛磁铁矿采选、微细粒级钛精矿回收、普通高炉冶炼高钛型钒钛磁铁矿等关键工艺技术的突破，变巨量的矿渣为有用资源。在 2007 年，攀钢的钢渣、铁渣利用率已达 100%，高炉、转炉、焦炉煤气回收利用率分别达到 95%、50%、98.4%，工业水复用率达到 94%，实现"三废"产品产值 8.5 亿元，创造效益 6.5 亿元。在 2017 年，攀钢重点实施了吨钢余热余能回收利用等重点节能项目工程，吨钢综合能耗同比下降了 36.76 千克标准煤，节约能源 6 226 吨标准煤，海绵钛综合能耗同比节约了 240 吨标准煤，高钛渣电耗同比大幅下降。

不仅如此，攀钢还持续提升节能减排技术装备水平。截至 2017 年年底，攀钢已实施和正在实施的绿色照明改造项目总功率达 344 万千瓦，年节电 1 000 万千瓦时；节能水泵改造项目，年节电 2 550 万千瓦时；节能风机改造项目，年节电 1 240 万千瓦时，缩小了与同行业先进企业的差距，提升了节能减排技术水平。

同时，攀钢围绕节能减排逐步建立健全了责任体系，实现了"精细化、系统化、信息化"管理。一方面，将目标层层分解、压力层层传递、责任层层落实，并制定了严格的考核办法，实行问责制和"一票否决"制，将节能减排与薪水和"帽子"等挂钩；另一方面，着眼于用地集约化、生产洁净化、废物资源化、能源低碳化，着力推动新一代信息技术与矿山技术的深度融合，陆续建成了攀枝花铁矿地测地理信息管理系统、攀枝花铁矿采掘计划编制系统、密地选矿厂破碎无人值守自动化系统等 20 余项信息系统建设项目。

在这个过程中，虽然攀钢倚重于末端治理和绿色工艺创新的绿色转型发展路径并没有发生太大的变化，但是攀钢的绿色转型发展思路是有一个明显的转变过程的。在 2004 年攀钢被列入国家环保"黑名单"之前，攀钢对绿色转型发展是无意识的；在随后的几年内，攀钢的绿色转型发展投入主要是被动地还以前欠下的环保旧账、努力实现环保达标；进入 2015 年以后，中央政府提出新发展理念，重拳治污，攀钢才逐步明确了"环保达标就是企业生命线、环保能力就是企业竞争力、环保投入就是企业发展投入"的经营理念，末端治理、清洁生产和"三废"综合利用得以进一步强化（见表 7-10）。

表 7-10　攀钢绿色转型发展之路（2005—2018 年）

时间	绿色思路	绿色活动
2004 年以前	依靠资源优势，以市场为导向，坚持效益最大化的资源配置原则，以降低物耗、能耗为重点，优化和调整品种结构，提高产品质量，强化市场营销，狠抓成本控制	技术改造 环保项目建设
2005—2014 年	坚持以国家宏观经济环境和产业政策为导向，以"减量化、再利用、资源化"为原则，以"低消耗、低排放、高效率"为基本特征，以资源高效、循环利用为核心，狠抓钒钛资源综合利用、二次能源回收利用，积极开展废气、废水、固体废弃物等污染源治理，实现了经济与环境协调可持续发展	积极发展循环经济和清洁生产工艺；抓"三废"资源综合利用；围绕新能源、核电、航天航空等未来有生命力的产业，抓好战略性、前瞻性的科技攻关
2015 年以后	环保达标就是企业生命线、环保能力就是企业竞争力、环保投入就是发展投入；协同资源、做强基体、做大产业、绿色发展	继续开展钒产品清洁生产工艺技术攻关，继续加快生产信息化建设

资料来源：基于座谈、实地参观，攀钢年报（2001—2018 年）、攀钢社会责任报告（2009 年、2012—2014 年、2015 年、2018 年）。

（2）钢城绿色转型发展之路。

钢城最早是由攀钢主办的集体企业，以承担超员安置和内部劣势单位劳务安置为主要任务；2008 年后成为攀枝花地方政府管理的国有企业。近 10 多年来，钢城主要围绕攀钢资源深度加工及二次资源开发利用，大力发展循环经济，产业涉及钢铁、钒钛、资源综合利用、冶金原辅料、化工、环保、建材、机电、房地产、建筑安装、商贸和物流等多个领域，是攀枝花市最大的地方企业，也是四川省重点培育的大企业大集团。截至 2019 年年底，钢城下设 25 个分、子公司，约 13 000 余名职工，分布在攀枝花、成都、西昌等地，形成了资源综合利用、特色制造、现代服务、房地产四大产业板块，是国家资源综合利用"双百工程"骨干企业，成功入选四川省第一批工业综合利用示范企业名单及四川省绿色企业名单，是攀枝花市最大的地方企业和攀钢最大的战略协作单位。

从钢城的绿色转型发展思路和绿色转型发展活动来看，企业贯彻执行了中央、省、市各级政府关于循环经济、固体废弃物污染环境防治、固体废弃物综合利用及处理的相关政策。

从钢城获批的专利数量来看，钢城的绿色转型发展始于 2005 年，2012 年和 2013 年的研发努力达到顶峰，之后也保持了相对高的研发努力；从获批专利的类型看来，在过去的 10 多年里，钢城的发明专利居多，保持了较高的绿色技术创新水平。详见图 7-10①。

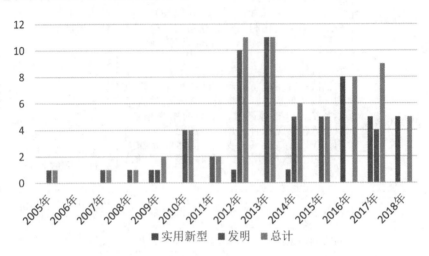

图 7-10　钢城专利获批情况（2005—2018 年）

资料来源：基于钢城集团提供材料整理。

从固体废弃物资源综合利用推广应用的技术类型来看，钢城注重实用性，应用的技术以实用新型专利技术和便于推广应用的技术为主（见图 7-11）。

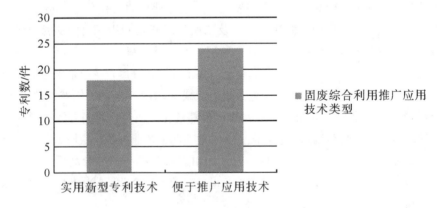

图 7-11　钢城固体废弃物资源综合利用推广应用技术类型（2005—2018 年）

资料来源：基于钢城集团提供材料整理。

---

① 考虑专利申请时间更能体现企业的技术创新努力，此处以钢城获批专利的申请时间为准统计。

进入"十三五"时期，钢城按照生态文明建设的总体要求，以集聚化、产业化、市场化、生态化为导向，以提高资源利用效率为核心，着力技术创新和制度创新，探索钒钛磁铁矿资源综合利用整体协同解决方案，推动钒钛钢铁产业链工业固体废弃物由"低效、低值、分散利用"向"高效、高值、规模利用"转变，构建攀西资源高效绿色综合利用模式。

钢城坚持"产业融合、空间集聚、绿色布局"的发展原则，致力于固废资源综合利用产业培育及发展并逐渐将固废综合利用产业发展成为核心产业，形成了回路闭合的生态化产业链及相应的产业集群。图7-12至图7-15分别呈现了钢城在冶金原材料、钢铁、建材和钒几个核心产业的产业链情况（虚线为拟建生产线）。

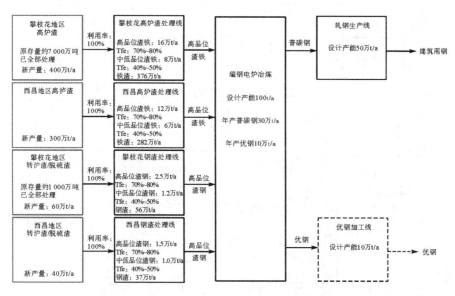

图 7-12　钢城冶金原料产业链

注：t/a 为吨/年，下同。

资料来源：钢城集团提供。

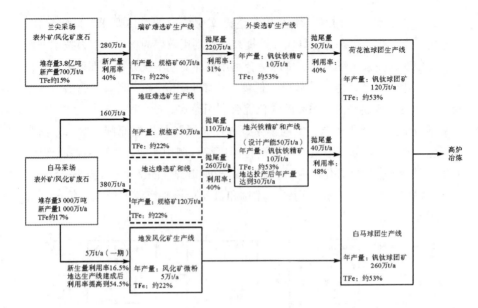

图 7-13　钢城钢铁产业链

资料来源：钢城集团提供。

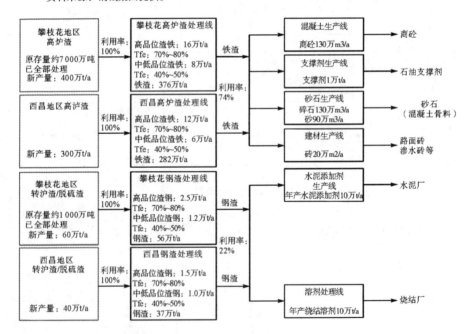

图 7-14　钢城建材产业链

资料来源：钢城集团提供。

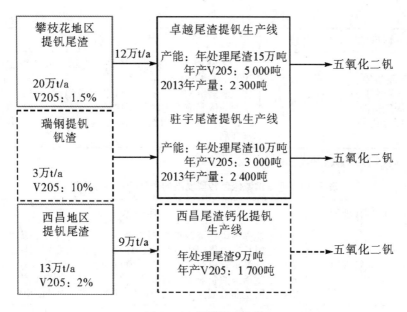

图 7-15　钢城钒产业链

资料来源：钢城集团提供。

　　表7-11和表7-12分别整理了近年来钢城基于绿色工艺创新开展工业固废综合利用及管理创新的情况。

表 7-11　近年钢城工业固废综合利用情况（绿色发展）

单位：万吨

项目	总量	绿色工艺创新
表外矿及废石综合利用	300	以白马废弃钒钛磁铁矿为原料，采用"三段闭路破碎+抛尾筛分"流程、"三段闭路破碎+二段球磨分级+三段磁选+过滤分离"及"破碎+搅拌+挤压+钠化+干燥+高压辊磨+压力分级"流程，生产铁精矿、复合球团粘结剂产品，生产过程中产生的抛尾废石用于商品砼
冶金渣综合利用	955	采用"翻渣+破碎+筛分+高炉渣深加工"工艺流程，综合利用高炉渣，生产渣砂、碎石、商品混凝土、水渣、高钛型高炉渣复合管材等建材产品；引进在世界范围内居行业领先水平的芬兰 Ecofer 渣钢铁高效回收系统建成冶金渣提质生产线；建成质量工艺稳定的不定形耐火材料生产线3条、球团生产线3条、冶金材料生产线4条，主要产品涉及冷固球团、精炼渣材料、耐火材料等冶金辅料；采用钠法焙烧以含钒尾渣作为原料生产五氧化二钒

表7-11(续)

项目	总量	绿色工艺创新
渣钢渣铁、废钢等固废资源综合利用	N/A	建一条利用和消化渣钢渣铁、废钢等固废资源的100万吨电炉冶炼生产线，产品覆盖各种普碳钢、优质碳素结构钢、模具钢连铸坯及钢锭；充分利用攀西地区和成都地区的废次钢（板）材，进行深加工，生产钢球、钢丝、模板、包装材料等一系列五金产品

资料来源：钢城集团生态环保部。

表 7-12 近年钢城绿色转型发展的内部管理创新支持

企业内部管理创新	具体内容
创新企业管理模式	成立工业固体废物资源综合利用企业建设领导小组，集团董事长任组长，由集团主管安全、环保、生产的主要领导成员组成。统筹负责企业建设管理运营的重大事宜；建设高能高效、智能指挥的企业服务体系，为分公司做好服务；建立部门联动的企业管理体制。实行政府与企业共同管理的模式
健全规划实施机制	编制《攀枝花钢城集团有限公司工业固废资源综合利用企业实施方案》，要求各地循环经济综合管理会同国土、规划等部门统筹企业建设规划，科学布局项目建设，综合考虑废弃物产生、分类、收运、处置、运营、监管全过程空间需求，做好项目衔接，一次规划，分期建设；将企业建设纳入城市总体规划、土地利用总体规划等，优先保障土地供应
创新企业运营模式	围绕综合利用项目，创造条件发行绿色债券等用于企业项目建设，以此实现投资主体的多元化转变，并进一步激活工业固体废物资源综合利用市场活力
创新企业考核模式	实施分类考评，突出工作重点；结合战略发展规划，科学设定考评内容；深入调研，结合实际创新工作方式，不断优化考评实施办法；建立有效的考评奖惩机制，促使分公司提高工作效率，充分发挥目标考评的导向和激励作用。定期对工业固体废物资源综合利用的各项指标进行监测、统计，形成报表和定期报告，及时分析、汇总、上报，为科学决策提供依据，实现企业管理的科学化、数字化。为政府监管提供有效数据
创新污染防治监督管理体制	制定《攀枝花钢城集团有限公司综合利用监督检查管理办法》《攀枝花钢城集团有限公司工业固废资源回收利用管理条例》等资源综合利用配套办法和实施细则，建立健全资源综合利用制度体系，加强各项制度的执行检查力度。制定《攀枝花钢城集团有限公司工业固废资源综合利用标准化行动计划》，制订和修订资源综合利用的工艺生产、产品质量和技术规范等标准，并以企业资源综合利用标准化试点建设为重点，开展资源综合利用标准化示范企业建设

资料来源：钢城集团生态环保部。

从固废资源综合利用投资来看，钢城的投入和其企业规模及行业地位相对不足。钢城下属从事固废资源综合利用的企业有 7 家，分别是环业公司、废旧公司、卓越钒业、瑞地公司、瑞钢公司、冶辅公司及瑞海公司，其中，瑞海、瑞地、环业 3 家公司获得"国家高新技术企业"认证，瑞海、瑞地 2 家公司被授予"四川省企业技术中心"称号。钢城先后参与《高钛重矿渣混凝土施工技术规程》（DB51/T 1928—2014）、《钒钛磁铁矿冶炼废渣处置及回收利用技术规范》（GB/T32785—2016）、《高钛重矿渣桥梁高性能混凝土技术规范》（DB51/T2424—2017）等固废利用领域的标准制定。2013 年以来，钢城固废资源综合利用投资千万以上项目共计 4 个，总投资约 9.8 亿元，包括瑞钢公司整体搬迁工程（总投资约 9 亿元）、渣钢铁高效回收加工项目（总投资 6 564 万元）、冶金渣综合利用技术研究项目（总投资 1 899 万元）等。2019—2021 年钢城重点绿色发展项目开展情况见表 7-13。

表 7-13　2019—2021 年钢城重点绿色发展项目开展情况

单位：万元

	总投资	建设期限	项目内容	生态效益
巴关河高炉渣固体废弃物资源化利用项目	6 000	2019—2020 年	项目采用铁产品加工及高钛型高炉渣处理专有技术，建设高炉渣固体废弃物资源化利用生产线，实施后对攀钢高炉渣深加工处理能力由 80 万吨/年提升到 130 万吨/年。项目竣工后，形成矿渣碎石 60 万吨、渣砂 63 万吨，用于建筑行业；含铁物料 7 万吨，用于铁产品提炼深加工，实现尾渣的零排放	年处理冶金渣（工业固废）130 万吨；固废利用率 100%
钢渣、扒渣坑环保整治工程	7 000	2019—2021 年	建设冶炼炉渣环保型翻渣及热焖处理区。采用实时翻渣热焖一体化技术，定点规模化集中热焖处理攀钢熔融钢渣，达到钢渣热焖处理清洁化。处理钢渣 65 万吨/年	年处理冶金渣（工业固废）65 万吨；固废利用率 100%
西渣场高炉渣综合利用环保及升级改造项目	10 100	2020—2021 年	为提高冶金渣（工业固废）利用效率和利用水平，避免处理过程对区域生态环境的不利影响，建设成套高炉渣处理生产线，年处理攀钢新生高炉冶金渣（热泼渣）350 万吨，实现固废资源 100%综合利用	年处理冶金渣（工业固废）350 万吨；固废利用率 100%

资料来源：钢城集团生态环保部。

2. 能源化工类：龙蟒集团和泸天化集团

（1）龙蟒集团的绿色转型发展之路。

龙蟒集团是集磷化工、钛化工、生物化工和钒钛磁铁矿综合开发利用为一体的大型民营企业集团，是四川省100户"大企业大集团"之一，是德阳化工行业三大支撑性企业之一。龙蟒集团的前身是20世纪80年代中期成立的绵竹县遵道纯碱厂，现已形成德阳、襄阳两大硫—磷—钛化工产业基地、眉山高新生物化工产业基地和攀枝花钒钛磁铁矿综合开发利用基地，建有国家级企业技术中心、国家地方联合工程实验室、院士工作站等。

图7-16呈现了龙蟒集团在过去30余年间的产品、产业结构的转变过程。其中，"金红石型钛白粉"和"S-诱抗素"两个产品被四川省政府确立为"首批科技创新型产品"。

从绿色转型的视角来看，早在1998年，龙蟒集团投资了2 800万元进行三废综合治理，龙蟒集团的绿色转型之路从末端治理开始。进入2005年，龙蟒集团引入ISO14001环境管理体系和OHSAS18001职业健康安全管理体系。不过，直到2011年，龙蟒集团才明确提出了"虔诚面对资源，责任面对环境"这样的生产经营理念。从其技术创新活动来看，其绿色化思路比较注重通过生产过程中的工艺创新达到高效利用资源、高效转化资源、减少污染物排放的目的。在绿色发展战略方面，龙蟒集团坚持"技术创新纵向延伸，循环经济横向连接"。相应地，龙蟒集团着力在新型硫酸法钛白粉、"S-诱抗素"、新型硫酸法钛白粉，"S-诱抗素"的生产工艺技术开发，"钛白粉—硫酸—磷化工"相互嫁接的循环经济产业链技术体系三个方面实现突破性创新，协同推进绿色产品创新和绿色工艺创新。

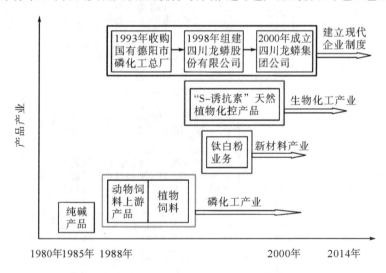

图7-16　龙蟒集团产品、产业结构调整过程

资料来源：基于访谈数据。

（2）泸天化集团绿色转型发展之路。

受化肥及基础化工产品市场环境影响，泸天化集团（以下简称"泸天化"）于 2014 年 5 月划归泸州市国资委监管，后于 2018 年完成了破产重整。目前，以天然气为原料生产合成氨、尿素仍是泸天化的主要业务。泸天化是国内最大尿素生产企业之一、化肥行业知名企业。泸天化的前身为泸州天然气化工厂，始建于 1959 年，是我国首家以天然气为原料生产合成氨、尿素的化工企业，享有"中国现代尿素工业摇篮""中国天然气化工的先驱"之美誉。泸天化集团成立于 1996 年。由于行业大环境不景气、企业多元化经营不理想、历史负担重等多重原因叠加，泸天化从 2009 年开始便一直处于微利进而连年巨额亏损的状态。在 2014 年划归泸州市国资委管理时，全集团负债总额为 172 亿元，其中金融负债高达 145 亿元，每年利息支出达 7.5 亿元。在岗员工 12 500 余人，全集团 3 000 多名富余人员需分流安置且依然承担着办社会的诸多职能。泸天化生产经营难以为继，生存岌岌可危。因此，2014—2018 年，泸天化经历了一个艰难的改革脱困过程。直到 2018 年完成了破产重整之后，泸天化才确立了"绿色化工、美好生活"的使命，明确向"新农化、新材料、新环保"三个方向推进转型发展之路，并积极"退城入园"。泸天化转型发展绿色取向明确，路径清晰，以绿色转向为主。

①新农化。泸天化成立了农业科技服务公司和众康检测公司，开展专业检测、专业配方、个性化订制等新农化服务，并成功开发了果蔬茶生物有机肥、氨基酸水溶肥等新型生态肥料产品，市场反应良好。

②新材料。年产 10 万吨聚碳酸酯项目已建成投产，于 2019 年 3 月产出合格的聚碳酸酯产品。项目达产后每年可新增利税约 2 亿元。

③新环保。泸天化以泸天化环保公司为平台，与美国麦王上海环境公司合作，充分发挥双方在市场资源、技术等方面的优势，目前在乡镇污水处理、工业园区污水处理、危废处理等方面已初具规模，每年新增营业收入上亿元。

④"退城入园"。泸天化委托中国国际工程咨询公司完成了泸天化集团纳溪生产基地"退城入园、转型升级"的论证工作，并于 2018 年编制完成《泸天化退城入园及升级改造总体方案》，目前"退城入园"工作正有序推进。

当前，泸天化在四个方向上的进展还比较缓慢。资金困难是主要制约因素，其次是地形地貌、运输条件等原因。泸州市有化工企业存量的 4 个园区均沿江而建，且全部属于在开发区内化工企业与其他类型企业混杂分布，不属于专业化工园区①，原料互供、设施共建、资源共享、土地集约、"三废"集中治理程度不高。而长开区事实上不具备合规园区身份，纳溪经开区已调整产业发展方向，泸县经开区临港工业园基础配套设施不完善，合江临港工业园区规划环评修编未获批复等问题，造成目前全市拟搬迁入园、新改扩建化工项目落地困难。

3. 机械制造类大型工业企业的绿色转型发展路径选择：东汽

东汽是老牌大型央企，始建于 1966 年，其母公司东方电气集团是全球最大的发电设备制造和电站工程总承包企业集团之一，也是四川省重大技术装备龙头企业。经过近 50 余年的发展，东汽的产业布局已经由原来单一的火力发电设备生产制造发展到 2014 年的火电、核电、风电、燃气轮机、工业透平、电站配套等"多电并举"。东汽由原来上汽、哈汽的"替补"成长为今天与上汽、哈汽"三足鼎立"的大企业。2014 年以后，东汽将风电产业分离出去，成立"东方风电"，独立运营风电板块。从绿色转型发展的路径来看，东汽在过去半个多世纪以来都主要选择了渐进性的绿色产品创新和以绿色产品为支撑的绿色转向②。在这背后，东汽在绿色转型发展思路和绿色创新活动两个方面已经经历了四个阶段的转变过程。

第一阶段（20 世纪 80 年代以前）：东汽对绿色化基本没有什么概念，也就没有什么绿色化思路。在绿色化思路方面，比较朴实的想法和做法就是研发出大功率和高参数的火力发电用汽轮机。因为这样的机组热效相对高一些，可以减少用户使用设备过程中的燃煤消耗量。在这一时期，东汽基于早期引进的 50MW 汽轮机组技术独立开发出了 75MW、200MW 和亚临界 300MW 汽轮机。其中，亚临界 300MW 汽轮机的研制成功为后面 90 年代初引进日立亚临界 600MW 技术，逐渐追赶上哈汽、上汽打下了具有奠基意义的技术基础。

第二阶段（20 世纪 80 年代到 21 世纪初）：在绿色化思路方面，东汽除了继续开发大功率、高参数的机组之外，还加大了对生产过程中的能源消耗和工业"三废"排放的控制。作为大型央企，东汽的绿色化思路严格遵守政府出台的各项相关环保法规和条例。在创新活动上，东汽对自主研发的亚临界 300MW 机组技术进行了 7 次优化升级，第八代机组能耗比第一代机组能耗下

---

① 专业化工园区指以化工为单一主导产业的化工园区或在开发区内设立的相对独立的化工园区、基地。

② 因为装备制造业不属于"三高"行业且其对外竞争的关键是产品不是生产过程，所以，其生产过程的绿色化活动（绿色工艺创新）在过去几十年主要围绕着降耗减排展开，并没有实质性的调整和变化，在此不特别关注和展开。

降了 332.4kJ/kW·h。此外，部分地引进了日立亚临界 600MW 机组技术，能耗由 8 175kJ/kW·h 下降到了 7 804.5kJ/kW·h。

第三阶段（21 世纪初到 2013 年）：这一时期是东汽绿色化转型动作最大的时期。东汽明确提出了"绿色动力，造福人类"的绿色发展思路；在绿色发展活动上，不再局限于研制大功率、高参数的机组，而是发展多元化的清洁发电机组，如燃气轮机、风电、太阳能、海水淡化等，产品线绿色化取向明显。

第四阶段（2014 年以来）：在这一阶段，绿色发展、自主创新被各级政府提到了前所未有的高度，外加金融危机以来国内外复杂的经济形势，东汽在坚持原有绿色转型发展思路的基础上，更为重视清洁高效产品的研发和制造服务创新。一方面，东汽在 2017 年做出了"加快 50MW 燃机研发"的战略部署，在 2018 年 3 月整合原有的产品研发中心燃机研发部、材料研究中心、工艺部等相关燃机研发部门及人员组建了 G50 发展中心，在 2019 年 9 月实现了国内首台自主研发 F 级 50MW 重型燃气轮机点火试验一次成功。东汽在重型燃气轮机技术领域拥有了自主知识产权，"卡脖子"成为了历史，为未来我国研发出更高等级重型燃气轮机打下了坚实的基础。另一方面，东汽在做好原有火电、燃机、核电、风电四大基础板块的基础上，着力培育包括工业透平及电站服务两大辅助成长性板块在内的新的绿色转型发展支撑点。

4. 食品饮料类：蓝剑饮品集团

蓝剑饮品集团在"2019 年四川企业百强榜"中排名第 94 位，是四川食品行业发展势头比较好的龙头企业之一。从 2001 年起，蓝剑饮品集团的产品线选择、产品开发以及市场营销策略已经明确地从企业社会责任承担的角度指向"健康"。而"健康"正是食品行业绿色化发展的基本目标之一。从这个意义上讲，蓝剑饮品集团的绿色化之路从 2001 年剥离啤酒产业、转而专攻天然矿泉水和植物蛋白饮品两个产业时便已开始。其绿色转型发展主要选择了突破性产品创新、绿色工艺创新和绿色转向三个路径。

蓝剑饮品集团的绿色创新活动主要在突破性的产品创新以及基于已有生产经营活动的战略性多元化发展。立足"整合、创新、突破"的发展战略，蓝剑饮品集团在 2001 年推出唯怡天然植物蛋白饮品、2003 年推出"冰川时代"矿泉水、2013 年推出"零添加"唯怡 9 果原浆。从产品创新的视角来看，无论是植物蛋白饮品，还是矿泉水、"零添加"唯怡 9 果原浆系列当时在市场上都是其他同行鲜有涉及的，风险极大，需要企业有强烈的创新精神。单单 2013 年推出的"零添加"唯怡 9 果原浆系列，就是蓝剑饮品 10 多个技术中心联合国内外专家、研究机构经过长达 3 年艰苦攻关的成果。

蓝剑饮品集团的生产工艺创新虽然也主要为生产线及生产设备的更新换代，但主要的目的不是节能、减排，而是最大限度地保证产品的无菌化和无尘化，保证从农田到餐桌的食品安全。传统意义上的环境问题，比如工业"三废"的处理、能耗管理、产品包装物的选择及回收处理等是被忽略的，而其主营业务矿泉水和9果原浆系列都具有资源依赖性，尤其是前者，属不可再生性资源。蓝剑饮品集团在天然饮品和天然矿泉水的业务之外，还同步涉足了超级农场、连锁酒窖、环球食品、生物制药、国际贸易、银行、基金等多个业务领域。

（二）中小微工业企业的绿色转型发展实践

1. 资源依赖型：攀枝花市的若干中小微企业

表 7-14 整理了攀枝花市部分中小微企业 2009 年以来的绿色转型发展活动。对于这些中小企业而言，绿色转型的路径主要是通过提升工艺对工业"三废"或副产物进行末端处理或综合利用。像攀青焦化这样选择关停原焦化业务，转型到煤炭物流生产性服务业的中小企业还是少数。

表 7-14　攀枝花部分中小微企业绿色转型发展活动

企业名称	企业绿色活动
川投化学	实施环保节能清洁生产技改项目，实现灭火炬和烟气集中处理、污水和固渣封闭循环利用
天民钛业	实施低成本高性能钛及钛合金型材和零部件的粉末冶金制造中试及产业化项目，可使钛及钛合金成本降低 50%
东立科技	"硫酸亚铁资源循环综合利用项目"入选四川省循环经济典型案例
博信化工公司	利用废渣固废硫酸钠制取工业硫化钠、硫酸铵，工业废物得到有效利用
利源粉煤灰制品厂	利用火力发电厂产生的废弃粉煤灰生产建筑材料和新型墙体材料
钢城集团瑞丰水泥公司	利用富余蒸汽发电
安华公司	建成年产 50 万吨粉煤灰综合利用和年产 3 亿块煤矸石烧结砖两个项目
攀青物流公司（前身攀青焦化）	关停了焦化产业，建设煤炭物流中心
攀煤联合焦化公司	上马 100 万吨焦化项目综合利用煤气等副产品，建设年产 10 万吨甲醇、3.3 万吨粗焦油、1.1 万吨粗苯，建设 5 000kW 电站一座

表7-14（续）

企业名称	企业绿色活动
德胜攀煤化公司	建成"煤—电—冶"循环产业链：对炼焦过程中产生的富余煤气进行脱苯、脱氧、脱萘，回收生产苯、氨等化工产品，同时用净煤气作为发电、球团冶炼的燃料，整个生产过程既减少了废气排放，避免了资源浪费，又缓解了电力供需矛盾
翰通焦化公司	提升工艺水平，年产100万吨捣固焦，并实行副产物的综合利用
玲华工贸万赢装饰材料厂	基于废高炉渣生产矿棉吸音板技术研究项目，成功利用高炉渣生产矿棉板，成为西部地区乃至西南地区唯一一家利用高炉渣生产矿棉板的厂家

资料来源：基于访谈、攀枝花市政府研究室提供材料及公开数据整理。

这些企业大多开展的是"小打小闹"的工艺改进，在一定程度上适应了市场需求，但和国内外的先进企业相比，还有不小的差距。以综合利用钛白粉企业的副产品硫酸亚铁为例，这些企业还存在处理方式单一、费用高、利用率低、区域产业配套差、本地的配套产业薄弱的问题。

2. 能源化工类：泸州鑫福化工

泸州鑫福化工股份有限公司（以下简称"鑫福化工"）原是20世纪70年代投建运营的泸州市碱厂，后在1996年和2001年经历了两次转制，现为四川鑫福产业集团公司旗下的子公司，有在职员工500余人，其中工程技术人员170余人，年营收在10亿元以上，是泸州的重点民营骨干企业之一。鑫福化工的主营业务是生产销售氯碱、卤化氢（二氯甲烷、三氯甲烷等）。

鑫福化工的绿色转型发展主要发生在2016年以后。主要驱动力是2016年党中央、国务院启动了长江大保护战略，要求距江1公里以内的化工厂全部停建及拆除，同步开始对省级党委、政府和相关部门的环保督察巡视工作。

"污水排放是实时在线监测的，是和环保局联网的，直接传到省上，如果不达标会报警，所以，偷排是绝对不行的。废气也是实时在线监测的，主要是SO_2，一旦超标，不但要报警，而且（会被拍摄到画面）……安全环保的要求越来越高。3年前的指标（国标）拿到现在肯定是不过关的……现在长江是重要保护水源，无人机长期在空中巡视，随时可能会被拍下来。水上还有水艇，一天会经过（工厂）3~4次。"

——鑫福化工办公室主任 李××

末端治理和清洁生产是鑫福化工应对环保督察压力的主要措施，且以直接购买设备和工艺为主。

"近 3~4 年跟原来比，绿色生产、节能生产比原来有很大提高。从前年开始，要求越来越高。只有加装装置和提升工艺才能达标，但都不是大的改动。"

——鑫福化工办公室主任 李××

3. 机械制造类：德阳的若干协作配套企业

截至 2019 年 5 月，德阳市装备制造规模以上企业达到 397 家，配套企业 1 500 余家，主营业务收入占工业比重超 42%，高端装备产业增加值增长 33.1%。在 1 500 余家中小协作配套企业中，为东汽、东电和二重三大厂提供生产耗材的企业就有 20 余家；为宏华集团的石油钻井设备生产做配套的企业有 100 多家；填补研发、制造海水净化、海洋石油钻探、电缆设备等成套装备空白的企业有 200 余家。2013 年、2014 年分别由宏华石油、东汽牵头，联合省内外 60 余家科研院所、相关企业成立了"四川省石油钻采产业联盟"和"四川省燃气轮机产业联盟"，以进一步发挥龙头企业的带动作用，同时整合成员单位资源，提高全省相关产业链的竞争力。从对东汽、东方风电、宏华集团、英杰电气、耐特阀门、明日宇航等大中型企业的实地访谈来看，大企业能在较大程度上影响的就是零部件供应商，不过，机械制造类大企业通常对供应商的要求重点在于产品质量和交货期，供应商企业的生产过程和产品质量是否绿色化并不是大企业采购时的关注重点。因此，注重产品质量、产品创新并通过产品采购实现绿色转型发展思路和活动在纵向产业链的扩散是机械制造类行业推动实现绿色转型发展的特点和要点。

（三）区域工业企业群选择的绿色转型发展路径：地方政府主管部门的视角

从对德阳、攀枝花和泸州三市相关主管部门的访谈情况来看，三个老工业基地的工业整体上主要选择了末端治理（淘汰落后产能）、绿色工艺创新（工艺改进、发展循环经济等）、绿色转向（培育战略性新兴产业、转型旅游康养等现代服务业）三条路径。其中，末端治理和绿色工艺创新这两条路径由政府主推，企业显得相对被动，主要是为了"达标""合规"；绿色转向这条路径是市场内在动力和政府诱导共同作用的结果，迎合了构建现代工业体系的大方向。绿色产品创新活动开展不足。

德阳市聚集了二重、东方电机（东电）、东汽三大厂，是我国三大重型机械、发电设备制造基地之一，也是 20 世纪 80 年代中期德阳设立省辖地级市、确立市带县体制的重要依据。经过 30 多年的快速发展，德阳陆续被冠以"清洁技术与新能源装备制造业国际示范城市""国家科技兴贸创新基地（装备制造）""国家新型工业化产业示范基地（装备制造，首批）""国家 2018 年工业稳增长和转型升级成效明显城市"等称号。因为有三大厂这样的工业发展基础，德阳在保持经济增长方面长期倚重于工业，并表现出明显的龙头企业带动式产业集群发展取向。从这个意义上讲，大企业选择的绿色转型发展路径以及它们对协作配套企业的拉动、带动力会直接影响德阳工业企业绿色转型发展的进度和成效。事实上，德阳工业企业群选择的绿色转型发展路径在大方向上是和它们协作配套的装备制造类大企业保持一致的，主要分为两大类。一类基于东汽、蓝剑饮品集团等不在"三高型"行业、注重产品创新的大企业的纵向产业链市场协作驱动，持续改进生产工艺、研发新产品、转向战略性新兴产业等；一类是基于龙蟒集团等属"三高型"行业、注重工艺创新和循环经济的大企业的横向耦合生态链构建牵引，着力于生产工艺改进、产品创新。

攀枝花拥有国家最大的三线建设项目，是旨在提取具有重要战略意义的极为丰富的攀西钒钛资源、改善我国钢铁工业布局基地而成立的一座现代移民工业城，当年还有备战作用。自1965年开发建设以来，伴随着钢铁经济的繁荣发展，攀枝花的环境问题日益突出。由于污染严重，2004年攀枝花名列中国十大污染城市之一。2012年以来，攀枝花开始着力推进绿色转型发展，第一个动作就是减少粗放型生产，减少排放，推动工业结构和工业用能结构向绿色化、清洁化转型。攀枝花市的工业发展则高度依赖本地的钢铁钒钛等资源。2019年，攀枝花全市共有333户规模以上工业企业。这些企业多是资源型、耗能型、工业三废利用型和服务型，技术含量不高，处于行业产业链的低端，外加多年粗放式发展，面临的生态环境约束性更强。但是，这些企业构成了攀枝花以钢铁、钒钛资源综合利用为主线形成的矿业、钢铁、钒钛、能源、化工、机械制造6大传统优势产业的重要支撑，是攀枝花市工业绿色转型发展的重点。其中，攀钢和钢城两大企业的绿色转型发展又尤为重要，因为在全市工业总产值中，近70%的贡献来自钒钛和钢铁两个产业，攀钢和钢城集团（冶炼、轧钢）则是全市钢铁生产和钒钛制品生产的两大龙头企业，贡献突出。攀枝花工业企业群的绿色转型发展以淘汰落后产能以及以攀钢、钢城、德胜攀煤化工等大企业集团为核心构建循环经济链、延伸产业链、着力改进生产工艺为主。攀枝花西区以德胜攀煤化工、攀煤联合焦化、众一化工、华益能源为龙头，围绕煤电产业、煤化工产业、高炉渣综合利用，形成了煤—电—冶、煤—煤化工—精细化工、煤化工—精细化工三大产业链，中小企业参与率在60%以上。与此同时，中小企业也逐渐向煤化工、冶金辅料、新型建材、钢铁深加工等工业产业领域以及交通运输、现代物流等第三产业领域延伸。通过发展循环经济，西区工业不仅实现了绿色转型，还实现了工业结构从原来单一的以煤炭、火电为主向多元产业并举的格局转变。

　　泸州地处四川省东南、川滇黔渝四省市接合部,是"一带一路"建设和"长江经济带"建设的重要节点城市,是著名的"中国酒城",是我国天然气化工的发源地、国家规划的 16 个大化工基地之一和 14 个精细化工基地之一,拥有国家规划的 13 个大型煤炭基地之一的古叙矿区,是川南能源保障基地。这些特征相应地塑造了泸州工业结构的特点:工业以酒业、传统化工、机械制造、能源为支柱产业。改革开放 40 余年,泸州市虽然也在着力发展航空航天、电子信息、现代医药等新兴产业,但工业经济的主要增长动力仍在于几个传统产业。而传统产业亟须转变传统的发展方式,增强创新驱动力,尤其是化工产业,大多是沿江发展或处于城镇人口密集区中,面临着巨大的安全环保和"退城入园"压力。然而,以泸天化为代表的泸州化工类大企业集团近年来自身生产经营陷入困境、发展不景气,对全市的协作配套企业带动力严重不足。也因此,泸州的工业企业绿色转型发展路径选择在群体上的表现相较德阳、攀枝花两市明显松散,无论是传统产业还是新兴产业,都以政府推动为主。政府的推动以淘汰落后产能,推进清洁生产,招引高端装备制造、智能电网、现代医药、新能源新材料、大数据等新兴产业为主,但因为区位相对差、工业转型升级基础薄弱等,新兴产业的发展成效还亟待提升。

第二节　四川工业绿色转型发展路径选择中的关键性地方政府行为

一、整体情况

　　从图 7-17 和图 7-18 来看,除去极少数年份,四川的环境规制行为强度大都高于欠发达地区均值;四川的市场型环境规制行为强度高于其行政性环境规制行为强度;四川的行政性环境规制行为强度明显高于欠发达地区均值、显著低于发达地区均值;四川的市场型环境规制行为强度高于欠发达地区均值、低于发达地区均值,但均差距不大。

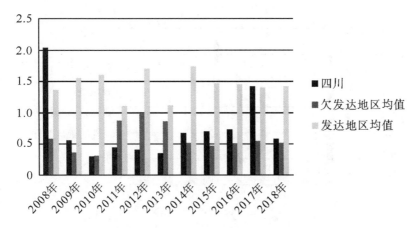

图 7-17　四川行政性环境规制行为强度（2008—2018 年）

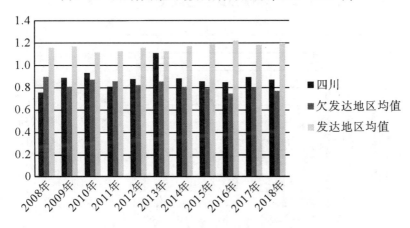

图 7-18　四川市场型环境规制行为强度（2008—2018 年）

从图 7-19 看，除去 2009 年，四川的政府财政支持行为强度均明显高于欠发达地区均值和发达地区均值。

从图 7-20 看，四川的金融信贷干预行为强度大体上是一直增强的，但增速低于欠发达地区的整体增速，在 2012 年与欠发达地区均值持平，从 2013 年开始持续低于欠发达地区均值。甚至欠发达地区均值从 2015 年开始高于发达地区均值。

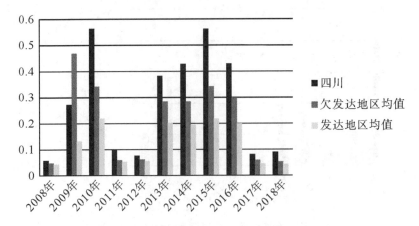

图 7-19　四川政府财政支持行为强度（2008—2018 年）

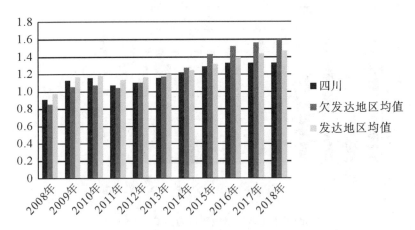

图 7-20　四川金融信贷干预行为强度（2008—2018 年）

从图 7-21 看，四川的绿色宣传教育行为强度在波动中不断增强，且明显高于欠发达地区均值和发达地区均值。

从图 7-22 看，四川和欠发达地区整体的绿色公共服务行为强度在波动中不断增强，并在 2018 年超过了发达地区均值。

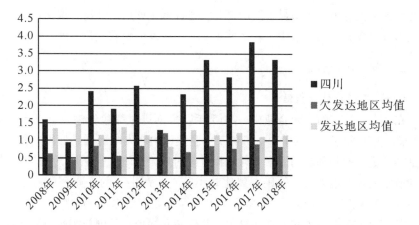

图 7-21　四川绿色宣传教育行为强度（2008—2018 年）

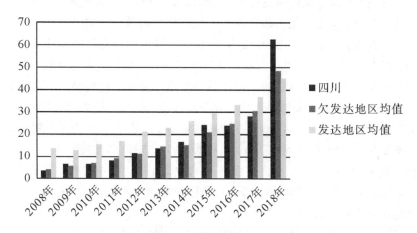

图 7-22　四川绿色公共服务行为强度（2008—2018 年）

以上表明，2008 年以来，四川的与几个绿色转型发展相关的地方政府行为呈现出了异质性。具体地，四川的市场型环境规制、金融干预、绿色宣传教育、绿色公共服务等行为强度都保持了不同程度的持续增长态势，说明四川在过去 10 多年来持续地强化了对工业企业绿色转型发展的市场化诱导政策手段、公共宣传教育及服务，也强化了对本土金融信贷机构的行政性干预；行政性环境规制和财政支持两个政府行为的强度呈现出了一定的波动性，其中行政性环境规制行为强度在 2009—2013 年出现了一段持续的低谷期，而同期的欠发达地区均值和发达地区均值不降反升，说明四川在这几个年份相对地放松了对区域工业企业的行政性环境规制；财政支持行为强度在 2008 年、2011 年、2012年、2016 年和 2017 年几个年份有明显的下降，不过，同期欠发达地区均值和发达地区均值也出现了明显下降的情况且也都低于四川的强度,说明在这些年份全国各地政府都明显减少了对区域工业企业研发的财政支持力度。

二、问卷统计结果

(一)基础统计分析结果

在242家受访的工业企业中,2015年以来推进过绿色转型发展活动的有152家,占比62.8%。其中69.1%的工业企业认为地方政府逐年加码的环保标准是第一重要的外部驱动因素。与其相对应的是,受访工业企业认为其开展绿色转型发展来自地方政府的压力"比较小""非常小"的工业企业占比只有20.3%,而认为"比较大""非常大"的工业企业占比达到36.9%。

对工业企业开展末端治理、绿色工艺创新和绿色产品创新实施的奖补减免政策是另一个与地方政府相关的重要影响因素。46.7%的工业企业认为其开展绿色转型发展活动是被地方政府的相关奖补减免政策驱动的。与其相对应的是,感受到省上、地方上出台的针对企业开展绿色转型发展的奖补减免政策"比较少""非常少"的工业企业占比只有22.4%,而感受到"比较多""非常多"的工业企业占比35.6%。对于这些政策给企业绿色转型发展带来的帮助,感觉"比较小""非常小"的工业企业占比15.8%,感觉"比较大""非常大"的工业企业占比44.1%。在这些政策中,工业企业认为最有效的是技改、研发补贴(58.6%)和税收减免(21.7%),选择金融信贷支持(6.6%)、绿色宣传教育(6.6%)及公共服务平台(2.0%)的占比都不超过10%;63.8%的工业企业认为如果地方政府取消这些支持性政策,它们的绿色转型发展活动将会受到影响。

通过整理工业企业对地方政府的绿色转型发展政策建议发现,在明确表述了政策建议的问卷中,56.2%的工业企业希望政府增加财政支持、加大税收优惠力度、落实中央政府相关政策,29.5%的工业企业希望政府能够加强绿色转型发展指导、信息共享、搭建与银行高校交流协作平台等公共服务,16.2%的工业企业希望政府加强绿色转型发展政策宣传、政策解读和培训;8.6%的工业企业希望政府加强对金融信贷的支持;5.7%的工业企业希望政府加强对人才引进的政策支持。需要注意的是,在242份问卷中,有相当一部分问卷要么没有政策建议,要么表达宽泛、模糊。结合近50%的工业企业希望地方政府加强指导、宣传、培训、信息交流、多方协作的政策建议,可以判断,四川这三地的工业企业在很大程度上对各级政府相关的政策内容是不甚清楚的。

(二)基于SPSS的交叉分析结果

将工业企业绿色转型发展路径选择与外部影响因素进行交叉分析(见表7-

15）发现：在工业企业对于末端治理、绿色工艺创新、绿色产品创新三条路径的选择中，地方政府对工业"三废"排放的要求及环保督察的压力都是首要影响因素，占比分别为28.6%、25.3%、22.5%，超过了原材料、能源等成本上升的影响力；而原材料、能源等成本上升是工业企业选择绿色转向这一路径的第一重要影响因素。就影响工业企业绿色转型发展路径选择的地方政府行为而言，地方政府对于工业企业开展工业"三废"污染防治活动的奖补减免政策是第二重要影响因素：在选择末端治理等四条路径的工业企业中，这一影响因素的占比分别为10.6%、8.2%、8.9%、7.9%。第三重要的地方政府行为是地方政府对企业开展生产工艺绿色化改造的奖补减免政策。最后是地方政府对企业开展绿色产品开发有奖补减免政策。

表7-15　企业绿色转型发展路径选择与外部影响因素

影响企业选择的外部因素		末端治理	绿色工艺创新	绿色产品创新	绿色转向	总计
原材料、能源等成本上升	计数	33	61	34	13	141
	占比/%	17.5	20.1	20.1	20.6	
地方环保、应急管理等相关部门对企业"三废"排放要求及环境案例的督察压力逐年加大	计数	54	77	38	11	180
	占比/%	28.6	25.3	22.5	17.5	
企业开展工业"三废"污染防治活动有奖补减免政策	计数	20	25	15	5	65
	占比/%	10.6	8.2	8.9	7.9	
企业开展生产工艺绿色化改造有奖补减免政策	计数	10	18	11	4	43
	占比/%	5.3	5.9	6.5	6.3	
企业开展绿色产品开发生产有奖补减免政策	计数	8	15	14	4	41
	占比/%	4.2	4.9	8.3	6.3	
行业内龙头企业开展绿色转型发展活动	计数	14	23	18	5	60
	占比/%	7.4	7.6	10.7	7.9	
竞争对手开展绿色转型发展活动	计数	12	18	10	3	43
	占比/%	6.3	5.9	5.9	4.8	
下游客户的需求	计数	14	22	10	8	54
	占比/%	7.4	7.2	5.9	12.7	

表7-15(续)

影响企业 选择的外部因素		末端 治理	绿色 工艺 创新	绿色 产品 创新	绿色 转向	总计
附近居民的压力	计数	11	15	7	1	34
	占比/%	5.8	4.9	4.1	1.6	
地区非政府环保 组织的压力	计数	7	14	6	3	30
	占比/%	3.7	4.6	3.6	4.8	
其他	计数	6	16	6	6	34
	占比/%	3.2	5.3	3.6	9.5	
总计	计数	189	304	169	63	725

（三）基于SPSS的相关性分析结果

对问卷数据进行相关性分析，结果（见表7-16）表明：工业企业选择末端治理这一路径与地方政府针对末端治理的行政性环境规制强度（对工业"三废"排放要求及环保督察的压力）、市场型环境规制强度（奖补减免政策）、财政支持等行为（奖补减免政策）显著正相关；工业企业对绿色产品创新这一路径的选择与地方政府针对绿色产品创新的财政支持行为（奖补减免政策）显著正相关；工业企业对绿色转向这一路径的选择与地方政府针对末端治理的行政性环境规制强度显著负相关；工业企业对绿色生产工艺创新这一路径的选择与几个地方政府行为都不显著相关。命题4、命题5部分成立，命题7成立。

这个结果意味着，在实践层面，提高两类环境规制的强度、加大财政支持力度是地方政府推动四川工业企业加强末端治理投入的有效政策手段；如果四川地方政府要推动区域工业企业加大对绿色产品创新的投入，那么加大财政支持力度会是有效的举措；四川地方政府实施的行政性环境规制强度越高，区域工业企业越不可能选择转型到其他更为清洁、绿色的产业领域中去。可能的原因是：四川工业企业本身的技术、人才、资金储备等基础相对较弱，在政府行政性环境规制不断加码的情况下会更倾向于选择末端治理这一资金和技术门槛相对较低的路径；如果四川地方政府加大对区域工业企业开展创新活动的财政支持力度，企业也是愿意加大对绿色产品创新活动的投入的。

表 7-16 企业绿色转型发展路径选择与外部影响因素的相关性检验结果

相关性		末端治理	绿色工艺创新	绿色产品创新	绿色转向	原材料、能源等成本上升	地方环保、应急管理等相关部门对企业三废排放要求及环境安全的督察压力加大	企业开展工业三废污染防治活动地方政府有奖补减免政策	企业开展生产工艺绿色化改造有补减免政策	企业开展绿色产品开发生产有奖补减免政策	行业内龙头企业在开展绿色生产转型改造活动	竞争对手在开展绿色转型投资活动	下游客户的需求	附近居民的压力	地区非政府环保组织的压力	其他
末端治理	皮尔逊相关性	1	-0.052	0.001	-0.085	0.040	0.303**	0.237*	0.050	0.005	0.038	0.075	0.082	0.190	0.016	-0.132
	Sig.(双尾)		0.525	0.991	0.297	0.624	000	-003	0.539	0.951	0.641	357	-312	019	845	0.106
	个案数	152	152	152	152	152	152	152	152	152	152	152	152	152	152	152
绿色工艺创新	皮尔逊相关性	-0.052	1	0.071	-0.226**	0.203*	075	0.107	0.129	0.066	0.035	0.038	0.079	0.172	0.124	-0.014
	Sig.(双尾)	0.525		0.383	005	0.012	0.357	0.189	0.112	0.421	0.668	0.645	0.335	0.034	0.127	0.866
	个案数	152	152	152	152	152	152	152	152	152	152	152	152	152	152	152
绿色产品创新	皮尔逊相关性	0.001	0.071	1	-0.027	0.207	041	0.144	147	0.308**	0.246*	0.062	0.008	0.064	0.019	-0.078
	Sig.(双尾)	0.991	0.383		0.744	0.010	0.612	0.078	070	0.000	0.002	0.450	0.918	0.434	0.817	0.341
	个案数	152	152	152	152	152	152	152	152	152	152	152	152	152	152	152
绿色转向	皮尔逊相关性	-0.085	-0.226**	-0.027	1	018	-0.241**	-0.004	028	0.047	-0.004	-0.046	0.155	-0.094	021	110
	Sig.(双尾)	0.297	0.005	0.744		0.828	0.003	0.958	0.731	0.566	0.958	0.573	0.056	0.248	0.794	0.178
	个案数	152	152	152	152	152	152	152	152	152	152	152	152	152	152	152
原材料、能源等成本上升	皮尔逊相关性	0.040	0.203	0.207	018	1	0.014	0.082	0.172	0.099	0.016	0.000	-0.034	0.043	0.086	-0.202
	Sig.(双尾)	0.624	0.012	0.010	0.828		0.862	0.317	0.035	0.223	0.842	0.000	0.678	0.600	0.294	0.013
	个案数	152	152	152	152	152	152	152	152	152	152	152	152	152	152	152
地方环保、应急管理等相关部门对企业三废排放要求及环境安全的督察压力逐年加大	皮尔逊相关性	0.303**	075	041	-241**	0.014	1	0.127	0.062	-0.005	-0.085	-0.062	-0.123	0.183*	0.090	-154
	Sig.(双尾)	0.000	0.357	0.612	0.003	0.862		0.120	0.451	0.948	0.296	0.451	0.132	-024	0.268	-057
	个案数	152	152	152	152	152	152	152	152	152	152	152	152	152	152	152
企业开展工业三废污染防治活动地方政府有奖补减免政策	皮尔逊相关性	0.237*	0.107	0.144	-0.004	0.082	0.127	1	0.365**	0.352**	0.190*	0.049	-0.114	0.146	-0.067	-0.123
	Sig.(双尾)	0.003	0.189	0.078	0.958	0.317	0.120		0.000	0.000	0.019	0.545	0.161	0.073	0.411	0.132
	个案数	152	152	152	152	152	152	152	152	152	152	152	152	152	152	152
企业开展生产工艺绿色化改造有补减免政策	皮尔逊相关性	0.050	0.129	0.147	0.028	0.172	0.062	0.365**	1	0.483**	0.271**	0.245**	-0.092	0.29	0.049	-0.063
	Sig.(双尾)	0.539	0.112	0.070	0.731	0.035	0.451	0.000		0.000	0.001	-002	0.260	0.000	0.548	0.443
	个案数	152	152	152	152	152	152	152	152	152	152	152	152	152	152	152
企业开展绿色产品开发生产有奖补减免政策	皮尔逊相关性	0.005	0.066	0.308**	0.047	0.099	-0.005	0.352**	0.483**	1	0.204	0.109	0.026	0.194*	0.065	-0.104
	Sig.(双尾)	0.951	0.421	0.000	0.566	0.223	0.948	0.000	0.000		-012	0.181	0.754	0.016	0.428	0.202
	个案数	152	152	152	152	152	152	152	152	152	152	152	152	152	152	152

表7-16（续）

相关性		未端治理	绿色工艺创新	绿色产品创新	绿色转间	原材料、能源等成本上升	地方环保、应急管理等相关部门对政府要求及环境安全的督整压力逐年加大	企业开展工业三废污染防治活动地方政府有奖补减免政策	企业开展生产工艺绿色化改造地方政府有奖减免政策	企业开展绿色生产品开发地方政府有奖减免政策	行业内龙头企业在开展绿色转型发展活动	竞争对手在开展绿色转型发展活动	下游客户的需求	附近居民的压力	地区非政府环保组织的压力	其他
行业内龙头企业在开展绿色转型发展活动	皮尔逊相关性	0.038	-0.035	0.246**	-0.004	0.016	-085	190*	271**	0.204	1	0.273**	-0.030	-0.014	-0.014	-0.123
	Sig.（双尾）	0.641	0.668	0.002	0.958	0.842	0.296	0.019	0.001	0.012		0.001	0.714	864	0.864	0.132
	个案数	152	152	152	152	152	152	152	152	152	152	152	152	152	152	152
竞争对手在开展绿色转型发展活动	皮尔逊相关性	0.075	0.038	0.062	-0.046	0.000	-0.062	0.049	0.245**	0.109	0.273**	1	0.073	0.087	-0.031	0.019
	Sig.（双尾）	0.357	0.645	0.450	0.573	0.000	0.451	0.545	0.002	0.181	0.001		0.368	0.289	0.705	0.821
	个案数	152	152	152	152	152	152	152	152	152	152	152	152	152	152	152
下游客户的需求	皮尔逊相关性	0.082	0.079	0.008	0.155	-0.034	-0.123	-114	-0.092	0.026	-0.030	0.073	1	0.003	-0.052	0.083
	Sig.（双尾）	0.312	0.335	0.918	0.056	0.678	0.132	0.161	0.260	0.754	0.714	0.368		0.972	0.522	0.306
	个案数	152	152	152	152	152	152	152	152	152	152	152	152	152	152	152
附近居民的压力	皮尔逊相关性	0.190*	0.172	0.064	-0.094	0.043	0.183*	0.146	0.298**	0.194*	-0.014	0.087	0.003	1	0.232**	-0.094
	Sig.（双尾）	0.019	0.034	0.434	0.248	0.600	0.024	0.073	0.000	0.016	0.864	0.289	0.972		0.004	0.247
	个案数	152	152	152	152	152	152	152	152	152	152	152	152	152	152	152
地区非政府环保组织的压力	皮尔逊相关性	0.016	0.124	0.019	021	0.086	0.090	-0.067	0.049	0.065	-0.014	-0.031	-0.052	23*	1	0.035
	Sig.（双尾）	0.845	0.127	0.817	0.794	0.294	0.268	0.411	0.548	428	0.864	0.705	0.522	0.004		0.672
	个案数	152	152	152	152	152	152	152	152	152	152	152	152	152	152	152
其他	皮尔逊相关性	-132	-0.014	-0.078	0.110	-0.202*	-0.154	-0.123	-0.063	-0.104	-0.123	0.019	0.083	0.094	0.035	1
	Sig.（双尾）	0.106	0.866	0.341	0.178	-013	0.057	0.132	0.443	0.202	0.132	0.821	0.306	0.247	0.672	
	个案数	152	152	152	152	152	152	152	152	152	152	152	152	152	152	152

注：** 表示在 0.01 级别（双尾），相关性显著；* 表示在 0.05 级别（双尾），相关性显著。

三、基于访谈及公开数据

省、市州两级地方政府在四川工业绿色转型发展中发挥着重要的战略引领和协调控制作用，是工业企业之外的首要参与主体。整体上，两级政府发挥作用的路径和方式大体是一致的，主要包括：以规划引导企业、以政策规范企业、以行动帮助企业、以效果激励企业，充分发挥了政府"无形之手"的调控作用。只是，在具体的推进过程中，省、市州两级政府表现出了不同的行为取向和特点。

（一）四川省级政府与中央明确的政策保持了高度同步且呈现出四个特点

四川省级政府在推进工业绿色转型发展中对政治责任的考虑更重，与中央的明确政策高度同步，但对有利于本省经济发展且中央政府又没有明确禁止的领域，倾向于采取默认的态度，偏好短期且只限于本土的经济增长，偏好支持特定的产业、部门或企业的扩张，偏好投资工业、国有企业及"多快好省"且没有明显外部性的创新项目，契合了施海洋和徐康宁（2001）、周黎安（2007）、徐云松和齐兰（2017）对地方政府行为特点及价值取向的判断。

1. 四川省级政府把政治责任放在了首位

访谈中，德阳等三地的工业企业尤其是资源、化工类的工业企业和生态环保局、经信局面临的绿色转型发展压力主要来自中央和省两级政府围绕长江大保护战略和加强生态文明建设不断提高的环保标准和高强度、全覆盖、更严厉的环保督察。

在2017年8月7日至9月7日及2018年11月3日至12月3日期间，中央生态环保督察组分别对四川省开展了生态环保督察、生态环保督察"回头看"及沱江流域水污染防治专项督察，并在之后分别向四川反馈了89项、66项整改任务。在完成整改任务的过程中，四川动真碰硬，采取公开曝光、暗访抽查、专函专办、挂牌督办、行政约谈、追责问责等措施，持续将压力传导给市（州）、县（区）等下级地方政府、主管部门、管理机构等，压实责任，不动摇、不松劲、不开口子。

在第一轮中央环保督察后，四川多次召开省委常委会议、省委专题会议和省政府常务会议部署推动督察整改工作；党政主要领导20余次赴现场检查调研，指导推动督察整改工作；目标绩效考核中生态环保的权重从2017年的13%提高到了2018年的16%。考核排名后五位的市（州）和省直部门会被约谈；就中央环保督察组移交的12个生态环境损害责任问题，四川专门出台了《关于做好中央环境保护督察追责问责有关工作的通知》，最后问责了160名责任人员，其中，厅级官员29人，处级官员95人，科级及以下官员36人；

党纪政务处分 107 人次，诫勉 60 人；启动省级环保督察，对 2 095 个生态环保领域问题问责 3 933 人，对 76 起生态环境损害问题责任追究典型案件进行通报曝光；四川十一届三次全会通过的《中共四川省委关于推进绿色发展建设美丽四川的决定》，明确要求打好污染防治攻坚"八大战役"，实施绿色低碳循环经济"五大行动"，持续加强沱江、岷江流域水污染防治等；结合中共中央、国务院、生态环保部印发的《生态文明体制改革总体方案》（中发〔2015〕25 号）、《〈关于培育环境治理和生态保护市场主体的意见〉的通知》（发改环资〔2016〕2028 号）以及"长江经济带战略环评'三线一单'"等政策文件及工作部署，先后制定了《四川省加快推进生态文明建设实施方案》《四川省生态文明体制改革方案》《四川省长江经济带发展实施规划（2016—2020 年）》《四川省加快培育环境治理和生态保护市场主体实施方案》《关于建立资源环境承载能力监测预警长效机制的实施意见》《四川省完善环境准入促进绿色发展实施方案》《四川省生态保护红线方案》《四川省生态文明建设目标评价考核办法》等一揽子生态文明建设和环境保护改革方案及相应的政策体系。

在第二轮中央环保督察后，四川制定了《四川省贯彻落实中央生态环境保护督察"回头看"及沱江流域水污染防治专项督察反馈意见整改方案》，对各地各部门的问题整改工作提出"清单制+责任制+销号制"、边督边改、立行立改要求。截至 2019 年 3 月，督察组交办的群众举报问题已基本办结，其中责令整改 1 956 家；立案处罚 716 家，罚款 1 350 万元；立案侦查 13 件，拘留 8 人；约谈 219 人，问责 249 人。截至 2020 年年底，四川完成整改任务 62 项，整改完成率 93.9%。其中，攀枝花等 10 个市（州）的整改完成率为 100%。

2. 四川省级政府的四个行为特点

四川从化解过剩产能、淘汰落后产能、建设"5+1"现代产业体系①、发展绿色低碳产业、优化能源结构等方面，推动全省产业实现接续替代、动能转换和绿色转型发展。在这个过程中，四川出台了《全面推动高质量发展的决定》《四川推园区循环化改造三年行动计划（2018—2020）》《中国制造 2025四川行动计划》《四川省 2018 年度推动落后产能退出工作方案》《资源循环利用基地建设工作推进方案》等，对推动全省传统产业转型升级、提升产业发展层次、推动产业绿色发展做出了部署。

表 7-17 进一步整理了"十三五"期间四川推进绿色转型发展中涉及工业领域的相关行动。

---

① "5"即电子信息、装备制造、食品饮料、先进材料、能源化工 5 个万亿级支柱产业；"1"即数字经济。

表 7-17 "十三五"时期四川推进工业绿色转型发展中的主要政策文件

序号	文件名称	发布时间	发布部门	要点	直接落实中央政府相关文件
1	《四川省加快推进生态文明建设实施方案》	2016年4月	四川省委省政府	严把行业准入,坚决遏制产能严重过剩行业新增产能项目和低水平重复建设;建立节能环保产品推广重点目录;大力推进清洁生产;全面推进脱硫脱硝除尘设施建设;强化生态文明建设考核指标约束;基于市场导向,发展壮大战略性新兴产业、高新技术产业、现代服务业、循环型工业体系	是 结合四川实际制定
2	《四川省生态文明体制改革方案》	2016年6月	四川省委省政府	依法核发排污许可证;下达各市能源消费总量目标和"十三五"节能目标任务;强化国家绿色产品标准实施;推进差别化排污收费;探索实行弹性出让年限及长期租赁、先租后让、租让结合的工业用地出让制度;建立符合市场经济要求的探矿权、采矿权出让制度;实施符合生态文明建设要求和矿业规律的探矿权、采矿权出让方式;探索建立排污权交易机制;加快推进行合同能源管理等市场化机制;开展水权交易试点;引导金融机构加大对生态文明建设的融资支持;鼓励各类金融机构加大对绿色发放力度;支持符合条件的融资企业发行绿色债、公司债、短期融资券、中期票据等直接融资工具,鼓励企业发行绿色信贷资产证券化;支持建立各类绿色发展基金等	是 结合四川实际制定

表7-17（续）

序号	文件名称	发布时间	发布部门	要点	直接落实中央政府相关文件
3	《中共四川省委关于推进绿色发展建设美丽四川的决定》	2016年7月	四川省委	坚持生态优先、保护环境；坚持创新驱动、转型发展，以科技创新为重点推动全面创新，以绿色发展倒逼产业转型升级，以产业结构优化促进资源利用方式转变，形成有利于环境保护的空间格局、产业结构、生产方式、生活方式，做强做优工业污染好的生态优势转化为生产力；生态工业、生态旅游等产业发展优势；打好大气、水、土壤污染防治攻坚战，实施减少工业污染物排放工程；构建绿色化、构建绿色低碳产业体系：加快产业优化升级，加快污染推动生产方式绿色化；促进工业提质增效，战略性新兴产业为引领，环境污染，资源消耗低，实施《中国制造2025四川行动计划》，以高端成长型产业、先进电力装备、智能制造装备，先进、新一代信息技术、航空航天、节能环保等先进制造业，过程控制、横向耦进轨道交通装备；发展再生的绿色生产力、建设绿色工厂，发展清洁能源产业，绿色化供应链；做强做大绿色低碳产业，加快资源综合循环利用，纵向延伸，打造绿色技术创新，发展节能环保装备产业，构建绿色发展制度体系；推进节能减排降碳、构建绿色制度体系等	是 结合四川实际制定
4	《四川省环境污染防治"三大战役"实施方案》	2016年12月	四川省委省政府	建立挥发性有机物污染源排放清单；督促重点行业"双有""双超"企业开展强制性清洁生产审核，实施清洁化改造；加强龙泉汽车城等重点产业园区专项治理，对2018年底未完成治理任务或不能达标排放的企业实施停产整治；建立完善污染源分级管控清单；做好限产停产计划；强化工矿企业固体废物综合利用；大力推进环境友好的战略性新兴产业和现代服务业发展；加快能源结构调整等	否 落实四川省委十届八次全会精神

表7-17（续）

序号	文件名称	发布时间	发布部门	要点	直接落实中央政府相关文件
5	《四川省环境保护工作职责分工方案》	2016年12月	四川省委省政府	将分散于各类环保法律法规和政策文件中的环保职责分工进行梳理并落实到各级党委、政府和45个部门头上。其中，划清了责任边界，明确在地方党政领导班子进了环保责任用工作中，将资源消耗、环境保护、生态效益等情况作为考核选拔任用重要内容；将环保政策和法律法规纳入官员教育的培训内容	否 结合四川实际制定
6	《关于建立资源环境承载能力监测预警长效机制的实施意见》	2017年9月	中共中央国务院	对资源环境承载能力和资源环境损耗情况进行分级，分类实行综合奖惩措施，包括：行政性限批、依法限制生产、追究刑事责任等，对监管不力的相关部门负责人实施责令停业、关闭、黄牌警告、追究行政处分、诚勉、党纪政纪处分、基于市场导向的生态补偿机制、发展权向政策加大政府绿色金融倾斜等	是 四川省全文印发
7	《四川省生态文明建设考核目标体系》	2017年	四川省委省政府	整体框架与中央保持了一致，只是调整了部分指标的权数、数据来源。考核结果作为各省（自治区、直辖市）党政领导班子和领导干部综合考评、官员奖惩任免的重要依据。对考核等级为优秀的地区，进行通报表扬，并对该市党政主要负责人、相关党政领导等给予表扬；对考核等级为不合格的地区，提出限期整改要求；对生态环境损害重大、责任事件多发地的党政主要负责人和相关负责官员（含已经调离、提拔、退休的），按照《党政领导干部生态环境损害责任追究办法（试行）》等规定，进行责任追究	是 结合四川实际制定

表7-17（续）

序号	文件名称	发布时间	发布部门	要点	直接落实中央政府相关文件
8	《四川省加快培育环境治理和生态保护市场主体实施方案》	2018年2月	四川省委省政府	加大污水处理收费力度；在工业园区和重点行业推行环境污染第三方治理模式，鼓励企业为流域、城镇、园区、行政区等整体解决方案，探索实施政府购买服务、监测运营等必要的设施运行，维修养护；发展新兴环保服务业，积极推动开展排污权交易市场建设，做好环境污染与损害评价、绿色认证等，加快推进碳排污权、水权、林权、收费权交易；发展绿色信贷，合作、积极支持排污权；大力发展股权投资基金和创业投资基金，鼓励符合条件的企业到天府（四川）股权交易中心挂牌、融资；贷款贴息等多种方式，调动社会资本参与生态保护领域建设投资积极性；合理补偿采取政府购买服务奖励、补助、风险补偿等环保改造成本；实施税收和土地优惠政策等	是，结合四川实际制定
9	《四川省人民政府关于进一步加强规划环境影响评价的意见》	2018年7月	四川省政府	市州人民政府及其有关部门，对其组织编制的篇章或者说明，印发不予审批，对涉及石化、化工、化学合成类制药、设规划由省政府环境保护行政主管部门组织审查环境影响评价文件，其余由市州相关部门组织；加快调整不符合生态环境功能定位的产业布局、规模和结构	是，结合四川实际制定
10	《关于建立资源环境承载能力监测预警长效机制的实施意见》	2018年12月	四川省政府	对环境超载地区率先执行排放标准的特别排放限值，暂缓实施新建、扩建产业准入正面清单；建立生态保护红线区产业负面清单，对生态系统严重退化地区实行封育管理；对限制性措施落实不力、资源环境持续恶化地区的政府和企业等，依法依规严肃追责	是，结合四川实际制定
11	《四川省生态环境行政处罚裁量标准》	2018年12月	四川省生态环境厅	明确给出了279项违法行为、发生情形、法律依据和处罚裁量标准	是，结合四川实际制定

表7-17（续）

序号	文件名称	发布时间	发布部门	要点	直接落实中央政府相关文件
12	《关于印发四川省打赢蓝天保卫战等九个实施方案的通知》	2019年1月	四川省政府	强化"三线一单"①；严格产业准入；推动重污染企业搬迁改造或关闭退出；严控高污染、高耗能、高耗水产业；全面实行工业污染源清单制管理，加大超标处罚和联合惩戒力度；落实覆盖所有固定污染源的企业，对未依法取得排污许可证或超标排污的企业按一律限制生产或停产整治；提高涉VOCs排放的行业环保准入门槛；推动园区循环化改造；推进企业清洁生产，大力培育绿色环保产业；构建清洁能源体系；各级财政要向九个生态环保任务倾斜；认真执行国家相关经济和税收政策；全面清理取消对高耗能行业的优惠电价以及其他不合理价格优惠政策，提高涉及高耗能、高污染、低产出企业电价，水价差别化动态调整，淘汰类企业综合治理激励政策；积极开展多种形式宣传教育，倒排工期，加快推动工业园区、集聚区工业废水排放量，污水处理设施提标改造及深度二次利用	结合四川实际制定
13	《四川省2017年度推动落后产能退出工作方案》《四川省2018年度推动落后产能退出工作方案》《四川省2019年度推动落后产能退出工作方案》	2017年2018年2019年	四川省经信厅	推动能耗超能标的、不符合产业政策及不符合环保、质量、安全等法律法规和相关标准的落后产能及工艺技术装备退出	是
14	《关于进一步改进环评审批和监督执法服务高质量发展的通知》	2020年4月	四川省生态环境厅	实施环评审批正面清单，实行"三个一批"环评管理：豁免管理一批、承诺备案一批、加快推进一批；实现"三个优化"：实施监督执法正面清单，优化现场执法检查、优化环境"双随机、一公开"日常监管、优化生态环境准入清单	结合四川实际制定

①注："三线一单"即生态保护红线、环境质量底线、资源利用上线和生态环境准入清单。

这些文件有几个特点。第一点，四川省一级党委、政府在推进区域工业绿色转型发展中与党中央、国务院相关的决策部署保持了高度的一致性；同时，也充分尊重了四川的发展实际，专注于四川经济社会的发展。第二点，特别支持"5+1"产业、园区循环化改造、资源循环利用基地等特定领域及骨干企业的做大、做强、做优。第三点，四川对末端治理、绿色工艺创新两个短期内能够同时满足促进本土经济增长、达到环保要求标准、合乎相关法规的路径提出的要求更为明确、精细和严格，对绿色产品创新和绿色转向两个投资大、周期长、风险高的路径的政府行动线条较为粗犷且分散。也因此，用环保、能源等相关标准的约束倒逼工业企业淘汰落后产能、提升生产工艺技术及装备水平、转型清洁型产业成了四川各级政府推动工业绿色转型发展的重要手段。第四点，综合运用了行政性环境规制、市场型环境规制、税收、金融信贷干预、公共服务、宣传教育等多种政府行为手段，但以行政性环境规制、市场型环境规制、税收、金融信贷干预四种为主。

(二) 四川市级政府偏好从地方总体利益出发且政策行为更为灵活落地

截至目前，四川省级政府还没有出台过工业绿色转型发展专项性文件。德阳、攀枝花、泸州三个市级政府结合各地实际，出台了更多更为灵活、落地的政策文件。

在德阳，地方经济发展长期倚重于装备制造、化工、食品三个传统产业及东汽、东方电机、二重、龙蟒集团等少数大企业集团。这一局面短期内不会、也很难发生质的变化和调整。基于此，德阳市相关政府部门围绕创新驱动，一手着力推动传统产业进行绿色化改造升级，一手重点培育新能源、新材料、高端装备、节能环保等战略性新兴产业，同步支持企业升规、做大、做强和做优。

在攀枝花，钢铁、钛钒、光热等资源丰富，气候独特，适合城市建设的土地资源有限，高度依赖于攀钢、攀煤、攀成钢等少数大企业集团。长期的粗放发展使得攀枝花的传统产业发展和生态环境遭遇了双重"天花板"。基于此，攀枝花市相关政府部门着力推动全市工业企业从原来单一的钢铁产业向矿业、钢铁、钒钛、能源、化工、机械制造等其他第二产业拓展，并逐步形成以钒钛磁铁矿资源综合利用为中心的循环工业体系，同步地，培育发展特色农产品加工制造、旅游康养、清洁能源等新兴产业。

在泸州，酒业、传统化工、机械制造、传统能源是支柱产业，泸州在"十三五"时期面临着巨大的安全环保和"退城入园"压力，不仅如此，恰逢以泸天化为代表的化工类大企业集团发展不景气，白酒行业亟需转型升级。相应地，泸州市政府出台的政策文件把重点放在了支持实体经济振兴发展、推进白酒产业供给侧结构性改革、推进工业企业"退城入园"和改造升级、支持加快发展电子信息等新兴产业等。

表7-18梳理了德阳、攀枝花、泸州三市在"十三五"时期印发的部分相关政策文件。从这些政策文件来看：

第一，三市政府出台的政策文件和四川省级政府出台的政策文件呈现出了不同程度的差异性。保持最高一致性的是攀枝花，其次是泸州，最后是德阳。这点和四川省级政府与中央政府保持高度一致的价值取向不同。可能的原因是：一方面，相较于省级政府，市级政府的行政级次低一个层级，通常不直接受中央政府管辖，领导干部的个人利益与本市经济发展总体利益的联系更为密切，在改革决策中对政治风险的考量相对弱化。另一方面，攀枝花和泸州两地的支柱产业以传统能源、化工、矿产开发等高污染、高耗能、高排放的行业为主，在新发展理念、长江大保护战略、黄河流域生态保护和高质量发展等多重高质量发展要求下，地方政府面临的生态环保压力更大，也更受中央、省级政府的关注，故而两地政府在政策文件上与两个上级政府保持了更高的一致性。在德阳的支柱产业中虽然也有传统化工，但它在全市工业中的占比只在10%左右，相应地，德阳市政府承受的生态环保压力相对要小得多，更多的压力在于推动传统优势产业装备制造业的转型、提档和升级。绿色化转型发展是转型、提档和升级的一个方向。

第二，三地政府推动区域工业绿色转型发展首先以行政性环境规制、市场型环境规制、财政支持、金融信贷干预为主，其次是搭台牵线等中介服务、建设平台载体等公共服务，最后是绿色宣传教育。值得关注的是，德阳、攀枝花、泸州三地政府对包括政策性银行、国有商业银行、中国邮政储蓄银行、股份制商业银行、城市商业银行等在攀设立的市级分支机构，地方法人银行机构等市级银行业机构支持本地企业转型升级提出了明确的考核指标和奖补激励方案，支持的重点对象主要集中在民营企业、小微企业和重点发展行业。对此，四川省级政府并没有出台相关的指导性文件。这个现象和谢江薇（2003）、冯涛等（2007）、豆晓利和王文剑（2011）、余许友（2011）、段国蕊和臧旭恒（2013）、徐云松和齐兰（2017）、梁丰和程均丽（2018）等文献的观察是一致的。此外，在三地中，德阳市政府的一般公共预算收入和人均一般公共预算收入分别居中和垫底，但德阳市政府给予的财政支持方案是最为明确且力度最大的。可能的原因是德阳紧邻省会城市成都，虹吸效应明显，又面临着巨大的GDP"保3争2"压力。

第三，三地政府在推动区域工业绿色转型发展中，绿色发展既是目标又是手段。一方面，三地政府都出台了含有"绿色""绿色发展""环境污染防治""环境污染治理""固体废物综合利用"等直接、间接相关关键词的专项政策文件，见表7-18中的第3条、第9条、第11条、第14条和第25条等；另一方面，关于工业转型升级、实体经济振兴的政策文件都明确提出了绿色发展目标和环保要求，见表7-18中的第3条、第8条、第11条、第12条、第13条、第15条、第24条和第25条等。再者，关于工业转型升级、实体经济振兴的政策文件指出的绿色转型发展活动集中在末端治理、绿色工艺创新和绿色转向上。末端治理活动包括更换先进成熟的节能设备、严控污染物排放增量、淘汰落后产能、采用新材料等，绿色工艺创新包括打造内部循环生产链条、采用新工艺、集聚循环发展等，绿色转向主要是发展新一代信息技术、航空航天、高端装备制造、现代医药、新能源新材料等现代新兴产业等。有些政策文件有提及绿色产品，但不是重点。可能的原因是末端治理、绿色工艺创新对于工业企业而言，投入、产出更自主可控，可快速收获经济发展和生态环保双重效益，以及通过上级政府对本市政府的政绩考核；绿色转向对于工业企业和区域经济发展而言都是大势所趋，绿色产品创新投入大、风险高、周期长，而四川的工业企业长期在低水平竞争线徘徊，开展绿色产品创新活动的难度大。

表 7-18 "十三五" 时期德阳、攀枝花、泸州推进工业绿色转型发展中的主要政策文件

序号	文件名称	发布时间	要点	直接落实四川省省级政府相关文件
			德阳市政府	
1	《关于加快推进工业转型升级的若干政策》	2016年4月	支持企业节能技术改造：对年节能量 200 吨标准煤及以上项目按节能量给予 10 万～50 万元补助，对年节水量 2 万立方米及以上项目按节水量给予 10 万～50 万元补助。鼓励工业绿色发展，循环化改造项目、省经济示范项目及高效节能产品产业化项目，按固定资产投资的 5% 给予最高不超过 50 万元的补助；对当年列入省级淘汰落后产能目标投资额或产能给予并验收通过，且未获得省上资金支持的企业，按淘汰设备原投资额的 5% 给予审核，能额审计等节能元的补助；对主动开展清洁生产审核、节能评估，大力支持技术创能节水工作的企业，给予 5 万元的补助。支持中小企业公共服务体系建设：加强创新能力建设，对中小企业服务平台、省级示范小企业创业基地等实施的服务场地改造、软硬件设备、服务设施购置等最高不能力提升项目，按不超过 30% 的补助；通过德阳市内中小企业服务中心对市内中小企超过 40 万元的补助，企业采用服务券方式购买方式中介服务机构的服务，业发放服务券，服务机构给予 50% 的服务费用，鼓励融资担保机构提抵扣中介服务机构不超过 50% 的服务费用，对当年新增担保业务总供担保业务：对当年净资产 1 亿元及以上，或新增融资担保占担保业务总额 70% 的，达平均净资产额的 2 倍及以上，或新增融资担保率不超过 3% 的融资担保保业务总额，日平均担保费率不超过 30 万元的补助机构，给予最高不超过 30 万元的补助	否，结合德阳实际制定

表7-18（续）

序号	文件名称	发布时间	要点	直接落实四川省级政府相关文件
2	《德阳市加快发展民营经济五十七条措施（试行）的通知》	2018年1月	支持本地民营企业转型升级：鼓励建筑业企业发展壮大，根据年产值和入库地方财政收入情况，分别给予扶持补助20万元，10万元，5万元；政府采购支持；促进民营企业建立现代企业制度，每年选择50户以上重点民营事业试点，对参与重点民营事业试点的企业给予30万元，15万元，10万元，5万元不等的奖励与补助。支持民营企业多渠道融资：完善应急转贷资金管理办法，对在沪深交易所上市的企业给予子超过250万元的奖励，完善财政、金融政策，新三板等境内交易所实现直接融资的企业给予补偿机制。加大财税金融政策支持力度：提高项目资金到位速度；民营企业被认定为高新技术企业的，严格执行小微增值税优惠政策；民营企业的研发费用可按规定减按15%优惠税率征收企业所得税。定额计扣除，对符合鼓励类国内投资项目的，享受进口关税全免的税收优惠政策；引导银行加大对实体经济的信贷支持力度；加强土地、人才等要素保障	否 结合德阳实际制定
3	《德阳市化工产业转型升级绿色发展规划》	2018年5月	坚持创新驱动。坚持绿色发展：发展循环经济，推行清洁生产，加大节能减排力度，推广高效、低碳的节能节水工艺，积极探索绿色安全原料（产品）替代有毒有害原料（产品），加强重点污染物的治理，提高资源能源利用效率，严格控制新增过剩产能，加快淘汰落后产能，提高绿色安全发展水平。统筹资源、环境、土地等要素，优化调整产业布局，有力推动发展方式转变；等等	是 结合德阳实际制定

表7-18（续）

序号	文件名称	发布时间	要点	直接落实四川省级政府相关文件
4	《促进民营经济健康发展"春风行动"方案》	2018 年 12 月	进一步降低民营企业经营成本：落实税收优惠。进一步缓解民营企业融资难融资贵：建立银行业绩考核同支持民营经济挂钩机制，督促银行业金融机构根据企业生产经营情况合理确定贷款期限、还款方式，提高中长期贷款比例，加强信贷支持；鼓励金融机构做优做强。进一步促进民营企业管理水平提升：支持创新金融服务。进一步创新能力：提升民营企业管理水平；加大政府采购力度；在政府门户网站建立统一的涉企政策发布平台，加强涉及民营经济的宣传解读，完善各类涉企政策推送及公示等制度，集中发布推送政策动态，加强政策的咨询、论证、解读、宣传等服务	是 结合德阳实际制定
5	《德阳市支持大企业大集团培育相关政策措施》	2019 年 1 月	鼓励企业晋阶升等：对于主营业务收入首次跨过 10 亿元、30 亿元、50 亿元、80 亿元、100 亿元台阶的企业，分别给予一次性奖励 10 万元、30 万元、50 万元、80 万元、100 万元。激发企业创新活力：鼓励大企业集团加强行业关键性技术攻关，根据企业技术中心认定级别、修订企业技术改造的方式支持企业技术改造、数字化智能化改造、数字化转型等，最高一次性给予 50 万元奖励；支持企业兼并重组，拓宽企业融资渠道。安排专项资金用于大企业集团及其培育对象骨干人员的培训；支持大企业集团引进"高精尖缺"人才，强化土地、电力等要素保障；支持产业龙头带动，最高给予 50 万元的奖励；等等	否 结合德阳实际制定
6	《德阳市支持小微企业上规模相关政策措施》	2019 年 1 月	鼓励企业升规；厂房租赁补助；落实税费费减免；等等	项目资金支持；提供金融支持；支持人才引进；支持市场拓展；加强要素保障；等等	否 结合德阳实际制定
7	《德阳市加快医药产业发展相关政策》	2020 年 1 月	支持医药研发创新；支持医药项目落地；支持企业生产经营；强化医药企业培育；等等	是 结合德阳实际制定
8	《德阳市推动产业功能区高质量发展实施方案》	2020 年 5 月	提高土地利用效率；构建产业链"生态圈"，加快创新驱动发展；健全金投融资体系，做好环保工作；等等	否 结合德阳实际制定

表 7-18（续）

序号	文件名称	发布年份	要点	直接落实四川省级政府相关文件
			攀枝花市政府	
9	《攀枝花市环境污染防治改革方案》	2016 年 7 月	严控污染物排放增量；探索老污染治理新领域新途径和监管新模式；启动强制性清洁生产审核；健全污染防治法规体系；深入推进污染防治经济政策；等等	是结合攀枝花实际制定
10	《攀枝花市鼓励企业直接融资补助办法》	2017 年 5 月	在四川省奖补的基础上，攀枝花市政府另行给本市成功发行企业债、公司债，银行间市场债务融资工具、私募债的非募债的中介机构增加补助，提供相关融资服务的中小机构加补助，等等	是结合攀枝花实际制定
11	《攀枝花市推行环境污染第三方治理的实施意见》	2017 年 5 月	坚持污者付费。根据污染物种类、数量和浓度，排污者承担治理费用，受委托治理企业按照合同约定进行专业化治理，尊重企业主体地位。坚持市场化运作：充分发挥市场环境，积极培育可持续发育的商业模式，坚持政府引导。督造良好的市场环境，创新投资运营机制，加强政策支持和激励，强化市场监管和环保扶法，加大财税，税收优惠支持力度，等等	是结合攀枝花实际制定
12	《2017 年帮扶重点企业摆号脱困工作方案》	2017 年 6 月	加大政策扶持；强化要素保障；推进产业协作；加快兼并重组；加强安全环保监督；推动融资减质；等等	是结合攀枝花实际制定
13	《攀枝花市大气污染防治行动计划实施细则》2017 年度实施计划》	2017 年 7 月	加大工业污染治理，实施多污染物协同减排：实施重点行业污染治理与燃煤锅炉改造工程，加强钢铁、钛白等行业的烟气二氧化硫治理，实施挥发性有机物（VOCs）综合治理，大力推进清洁生产审核工作，全面完成主要大气污染物总量减排。加快推进淘汰落后产能，积极推动产业转型升级：进一步淘汰落后产能，严格控"两高"行业新增产能，压缩高污染产能。严格节能环保准入，加快优化能源结构调整；强化节能环保指标约束，优化区域空间布局，加快生态经济布局；严格环保执法监管；等等	是结合攀枝花实际制定

表7-18(续)

序号	文件名称	发布年份	要点	直接落实四川省级政府相关文件
14	《攀枝花市促进工业固体废物综合利用措施》	2017年7月	鼓励企业开展工业固体废物规模化利用和高附加值利用;支持工业固体废物综合利用项目建设;切实落实有利于促进综合利用、节能环保、资源保护的税收减免政策;统筹利用现有的市级工业、钒钛产业发展专项资金、安全生产基金、科技专项资金、中小企业发展资金等各类资金,采取股权投资、奖励、贴补等形式,帮助工业固体废物综合利用企业获得绿色产品认证,对通过认证的企业由市财政给予一定额度的一次性补助;将工业固体废物综合利用申报纳入全市年度科技计划优先支持范围;组织共性和关键技术研发的应用,成熟的技术、工艺,新设备和新材料等;用活,用好政策;等等	否 结合攀枝花实际制定
15	《攀枝花市工业强市战略科技支撑行动方案(2019—2022年)》	2019年3月	突出开放创新,突出战略支撑,突出能力提升,突出绿色发展;实施钒钛产业提升科技行动,实施新兴产业育成科技行动,实施绿色工业科技行动;实施钒钛高新区转型升级专项科技投入;加大多渠道科技投入;强化监测考核;等等	否 结合攀枝花实际制定
16	《攀枝花市金融机构支持地方经济发展考核奖励办法》	2019年9月	对市级银行业机构(包括政策性银行、国有商业银行、中国邮政储蓄银行、股份制商业银行、城市商业银行、市保险行业协会)、地方法人银行机构,市保险行业协会提出明确的考核指标,包括贷款及保险增量、普惠型小微企业贷款考核指标,支持乡村振兴贷款指标等等	是 结合攀枝花实际制定

表 7-18（续）

序号	文件名称	发布年份	要点	直接落实四川省级政府相关文件
			泸州市政府	
17	《关于印发泸州市进一步优化全市工业产业和园区布局的指导意见的通知》	2018年4月	全市确定4大传统支柱产业和5大成长型产业，构建重点突出、梯度发展、接力有序的先进制造业体系；重点支持白酒、机械、化工、能源航空航天、高端装备提升发展，领先发展；支持新一代信息技术、航空型产业壮大发展规模、轻工行业制造，加快形成新能源新材料5大成长型产业壮大发展规模、轻工等传统产业运用新技术、新装备转型升级的新支撑；推动建材、轻工等传统产业运用新技术、新装备转型升级，向智能化、绿色化、服务型转变；等等	否 结合泸州实际制定
18	《关于印发泸州市千亿白酒产业三年行动计划(2018—2020年)的通知》	2018年7月	稳定财政资金投入，奖励企业提档升级，加大品牌塑造力度，强化全市场拓展，加大融资担保支持，加大上市融资补助，强化贷款收支持，强化并购重组购置，资产重组扶持；强化税收支持，强化环保投入，安全环保考核；强化督察考核；大对研发投入，强化项目技改支持，强化并购重组设备购置，资产重组扶持；加大对研发投入等的税收减免优惠力度；强化督察考核；等等	否 结合泸州实际制定

表7-18（续）

序号	文件名称	发布年份	要点	直接落实四川省级政府相关文件
19	《关于精准施策支持实体经济振兴发展的实施意见》	2018年11月	奖励重大工业项目建设和工业发展项目；加大产业融合支持；引导金融机构对信用良好的企业贷款折扣率放大和提供优惠利率；实施企业贷款贴息；鼓励企业参与信用贷款，采矿权抵押等；信用贷、税金贷、采矿权抵押等发生额的1%给予奖励，对金融机构创新融资服务产品服务创新，单家金融机构奖励最高不超过50万元，同时纳入市政府对金融机构年度利用目标考核，对原贷款身条件实现"无条件无续贷"持续支持企业发展。对贷款增长一年期以上，且续贷款户数增长30%或贷款金额增长30%的，按贷款金额的1%给予奖励，单家金融机构最高不超过50万元，同时纳入市政府对金融机构年度考核；加快供应链金融发展；引导融资担保公司、保险公司和保理公司向中小微企业提供融资担保服务，对担保业务担保收费水平，业务范围等符合条件的融资担保机构，按担保业务年度担保平均余额的1%给予补助；加大产业基金支持力度，降低电气能源生产要素成本；按照实现的节能量，是否按期搬迁正入园企业绿色发展，安排企业家专项培训经费，加强政策宣传等，推动存量企业受同等优惠政策和服务环境，让存量企业二次腾飞；等等	否 结合泸州实际制定
20	《泸州市企业应急转贷资金管理办法》	2018年12月	泸州市企业应急转贷资金由市财政出资1亿元，市国资委代为履行出资人职责，以资本金方式注入兴泸担保公司，兴泸担保设立应急转贷资金专户存储，并商行签订专项协议，将应急转贷资金以不低于8倍的比例放大为应急转贷资金。兴泸担保对单个被担保人提供的融资性担保责任余额不得超过净资产的10%，让更多企业享受政策帮扶，降低融资成本；切实做好应急转贷宣传动员	是 结合泸州实际制定

表7-18（续）

序号	文件名称	发布年份	要点	直接落实四川省级政府相关文件
21	《推进供给侧结构性改革加快泸州白酒产业整合发展的意见》	2018年12月	打造绿色、智慧供应链；加快泸州白酒技术创新，鼓励企业推广新设备、新材料，新工艺，实施节能节水，降低能耗，开展白酒加工的副产物、废弃物资源综合利用，提高废物循环式资源综合利用；把握消费新趋势，引入时代新概念，调优产品结构，推动规模以上白酒企业以上白酒品牌开发；推动白酒企业参与品牌重塑，切实缓解困难酒企还贷压力，维护企业融资征信和良好信誉，确保企业正常运转；加快集聚、融合，特色化发展，通过品牌联姻、价值重塑支持，等等	是 结合泸州实际制定
22	《关于促进产业园区共建共享协调发展的意见》	2019年3月	园区共建、资源共用、产业共育、利益共享，4个市管核心公园区中，泸州高新技术产业开发区核心区以主导产业为主体，新一代信息产业以现代医药产业为主导产业，拓展区以现代医药产业集聚；泸州长江经济开发区大力发展具有国际竞争力的高科技军民融合产业，加快建设川渝滇黔物流集散中心，打造开放型经济和产业类全产业链；泸州白酒产业园区健全酒类全产业链，加快建设以酒谷湖为主轴的城市生活配套功能区，空港天府产业发出空天装备研制，材料生产型综合型服务业，加快打造空天科创产业新城，建设军民融合专业化金融服务、专业化金融服务、"银行+政府+担保+保险+创投+科技服务中介"的一揽子金融服务；支持园区企业进行直接融资债、公司债、短期融资券、中期票据等融资工具，设立财源建设专项扶持资金，落实建设资金奖补；等等	是 结合泸州实际制定

表7-18（续）

序号	文件名称	发布年份	要点	直接落实四川省级政府相关文件
23	《关于加强电子信息产业融资服务的十二条措施》	2019年8月	按照"全产业资源、全过程服务、全要素保障"的发展思路，有效整合资源，精准施策、定向发力，加大财政扶持力度，切实缓解电子信息构中的资金困难；加快供应链金融发展，支持园区融资模式创新；激励金融机构定向融资；实施担保机构增信服务；支持金融机构创新服务；加强电子信息企业融资规则引导和宣传	否 结合泸州实际制定
24	《关于推进工业企业退城入园改造升级促进高质量发展的意见》（试行）	2019年9月	生态优先，绿色发展，企业主体，政府引导，提档升级，做强做大、权责一致，统筹兼顾；鼓励企业加快搬迁；支持企业绿色发展；给予企业达产奖励；争取基金政策，支持重大项目建设；鼓励金融机构加大对退城入园企业的信贷支持力度；等等	否 结合泸州实际制定
25	《关于坚持生态优先绿色发展建设长江经济带高质量发展先行区的意见》	2020年1月	到2021年，高技术产业增加值占规模以上工业增加值比重达10%；研发经费支出占地区GDP比重在1.5%以上；打造绿色产业园，提高集约发展水平；加快构建高质量发展的绿色产业体系，打造白酒绿色循环产业绿色发展，推动电子信息等高端装备制造等新兴产业集聚创新发展，坚持特色绿色专业化发展等制造等新发展现代服务业高效绿色发展；健全绿色发展指标体系、绿色发展政策机制；强化督察考核；等等	否 结合泸州实际制定

资料来源：基于德阳、攀枝花、泸州相关政府部门提供的资料和公开资料整理。

（三）四川省、市两级政府行为对区域工业绿色转型发展路径选择的作用机制

图 7-23 刻画了中国特色政府治理体系下四川省、市两级地方政府行为对区域工业企业绿色转型发展路径选择的作用机制。

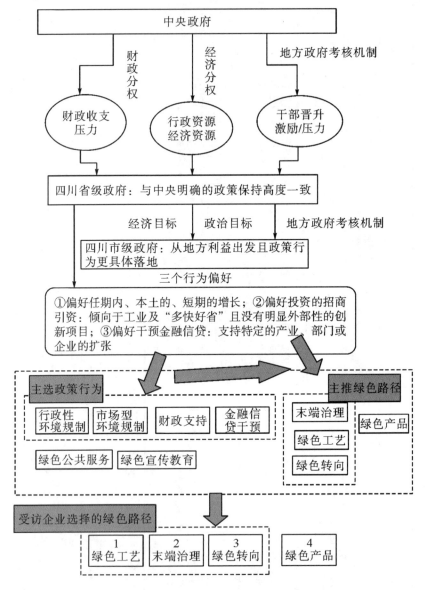

图 7-23　中国政府治理体制下四川省、市两级政府行为
影响区域工业绿色转型发展路径选择的作用机制

第一，因为行政管理体制同构，财政分权、经济分权和地方政府考核机制以及由它们衍生的财政收支压力、行政资源、经济资源、干部晋升激励（压力）在省、市两级政府逐级传导。只是，因为受中央政府调控的程度强弱不同①、面对的财政收支压力不同、接收到的资源不同、干部晋升激励（压力）强度不同，省、市两级政府在行动价值取向和具体的政策行为两个方面会存在差异。通常地，省级政府对政治责任考虑得更多，倾向于与中央的明确政策同步，市级地方政府也会考虑政治责任，只是会更聚焦于本市经济发展的总体利益及其最终的达成故而政策行为会更为具体落地。

第二，无论是哪一级地方政府，都是独立的自利经济体，都同时追求经济发展和政治晋升两个目标，故而都会有三个行为偏好。偏好1：偏好在其任期内的、短期的且只限于本土的经济增长。这个偏好的形成主要是地方政府考核机制中的领导干部任期制和以GDP为核心的考核晋升机制在推动：任期制使得地方政府官员高度关注短期收益且排斥下一届政府"搭便车"，排斥与同层级地方政府的合作并由此衍生了地方保护主义；单一维度的GDP考核又促使地方政府只重视经济增长而弱化了地方政府的环境保护和治理职责，在地方财政收入一定的情况下，地方政府往往在经济增长和环境治理二者中取前者。虽然从2016年开始，四川省、市两级政府在原有的经济发展考核目标之外必须把通过中央相关部门的环保督察巡视纳入目标，但是我国的财政分权体制并没有产生根本性的改变，经济发展政绩考核指标仍被保留，加快地方经济发展、做大地方经济规模仍会是首选目标，"地方政府行为偏差""环境规制失灵"现象有所收敛，但仍然存在。偏好2：偏好投资，尤其倾向于工业及"多快好省"且没有明显外部性的创新项目。在拉动经济增长的"三驾马车"中，消费和出口都要依赖于市场需求，投资是相对便捷可行且能在短期内藉由工业部门的扩张呈现显著成效的。而工业又是三次产业部门中产业链较长、所得税额高、有吸纳大量资本和推动技术创新空间的部门（诸敏和靳涛，2013）。与此同时，在高质量发展和创新驱动发展战略下，创新尤其是技术创新被中央政府置于全面创新的核心位置，外加各地面临的产业转型升级对创新也有实际需求，地方政府对创新项目更为重视。只是，基于领导干部任期的考核晋升机制没有改变，省、市两级政府在具体操作时虽会选择投资创新项目，但也会充分考量其中的风险性、时效性和外部性。"多快好省"且没有明显外部性的创新项目尤其是重大创新项目便成了首选。偏好3：偏好干预金融信贷，以支持特

---

① 由此衍生出的就是信息不对称程度和博弈空间的不同。

定的产业、部门或企业扩张。"金融是现代经济的血液。血脉通，增长才有力。"① 省、市两级政府要推动区域工业企业开展绿色转型发展活动，首先便是要切实帮助企业解决融资难、融资贵的问题。因此，德阳、攀枝花、泸州三地的政府都对市级银行机构支持本地企业转型升级提出了明确的考核指标和奖补激励方案，支持的重点对象主要集中在民营企业、小微企业和重点发展行业。

第三，在三个地方政府行为偏好的驱动下，四川省、市两级政府都首选了行政性环境规制、市场型环境规制、财政支持和金融信贷干预四个有助于在短期内快速实现经济发展和生态环保达标双重目标的政策行为以及首推末端治理、绿色工艺和绿色转向三个绿色转型发展路径。这其中的逻辑是：行政性环境规制会对区域工业企业绿色转型发展形成巨大的行政压力，市场型环境规制和财政支持会对区域工业企业绿色转型发展形成看得见的拉力，金融信贷干预则对区域工业企业绿色转型发展形成必要且重要的支撑力。相对于前面四者，绿色公共平台建设和绿色宣传教育两个政策行为对于区域工业企业绿色转型发展既不构成压力，又无法提供实实在在的资金和金融信贷支持，相较之下，则显得相对"虚"，更何况政策的对象是绿色转型发展动力和资金实力不足的欠发达省份的工业企业。末端治理、绿色工艺和绿色转向三个路径对于在川工业企业在成本收入、风险控制和技术能力三个方面都是更容易接受和达成的。与此同时，省、市两级政府主选的政策行为又进一步强化了它们主推的工业企业绿色转型发展路径。

第四，德阳、攀枝花、泸州三地受访工业企业实际选择的路径基本符合了省、市两级政府的政策设计目标。正如问卷统计结果所显示的，受访工业企业首选的三个路径分别是绿色工艺、末端治理和绿色转向，和四川省、市两级政府最初主推的末端治理、绿色工艺和绿色转向保持了很大程度上的一致。唯一不同的是，德阳等三地的受访工业企业首选的是绿色工艺，其次是末端治理。可能的原因是：德阳等三地的工业基础在四川全省属于中上水平，有更多的工业企业不满足于基于末端治理的短时达标，而是从更长远发展的视角出发选择了绿色工艺。

---

① 2017 年 5 月 14 日，习近平在"一带一路"国际合作高峰论坛开幕式上的演讲。

第三节　本章小结

四川是工业大省，又是 2013—2022 年全国老工业基地调整、改造的重点省份，故本书选取四川作为欠发达地区的代表，聚焦于四川工业绿色转型发展的实践，尤其是四川工业整体、工业企业个体选择的绿色转型发展路径、路径变化以及其中的关键性地方政府行为、关键性地方政府行为变化等。对相关年鉴的历年经验数据、问卷调查数据、访谈数据及公开数据三组数据进行统计分析和对比分析，有以下几个发现：

第一，从经验数据来看，四川工业绿色转型发展的整体进度高于欠发达地区，且与发达地区的差距在缩小，尤其是绿色转向路径的推进进度。一方面，四川工业在绿色产品创新路径的投入超过在绿色工艺创新路径的投入比欠发达地区工业整体早了一年，比发达地区工业整体及全国工业整体晚了 3 年；另一方面，四川工业和发达地区工业整体同步在 2015 年实现了绿色转向取代绿色工艺创新成为区域工业绿色转型发展选择的第二大路径，而欠发达地区工业整体直到 2018 年都没有实现，比全国工业整体也早一年实现。

第二，企业性质、所属行业、规模、研发投入强度会影响四川工业企业是否推进绿色转型发展活动。在过去 5 年中，四川国有工业企业大比例地开展了绿色转型发展活动；制造类企业开展绿色转型发展的比例最高，其次是采矿业企业；企业是否开展绿色转型发展与企业成立的年限没有太大关联；企业规模越大，开展绿色转型发展的比例越高；企业研发投入强度越高，开展绿色转型发展的比例越高。

第三，2008 年以来，四川工业企业选择的绿色转型发展路径是发生了变化的。在 2012 年以前，四川工业整体选择的绿色转型发展路径依次为绿色工艺创新、绿色产品创新、绿色转向、末端治理；2015 年以来，四川工业整体选择的绿色转型发展路径依次为绿色产品创新、绿色转向、绿色工艺创新、末端治理。这个结果和问卷调查结果及对相关政府部门、企业个体的访谈情况"绿色工艺创新、末端治理、绿色产品创新、绿色转向"以及"从以末端治理为主转向以绿色工艺创新为主""从以绿色工艺创新为主转向以绿色产品开发生产为主"是有差异的。可能的原因是：前面的结果是基于四川整体的数据，更为全面和宏观，后面的结果主要是基于小型、民营、制造类的企业。三组结果有助于更为立体地理解四川工业绿色转型发展路径的选择情况。

第四，对于四川工业企业，选择的路径不同，内部影响因素、绿色转型发展成效和遇到的困难是有差异的。企业自身生存发展需要与企业选择绿色工艺创新路径显著正相关、与企业选择绿色转向路径显著负相关；企业在技术、人才等方面有基础与企业选择末端治理、绿色工艺创新、绿色产品创新三条路径均显著正相关；企业高管重视企业社会责任与企业选择末端治理、绿色工艺创新两条路径显著正相关；积极响应中央政府新发展理念与企业选择末端治理路径正相关①。对于选择末端治理和绿色工艺创新两条路径的企业，最大的成效在于提升了企业的社会形象、促进了技术创新和提升了企业的经济效益；对于选择绿色产品创新路径的企业，最大的成效首先在提升了企业的经济效益，其后依次是提升了企业社会形象和促进了技术创新、促进了企业新产品新服务的推出；对于选择绿色转向路径的企业，成效从大到小依次为提升了企业的社会形象、提升了企业的经济效益及促进了企业新产品新服务的推出、促进了技术创新。选择末端治理路径的企业认为，它们遇到的最大困难是人才不足，然后依次是资金不足、技术不足、经验不足、信息不足等；选择绿色工艺创新、绿色产品创新和绿色转向三个路径的企业则认为，它们遇到的最大困难都是资金不足，然后依次是人才不足、技术不足、经验不足、信息不足等。

第五，2008 年以来，与四川绿色转型发展相关的地方政府行为呈现出了明显的异质性和市场导向取向。四川的市场型环境规制行为强度高于行政性环境规制行为强度，且明显高于欠发达地区均值、显著低于发达地区均值；四川的市场型环境规制行为强度高于欠发达地区均值、低于发达地区均值，但差距都不大。四川的政府财政支持行为强度均明显高于欠发达地区均值和发达地区均值。四川的金融信贷干预行为强度整体呈持续增强之势，但增速低于欠发达地区的整体增速，在 2012 年与欠发达地区均值持平，之后持续低于欠发达地区均值。四川的绿色宣传教育行为强度呈现出在波动中不断增强之势，且明显高于欠发达地区均值和发达地区均值。四川的绿色公共服务行为强度变化和欠发达地区整体一致，均表现为在波动中不断增强，并在 2018 年超过了发达地区均值。

第六，四川工业企业开展绿色转型发展活动的首要外部驱动要素是地方政府逐年加码的环保标准，其次是地方政府实施的针对性奖补减免政策。相应地，四川工业企业也明显地感受到了环境规制的压力以及奖补减免政策的帮

① 基于交叉分析的结果是无差异的，但是，考虑相关性分析更为深入，此处选择基于相关性分析呈现的结果。

助。在这些举措中，技改、研发补贴以及税收减免是四川工业企业认为最有效的，也是四川工业企业最期望地方政府进一步加强支持力度的措施。此外，四川地方政府在绿色宣传教育和公共服务两个方面的行为强度还有提升空间。进一步地，对问卷数据进行相关性分析发现：工业企业选择末端治理路径与地方政府针对末端治理的行政性环境规制强度、市场型环境规制强度、财政支持等行为显著正相关；工业企业选择绿色产品创新路径与地方政府针对性的财政支持行为显著正相关；工业企业选择绿色转向路径与地方政府针对末端治理的行政性环境规制行为强度显著负相关。工业企业选择绿色工艺创新路径与几个地方政府行为都不显著相关。

第七，省级政府在改革决策中对政治责任的考虑占比更重，改革创新更倾向于与中央的明确政策同步。对于存在政治风险、有利于本省经济发展且中央政府没有明确禁止的领域，倾向于采取默认的态度。市、县、乡级政府在行政级次上受中央控制的程度依次减弱，地方政府官员的个人利益与地方经济发展的总体利益联系更为密切，在改革决策中对政治风险的考虑较少，政策创新空间更大。与此同时，四川各级政府尤其是行业部门在推动工业绿色转型发展中呈现出了三个偏好，即偏好短期且只限于本土的经济增长、忽视环保，偏好支持特定的产业、部门或企业的扩张，偏好投资工业、国企及"多快好省"且没有明显外部性的创新项目。这三个地方政府偏好又通过环境规制、财政支持、金融信贷干预、绿色宣传教育、绿色公共服务影响区域工业企业的路径选择决策。大体上，四川省、市两级政府的行为契合施海洋和徐康宁（2001）、周黎安（2007）、徐云松和齐兰（2017）对地方政府行为偏好的判断。

第八，环保监督管理"纵""横"交错、合力不足的问题在四川各级政府层面都存在，但企业感受不强。主要体现在两个大的方面：一方面，地方生态环保部门的职能、目标"交错"甚至可能冲突，因为地方政府环保部门同时接受纵向高一级生态环保部门及横向所在地方党委政府的领导；另一方面，在一些边界不清又难以获得实质收益、执行难度较大的领域，地方生态环保部门和地方行业主管部门之间协调不力、互相推诿指责的现象时有发生。不过，企业对此并无太多关注。

第九，四川省、市两级政府首选的政策行为和首推的绿色转型发展路径，基底都在于由财政分权、经济分权和地方政府考核机制构成的中国特色政府管理体系以及同构的行政管理体制。一方面，因为行政管理体制同构，财政分权、经济分权和地方政府考核机制以及由它们衍生的财政收支压力、行政资源、经济资源、干部晋升激励（压力）在省、市两级政府逐级传导。另一方面，作为独立的自利经济体，省、市两级政府都有追求经济发展和政治晋升两个目标，故而都会有三个行为偏好：偏好在其任期内的、短期的且只限于本土的经济增长；偏好投资，尤其倾向于工业及"多快好省"且没有明显外部性的创新项目；偏好干预金融信贷，以支持特定的产业、部门或企业扩张。而行政性环境规制、市场型环境规制、财政支持和金融信贷干预四个政策行为及末端治理、绿色工艺创新和绿色转向三个绿色转型发展路径更有助于省、市两级政府在短期内快速实现经济发展和生态环保达标双重目标，进而有助于两级政府获取更多的财政自主权、争取更多的资源支持和晋升机会。

第十，德阳、攀枝花、泸州三地的受访工业企业实际选择的绿色转型发展路径在很大程度上契合了四川省、市两级政府的政策设计目标。这表明四川省、市两级政府推进区域工业企业绿色转型发展的政策是有效的。

第四部分

尾　篇

第八章 结论、政策建议与展望

在我国极具特色的央地政府治理体系中，地方政府的有效作为对于区域经济、政治、文化、社会、生态文明五个方面的高质量发展与建设是关键的。各地有效推动区域工业积极开展绿色转型发展活动关系着新发展阶段我国在新一轮全球竞争中的主导权和国内经济高质量发展的成效。欠发达地区推进工业绿色转型发展既有突出的后发优势，又存在着若干不容忽视的约束性因素，需要找到有效转化后发优势、打破约束性瓶颈的关键着力点，加快实现与发达地区"并跑"的协调发展局面，交出回应、落实新发展理念的高质量答卷。掌握欠发达地区工业选择的绿色转型发展路径、路径的变化及其中的关键性地方政府行为、地方政府行为的变化、路径选择和地方政府行为的关联，是从源头上找到地方政府需要着力的关键点。

基于对我国工业绿色转型发展、产业发展中的地方政府行为两个主题的理论探索和实践的梳理，本书认为我国工业绿色转型发展的路径主要有四条，会受到六个关键性地方政府行为的影响。四条路径主要包括末端治理、绿色工艺创新、绿色产品创新和绿色转向。一般地，绿色转向本质上还是由绿色工艺创新和绿色产品创新做支撑的，只是，从一个产业领域转向另一个产业领域，工业企业会顾虑另起炉灶的成本；首先是绿色产品创新和绿色转向对工业企业在技术、资金、人才等方面的投入要求较高，是相对高阶的绿色转型发展路径，其次是绿色工艺，最后是末端治理。企业对不同路径的选择背后是企业不同的绿色发展思路和相应的支撑性活动。六个关键性地方政府行为包括行政性环境规制、市场型环境规制、财政支持、金融干预、绿色宣传教育、绿色公共服务行为。

本书将四条绿色转型发展路径、六个地方政府行为置于绿色创新、区域创新系统的理论框架中，形成了我国区域工业绿色转型发展路径选择与地方政府行为分析框架，设计了基准回归模型及对应的两个方程（方程1和方程2），提出了14个研究命题。此外，考虑地方政府的经济干预能力反映了一个地区地方政府执行自身意志的自由度，会影响地方政府几个关键性行为的实施结构、强度和方向，进而会影响这些地方政府行为对区域工业企业绿色转型发展的路径选择，本书设计了调节效应模型及对应的两个方程（方程3和方程4）。

对相关年鉴数据、问卷数据和访谈数据进行统计分析、计量分析发现，数据的信度、效度及结果的稳健性都较高。

第一节　主要研究结论

一、总揽性理论分析框架及两组回归模型具有解释力和拓展性

区域工业绿色转型发展的核心主体是工业企业和工业企业群。在我国，地方政府控制着区域经济发展的主导权和关键性生产要素，是区域工业绿色转型发展中和工业企业同等关键的行为主体，其环境规制、财政支持、金融信贷、绿色宣传教育、绿色公共服务等行为会影响区域工业企业绿色转型发展选择的路径，最终会影响区域工业的绿色转型发展成效。首先，一方面，地方政府的环境规制、财政支持等行为在根本上由地方政府官员考核机制和财政分权体制衍生出的三个地方政府行为偏好所主导，也即地方政府的环境规制、财政支持等行为不会越过三个地方政府行为偏好的框架；另一方面，地方政府的环境规制、财政支持等行为又受地方政府的经济干预能力调节。其次，地方政府的环境规制、财政支持等行为又构成了区域创新系统中地方政府发挥治理服务功能的行为体系，推拉由高校、研究机构组成的知识创新体系以及由社会大众组成的消费市场、中介服务组织等为以工业企业为核心主体的产业体系绿色转型发展做支撑。最后，地方政府的环境规制、财政支持等行为对区域工业绿色转型发展路径选择的影响在产业体系内部会经过一个由工业企业个体通过纵向产业链、横向生态链逐步扩散到工业企业群体的动态过程。在这个过程中，企业性质、规模、创新基础等企业内部要素以及区域经济发展水平、工业经济占比、工业经济中的国有成分、对外开放水平等区域因素也都会影响工业企业选择的绿色转型发展路径。

本书对欠发达地区、发达地区、全样本、四川样本进行了统计分析、计量分析和对比分析。分样本回归结果和滞后一期回归结果都表明结果稳健，14个研究命题中的部分命题得到了支持，部分没有得到支持的研究命题大部分也是可以解释的。对四川几个典型行业的大、中、小企业的个案分析则进一步揭示了企业个体选择的路径、路径的变化及其中的内外部影响因素。以上都表明总揽性概念框架以及由总揽性概念框架衍生的两组回归模型对于欠发达地区样本是具有解释力的，同时也是可以扩展到发达地区样本、全国样本的。

二、三类数据和五组样本丰富了研究内容

本书涉及相关年鉴的历年经验数据、问卷调查数据、访谈数据及公开数据三组数据，这其中又分为欠发达地区、发达地区、全样本、四川四个样本，四

川的样本又分为经验面板数据、问卷数据和访谈数据三部分。整个研究既有对欠发达地区本身的研究，又有对欠发达地区与发达地区的对比研究，还有对代表性欠发达省份的聚焦，对代表性欠发达省份的研究又涵盖了工业整体、抽样群体、重点个体三类工业企业对象。数据分析结果既有基础描述性统计类，又有计量分析类，还有案例分析类。这样的研究设计和研究推进有助于更立体地理解欠发达地区尤其是四川省工业选择的绿色转型发展路径、路径的变化、关键性地方政府行为、地方政府行为的变化以及路径选择与地方政府行为的关联。本书的研究设计和研究推进见图 8-1。

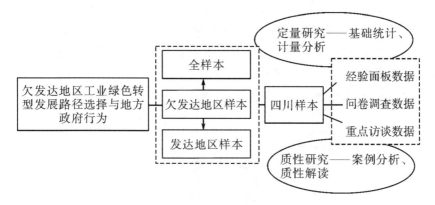

图 8-1　本书的研究设计和研究推进

三、欠发达地区指标评价体系和划定契合新发展阶段实际

欠发达地区是一个相对的、历史的、动态的概念，在一定时期内和特定的条件下能够实现质的跨越性改变。10 多年前，林勇等（2007）从经济、社会、环境三个维度构建了欠发达地区指标评价体系，并基于我国 31 个省（自治区、直辖市）2006 年的相关数据进行了测算，划分出了 15 个欠发达省份。如今，我国的区域经济发展格局已然发生改变。创新驱动发展也已上升到了国家战略层面。欠发达地区的划分及相应的评价指标体系需要调整。

本书重构了欠发达地区指标评价体系，并基于能够获取的最新最完备的2018 年度数据进行了测算，将四川、江西、河北、吉林、海南、宁夏、广西、山西、新疆、青海、黑龙江、云南、贵州、西藏、甘肃 15 个综合发展指数较低的省份划分为欠发达地区。这 15 个欠发达省份恰恰都是当前及未来一段时间内中央政府重点支持、推动实现跨越式发展的重点区域：9 个处于西部地区，2 个处于东北地区，2 个处于中部地区，2 个处于东部地区，分别处在西部大开发形成新发展格局战略、新一轮东北振兴战略、中部崛起战略、京津冀协同发展、海南自贸区等国家级区域经济协调发展布局中。这一结果表明，本书划定的欠发达地区范围及相应的欠发达地区评价指标体系是契合了我国新发展阶段的区域经济发展格局的，是合理、可行的。

四、每条绿色转型发展路径都有 1~3 个显著相关的地方政府行为

对欠发达地区、发达地区及全样本三个样本就六个关键性的地方政府行为与区域工业企业路径选择的关联性进行计量分析，三组样本的两个基准回归（方程 1 和方程 2）结果表明：不管是哪个样本，每条工业绿色转型发展路径都有 1~3 个显著相关的地方政府行为；只是，样本不同，工业企业在发展基础、发展阶段和区域空间地理环境等方面的差异性较大，与每条路径显著相关的地方政府行为存在一定的差异。这个结果意味着，我国地方政府要有效推动区域工业企业选择某条绿色转型发展路径都是可以有明确的政策抓手和方向的。详见图 8-2，此处不再展开。

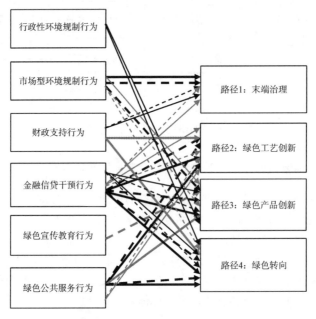

图 8-2　地方政府行为与区域工业路径
选择回归结果：两个样本、两个方程、四组结果

五、地方政府经济干预能力的调节效应普遍存在

地方政府的经济干预能力反映了一个地区的地方政府执行自身意志的自由度，主要受其财政能力约束。在推动区域工业企业绿色转型发展中，地方政府对区域经济发展的干预与环境规制等几个关键性行为本质上都是地方政府自身意志的体现，反映了地方政府的价值取向。只是，地方政府的经济干预能力是一个相对管总的概念，它会影响地方政府几个关键性行为的实施强度和着力方向，进而会影响这些地方政府行为对区域工业企业绿色转型发展的路径选择。

对欠发达地区、发达地区及全样本三个样本就地方政府的经济干预能力对地方政府行为与区域工业绿色转型发展路径选择的影响进行计量分析，三组样本的两个调节效应回归（方程3和方程4）结果表明：无论哪个样本，地方政府的经济干预能力都会对一个或多个地方政府行为与区域工业企业路径选择有显著的调节效应，也即地方政府的经济干预能力对地方政府行为与区域工业企业路径选择的调节效应是普遍存在的，不容忽视；样本不同、情境不同（单个地方政府行为作用或六个地方政府行为交互作用），地方政府经济干预能力的调节效应会有差异。详见图8-3。

整体上，欠发达地区地方政府经济干预能力对地方政府行为与区域工业绿色转型发展路径选择有显著性调节效应的时候更多；欠发达地区地方政府的经济干预能力显著正向地调节行政性环境规制、市场型环境规制、金融信贷干预、绿色宣传教育四个地方政府行为与四条路径选择的关系，负向调节绿色公共服务行为与路径4的关系，对地方政府财政支持行为与区域工业企业路径选择的关系不存在显著调节效应。发达地区地方政府经济干预能力发生显著调节效应的主要在市场型环境规制、财政支持、金融信贷干预、绿色宣传教育和绿色公共服务等需要市场起决定性作用的、需要地方政府有效地将工业企业开展绿色转型发展的部分内部成本外部化为政府职能的领域。这一结果与当前发达地区、欠发达地区在地方政府财政实力、市场化程度、对外开放水平等现实情况也是相匹配的。

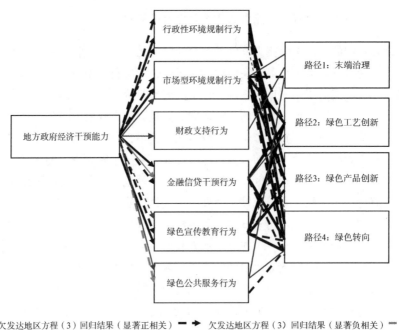

**图8-3　地方政府经济干预能力对地方政府行为与
路径选择的调节效应：两个样本、两个方程、四组结果**

六、区域地理空间要素、企业内部要素显著影响路径选择与调节效应

我国各地政府要有效推动区域工业企业开展绿色转型发展活动，尤其是开展绿色工艺创新、绿色产品创新、绿色转向这些对资金、技术有一定门槛的绿色转型发展活动，在制定行动方案时有必要考量其经济发展水平、对外开放水平、自然资源禀赋、人力资本水平、技术复杂度、企业规模、企业创新基础等因素，差异性施策。整体上，欠发达地区的工业企业更偏好选择末端治理和绿色工艺创新，排斥绿色转向，发达地区的工业企业更偏好首选绿色工艺创新；我国国有工业企业都偏向于选择绿色工艺创新这条路径，欠发达地区的国有工业企业偏好选择末端治理、排斥选择绿色转向，发达地区的国有工业企业则更为排斥选择绿色产品创新；区域对外开放水平的提升不利于我国各地区推进工

业企业选择高阶的绿色转型发展路径；自然资源禀赋对于我国发达地区推进区域工业企业绿色转型发展也顺次进入了"诅咒"状态；区域人力资本水平对发达地区地方政府推动区域工业企业选择路径 2 和路径 3、对欠发达地区地方政府推动区域工业企业选择路径 1 有一个显著的正向支撑；区域技术复杂度越高，创新基础越好，工业企业对原有技术的路径依赖度越高；无论是欠发达地区，还是发达地区，企业规模越大，越可能会选择路径 3 和路径 4。

第二节　政策建议

在 2021 年的两会政府工作报告中，我国中央政府提出了碳中和战略，是新发展理念和高质量发展的深入化和升级版。可以预见，这一战略将进一步加速推动我国传统产业的绿色转型升级和"绿色低碳"新兴产业的快速发展。本书对各级政府有效围绕碳达峰、碳中和做好相关工作有重要的政策启示。

一、对于中央政府

在现行的央—地政府治理体系中，地方政府行为的"总开关"仍然在中央政府手上。要有效激励、约束、支持地方政府高质量推动区域工业绿色转型发展，根本还在于制度设计和制度优化。建议：以地方政府主要领导干部考核晋升机制绿色化、完善环境治理立法为纲，差异化激励、支持欠发达地区地方政府、发达地区地方政府和大企业大集团，以适应新发展阶段变化了的内外部环境和需求。

加快推动地方政府主要领导干部考核晋升机制绿色化落地、落实。中央政府对地方政府的考核激励本质上是一种行政治理模式，是对地方干部的更为重要的激励且在全国普遍推行使用。进入新发展阶段，要推动新发展理念、高质量发展要求及碳达峰、碳中和目标深度融入地方政府的考核激励体系中。建议：加快打造"绿色发展考核体系引领地方推动区域工业绿色转型发展"的样板。考虑发达地区和欠发达地区推进工业绿色转型发展的实际情况差别较大，支持、激励有条件的发达地区地方政府和欠发达地区地方政府深度推行绿色发展考核体系，分类打造样本，总结出可以在两类地区复制推广的经验，切实打破地方政府唯 GDP 论的政绩观。

完善环境治理立法和创新执法模式。正如很多文献所指出的，当前环境治理中普遍存在的"纵""横"交错、纠葛不清的问题，根本在于现行的环境治理制度还存在诸多缺陷。建议：厘清环境治理中的"纵""横"职能边界并实行法治化管理。对于全国性的环境问题，在中央立法中明确规定相关事项，消除地方政府在环境治理中面对的生态环保收益外部性及由其衍生的"囚徒困境"和"底线竞争"压力。明确划分生态环保部门和行业部门的职责权限，同步完善协调机制，为其有效运行保驾护航。加快建设横向连接、纵线贯通、多层次的生态环保治理"大数据平台"。

着力优化欠发达地区地方政府在市场型环境规制、财政支持、金融信贷干预、绿色公共服务四个领域的政策行为。相较于发达地区，欠发达地区工业开展绿色转型发展具有后发优势且空间巨大，在这轮碳中和战略和高质量发展要求下，需要中央政府重视且给予针对性的激励、引导和支持。市场型环境规制等四个地方政府行为是对欠发达地区工业企业绿色转型发展路径选择产生显著性影响最多的，也是中央政府要着力推动欠发达地区政府重点改进优化的领域。建议：由工信部牵头，组织生态环保、财政、金融、科技等相关部委，梳理由各部委出台且仍在生效的市场型环境规制、财政支持政策、金融信贷支持政策、绿色公共服务平台等，掌握这些规制、政策、平台在欠发达地区的执行力度、成效、存在的问题、优化需求等情况；推动欠发达地区地方政府逐级梳理各自制定且仍在生效的规制、政策、平台，掌握这些规制在市（州）县（区）的执行力度、成效、存在的问题、优化需求等情况；联合出台《欠发达地区工业碳中和政策优化三年行动方案》，明确目标、重点任务、责任部门、推进路线、时间表等。分层分类组织专项政策能力提升培训，推动欠发达地区地方政府逐步实现思想观念、价值取向、政策能力的改造升级；用好用足央地、发达地区与欠发达地区优秀官员交流挂职政策。

有效发挥大企业大集团在各地绿色转型发展中的引领带动作用。我国各地中小企业在数量上占优势，是地方政府推动工业企业转型发展要努力争取的群体，但大企业大集团因为体量大、实力强、站位高、辐射力强，是绿色转型发展投资的大头，地方政府要重点关注并有效发挥它们在各地绿色转型发展中的引领带动作用。结合欠发达地区、发达地区基准回归模型和调节效应模型的回归结果，建议：用好这轮国有企业改革三年行动方案，支持国有企业结合企业生存发展实际积极开展绿色产品创新和绿色转向活动；支持区域金融信贷机构加快针对大企业大集团的绿色金融信贷产品研发；推动相关部门推出加快推动大企业大集团绿色转型发展的专项财政支持方案。

二、对于欠发达地区地方政府

大小两类企业都要抓，都要硬。欠发达地区大型工业企业选择绿色工艺创新、绿色产品创新、绿色转向的会多些，中小微工业企业选择末端治理、绿色工艺创新会更普遍。建议：差异化推进大企业、中小微企业的绿色转型发展，分层分类施策。通过首台套税收优惠、政府采购、高端人才招引政策包等支持大企业加大绿色产品创新投入、加快核心关键技术攻坚进度，做精做强主营业务。鼓励有条件的大企业积极探索制造服务化新的盈利模式。着力支持中小微企业基于区域特色优势资源加快向"高""精""尖""专""绿"方向转变，持续做大，及时升规，加快融入国内经济大循环格局。重点探索支持区域"大"（企业）拉"小"（企业）协同开展绿色转型发展活动的机制和政策。

打好两类环境规制组合拳，做大筑牢绿色工艺创新基底。绿色工艺创新是欠发达地区工业企业首选的绿色转型发展路径，代表着欠发达地区工业绿色转型发展的基本盘，要着力进一步做大、筑牢。对于欠发达地区的工业企业，市场型环境规制对它们选择末端治理和绿色产品创新两条路径均有显著的正向促进作用，对绿色转向的影响系数虽然不显著，但为正数；行政性环境规制则对中小微工业企业开展末端治理和绿色工艺创新活动有不容忽视的推动作用。因此，欠发达地区地方政府对两类环境规制都要抓，要打好组合拳。建议：在尊重"遵循成本效应"的同时，着力抓好用好中央、省级环保督察的"倒逼"作用。针对环保督察中暴露出来的认知不到位、作风不实、机制有漏洞等问题，切实整改到位。在全省各级相关部门督促工业企业达标合规的常规工作基础上，进一步制定环保税减免优惠、专项补贴方案，引导工业企业从末端治理路径转向绿色工艺创新路径，引导工业企业加大对绿色工艺创新的投入。综合技术能力和发展前景，细分中小微工业企业，对于技术能力强、潜力大、资金困难的中小微企业，探索量身定制的环保税减免优惠、专项补贴方案；对于其他类中小微工业企业，加大行政性环境规制的实施力度，有序推进关、停、并、转，释放出土地、劳动力、资本、技术、信息等要素资源，为绿色产业发展腾空间。

优化财政支持和金融信贷干预，有效支撑关键领域的绿色产品创新。绿色产品创新对应的是突破性创新，是绿色转型发展的高阶路径，资金门槛高，风险大，是一个国家（地区）实现科技自立自强、在竞争中取得先发优势及掌握话语权的基本支撑之一。政府财政资金和金融信贷机构资金是企业自有资金外欠发达地区工业企业开展绿色转型发展活动的两个主要外部资金源。欠发达地区地方政府财政本身相对困难，对区域工业企业的绿色转型发展要充分发挥"杠杆作用"，避免出现"挤出效应"。建议：聚焦各地"十四五"时期重点发力的产业领域，着力从财政支持和金融信贷干预优化入手，强化对关键领域突破性技术创新的有效支撑。强化系统工程思维和开放视野，加强重点领域突破性创新顶层设计，实现全省对绿色产品创新的支持从"小局"到"大局"的战略布局转变。强化对重点领域重大、重点财政支持项目的跟进，重视科技成果投入产出效率和产业化推广应用情况，减少企业寻租套利机会，有效发挥"杠杆作用"。加快推动政策性担保机构与银行建立实质性合作。支持金融机构以入股的方式支持重大绿色技术创新。支持符合条件的中小企业在境内外资本市场开展融资。

提升绿色公共服务水平，保持绿色转向领先优势。绿色公共服务水平提升的重点在于有效激发企业保有强烈的自我发展及创新、社会责任意识，激发大学及政府研究机构与企业有效互动协作。建议：聚焦高阶绿色转型发展路径，加强对战略性新兴领域的前瞻性谋划，积极为区域工业企业提供学习培训机会、信息交流平台、产学研协作平台、风险投资平台等。开设"大企业大集团核心人才培训班"以及"中小企业经营管理领军人才培训班"，加入绿色转型发展相关课程，跟进效果，持续优化。树立绿色转型发展企业家典型，强化企业家创新、社会责任等方面的环境营造。加快探索校院地企协同创新机制，完善要素保障，探索高校院所科技成果转化的有效路径。持续推进科技中介服务体系建设向市场化、规范化、智慧化的方向发展。

第三节　展望

一、深入研究三组"门槛值"

从经验数据的计量分析结果来看，每条工业绿色转型发展路径选择都对应有 $1\sim3$ 个显著相关的地方政府行为，地方政府的经济干预能力对一个或多个地方政府行为与区域工业企业路径选择有显著的调节效应，而且地方政府行为与区域工业企业路径选择的相关性及地方政府经济干预能力的调节效应因为区域地理空间要素和企业内部要素的差异呈现出了差异性。这其中可能的解释除了常规的环境规制推拉作用、财政支持"杠杆效应""挤出效应"、金融信贷干预"信号传导放大效应"等，还有一种可能的解释是相关性、调节效应要显著地呈现需要跨过某个（些）门槛值。

以一个地区某个关键性地方政府行为对区域工业企业路径选择产生显著性影响的门槛值为例进行说明。从物理学力、作用力的基本原理和逻辑上出发：一个地区不同的地方政府行为有强弱之差；假定每个关键的地方政府行为对区域工业企业绿色转型发展路径选择的作用方向、作用点以及作用对象是固定的，假定一个地区每个关键的地方政府行为对区域工业企业绿色转型发展路径选择的作用机制是线性的，如果这个地区的某个地方政府行为强度太弱，这个作用力（相关性）就不会显著，也即，只有当一个地区的某个地方政府行为强度达到某个（些）门槛值时，才会对路径选择有显著的影响。又，欠发达地区和发达地区的工业企业、区域地理空间要素差异性较大，这个门槛值会不会有差异？再者，即便同在欠发达地区或发达地区，四条绿色转型发展路径对企业的技术、资金、人才等要素的基础和投入的要求不同，与四条路径选择对应的地方政府经济干预能力门槛值会不会有差异？同理，欠发达地区地方政府经济干预能力对地方政府行为与区域工业企业绿色转型发展路径选择产生显著调节效应也可能会存在门槛值，一个地区的经济发展水平、对外开放水平、企业规模、创新基础等企业内外部因素对区域工业企业绿色转型发展路径选择产生显著性影响也可能会存在门槛值。同时，这些门槛值可能因为工业企业"遵循成本效应"或出于"倒逼效应"做出路径选择决策情境的差异性又有所不同。

本书在研究命题和对计量分析结果的解释中都有提及以上几组门槛值。不过，考虑本书的研究重点在于地方政府行为与区域工业企业绿色转型发展路径选择的相关性，并没有进一步对各项门槛值展开精细的理论建构和深入的实证检验。未来研究可以对此从理论和实证两个层面进行深入探讨。

二、广泛开展多情境、深度案例研究

本书从理论和实践两个层面，用经验数据、问卷数据、访谈数据三组数据及欠发达地区、发达地区、全样本、四川四个样本，高完成度地回答了三个主要研究问题：欠发达地区工业绿色转型发展选择了什么路径？欠发达地区地方政府推动区域工业绿色转型发展路径选择的关键性行为是什么？欠发达地区地方政府行为与区域工业绿色转型发展路径的关联性是怎样的？尽管如此，案例研究部分还有提升空间。对地方政府行为的分类、地方政府行为对区域工业企业路径选择影响机制的刻画还比较粗线条，而这一部分又恰恰和前面提到的几个门槛值一样，对于进一步深入理解路径选择与地方政府行为的关联机制以及给出更为精准、有效的政策建议是重要且有趣的。此外，考虑数据的连续性和可获得性，本书主要聚焦于省一级的相关经验和实践，对四川的案例研究虽然涉及了省一市两级政府行为的关联、市级政府与企业的关联、企业与企业之间的关联，但并不是重点。再有，本书基于四川的案例分析提炼出了地方政府的

三个行为偏好及三个行为偏好对区域工业企业绿色转型发展推进进程和方向的影响逻辑，也需要更多情境的深度案例研究进行验证、支撑和丰富。

综上，未来可以进一步对来自不同行业、不同地区的代表性工业企业个体、群体的绿色转型发展路径选择、路径选择的扩散机制、路径选择及路径选择扩散中的地方政府行为、省市县不同层级地方政府之间的关联与互动、市县层级地方政府与工业企业个体及群体的关联与互动、三个地方政府行为偏好对地方政府行为及区域工业企业绿色转型发展路径选择的影响等展开多样、深入的案例研究。

三、关照问卷设计和计量研究的匹配度

从总揽性分析框架出发，本书的问卷设计关照到了工业企业绿色转型发展的路径选择、路径的变化、路径选择的内外部影响因素，其中外部影响因素也涉及了六个关键性地方政府行为的一部分，如行政性环境规制、市场型环境规制、财政支持等，也有几个独立的问题涉及了地方政府的公共服务、金融信贷干预行为的某个角度，但并未完全关照到与两组计量模型的呼应。因此，对四川问卷的计量分析只是呈现了工业企业路径选择与外部影响因素中的三个地方政府行为的关联性。这是本书的一个不足，也是未来的研究中要特别注意规避并着力改进的地方。

参考文献

白景锋，2011. 传统产业集群升级的地方政府行为研究：以镇平玉雕产业集群为例 [J]. 科技管理研究（15）：28-31.

毕克新，杨朝均，黄平，2011. FDI 对我国制造业绿色工艺创新的影响研究基于行业面板数据的实证分析 [J]. 中国软科学（9）：172-180.

蔡昉，都阳，王美艳，2008. 经济发展方式转变与节能减排内在动力 [J]. 经济研究（6）：4-12.

蔡玉胜，2010. 地方政府行为、区域一体化与趋同 [J]. 兰州商学院学报，26（3）：11-14.

陈莎莉，2014. 地方政府行为、经济绩效与企业能力建设 [J]. 企业经济（8）：163-166.

陈诗一，2009. 能源消耗、二氧化碳排放与中国工业的可持续发展 [J]. 经济研究（4）：41-55.

陈晓，李美玲，张壮壮，2019. 环境规制、政府补助与绿色技术创新：基于中介效应模型的实证研究 [J]. 工业技术经济（9）：18-25.

陈妍，2013. 工业绿色低碳节能发展战略：我国基本实现工业化的战略选择研究之五 [J]. 经济研究参考（68）：41-43.

褚敏，靳涛，2013. 为什么中国产业结构升级步履迟缓：基于地方政府行为与国有企业垄断双重影响的探究 [J]. 财贸经济（3）：112-122.

崔杰，2011. 刍议欠发达地区产业集群升级中的地方政府行为 [J]. 商业时代（31）：130-131.

笪凤媛，吴军，2011. 环境约束下中国地区工业化发展模式及路径选择 [J]. 贵州财经学院学报（3）：14-19.

邓可斌，曾海舰，2014. 中国有企业业的融资约束：特征现象与成因检验 [J]. 经济研究（2）：47-140.

豆晓利，王文剑，2011. 中国区域金融发展差异、变动趋势与地方政府行为：兼论分税制改革对中国区域金融差异的影响 [J]. 上海金融 (2)：9-15.

杜创国，郭戈英，2010. 绿色转型的内在结构和表达方式：以太原市的实践为例 [J]. 中国行政管理 (12)：114-117.

杜宇晨，杨丹丹，2019. 东中西部地区环保经济发展趋势探析 [J]. 财讯 (5)：137-140.

段国蕊，臧旭恒，2013. 中国式分权、地方政府行为与资本审核：基于区域制造业部门的理论和经验分析 [J]. 南开经济研究 (6)：37-53.

樊纲，王小鲁，朱恒鹏，2011. 中国市场化指数：各地区市场化相对进程报告 [M]. 北京：经济科学出版社.

方福前，2000. 公共选择理论：政治的经济学 [M]. 北京：中国人民大学出版社.

方建国，谢小平，2008. 主导产业激励：区域产业集群形成中的地方政府行为分析：以广州汽车产业集群为例 [J]. 学术研究 (6)：93-96.

方世南，2016. 领悟绿色发展理念亟待拓展五大视野 [J]. 学习论坛，32 (4)：38-42.

冯飞，2000. 关于产业政策的研究与思考 [J]. 物资流通研 (10)：13-15.

冯猛，2012. 地方政府研究的三种路径：特征、优缺点及研究应用：兼评社会学近年来对中国地方政府的研究 [J]. 甘肃行政学院学报 (3)：80-91.

冯涛，宋艳伟，路燕，2007. 财政分权、地方政府行为与区域金融发展 [J]. 西安交通大学学报 (社科版)，27 (5)：20-27.

冯媛媛，2016. 河北省工业绿色发展问题研究 [D]. 石家庄：河北地质大学.

付光伟，2014. 市场转型过程中地方政府角色研究的三大范式之比较 [J]. 山东行政学院学报 (10)：7-13.

高萍，王小红，2018. 财政投入、环境规制与绿色技术创新效率：基于2008—2015年规模以上工业企业数据的实证 [J]. 生态经济，34 (4)：93-99.

葛晓梅，王京芳，薛斌，2005. 促进中小企业绿色技术创新的对策研究 [J]. 科学学与科学技术管理 (12)：87-91.

龚天宇，袁健红，2012. 复杂技术系统背景下技术体制新解 [J]. 管理学报，9 (6)：857-862.

辜胜阻，潘登科，易善策，2010. 民间投资接力公共投资：后危机时期的重要选择 [J]. 当代财经 (3)：40-44.

顾元媛，沈坤荣，2012. 地方政府行为与企业研发投入：基于中国省际面

板数据的实证分析 [J]. 中国工业经济 (10)：77-88.

郭朝先，2018. 改革开放 40 年中国工业发展主要成就与基本经验 [J]. 北京工业大学学报 (6)：1-11.

郭进，2019. 环境规制对绿色技术创新的影响："波特效应"的中国证据 [J]. 财贸经济 (3)：147-160.

郭滕达，魏世杰，李希义，2019. 构建市场导向的绿色技术创新体系：问题与建议 [J]. 自然辩证法研究，35 (7)：46-50.

郭英远，张胜，张丹萍，2018. 环境规制、政府研发资助与绿色技术创新：抑制或促进?：一个研究综述 [J]. 华东经济管理，32 (7)：40-47.

海琴，高启杰，2020. 资源密集地区区域创新能力挤出效应研究 [J]. 科技进步与对策，37 (19)：41-50.

韩晶，2011. 中国工业绿色转型的障碍与发展战略研究 [J]. 福建论坛（人文社科版）(8)：11-14.

郝云宏，王淑贤，1999. 我国地方政府行为研究 [J]. 财经研究 (7)：23-28.

何显明，2007. 市场化进程中的地方政府角色及其行为逻辑：基于地方政府自主性的视角 [J]. 浙江大学学报（人文社科版），37 (6)：25-35.

何小钢，2015. 能源约束、绿色技术创新与可持续增长：理论模型与经验证据 [J]. 中南财经政法大学学报 (4)：30-40.

衡霞，2010. 区域经济发展视角：地方政府行为悖论研究 [J]. 青海社会科学 (6)：67-71.

洪银兴，曹勇，1996. 经济体制转轨时期的地方政府功能 [J]. 经济研究 (5)：23-28.

胡鞍钢，2013. 2030：世界绿色工业强国：全球视野下的中国工业化道路 [J]. 人民论坛：学术前沿 (16)：72-83.

胡继妹，黄祖辉，2007. 产学研合作中的地方政府行为：基于浙江省湖州市的个案研究 [J]. 浙江学刊 (5)：176-180.

胡雪萍，陶静，2018. 供给侧结构性改革下环境规制对绿色技术创新的影响：基于 30 个省市动态面板数据的实证分析 [J]. 福建论坛·人文社会科学版 (1)：44-53.

黄聪英，林宸彧，2018. 福建工业绿色发展的制约因素与路径选择研究 [J]. 福建师范大学学报（社科版）(1)：29-38.

黄慧婷，2012. 地方政府行为对环境污染的影响：基于空间计量分析 [J].

西安财经学院学报, 25 (4)：16-21.

黄万林，罗序斌，2016. 欠发达地区经济与生态协调发展的制约银子研究 [J]. 江西社会科学 (2)：68-73.

黄文炎，向丽，2019. R&D 外包、自主研发与绿色技术创新：基于中国工业行业的经验研究 [J]. 会计之友 (8)：50-55.

姜南，2015 . 浙江欠发达地区发展生态经济的调查与研究：以衢州市为例 [J]. 当代经济 (3)：88-90.

焦子伟，郭岩彬，孟凡乔，等，2011. 论生态资源丰富经济欠发达地区绿色产业发展战略 [J]. 中国农业资源与区划, 32 (2)：13-17.

金碚，2014. 工业的使命和价值：中国产业转型升级的理论逻辑 [J]. 中国工业经济 (9)：51-64.

鞠晴江，王川红，方一平，2008. 基于环境责任的企业绿色技术创新战略研究 [J]. 科技管理研究 (12)：9-12.

康凌翔，2016. 地方政府行为对地方产业政策决定机制影响研究 [J]. 商业经济研究 (14)：94-97.

邝嫦娥，路江林，2019. 环境规制对绿色技术创新的影响研究：来自湖南省的证据 [J]. 经济经纬, 36 (2)：126-132.

蓝庆新，韩晶，2012. 中国工业绿色转型战略研究 [J]. 经济体制改革 (1)：24-28.

雷俐，2018. 工业绿色发展评价与影响因素：一个文献综述 [J]. 重庆工商大学学报 (社会科学版) (5)：32-38.

李斌，彭星，欧阳铭珂，2013. 环境规制、绿色全要素生产率与中国工业发展方式转变：基于 36 个工业行业数据的实证研究 [J]. 中国工业经济 (4)：58-68.

李冰强，2017 . 区域环境治理中的地方政府行为逻辑与规则重构 [J]. 中国行政管理 (8)：30-35.

李常理，2011. 转型时期中国地方政府经济行为研究 [D]. 北京：中共中央党校.

李东升，李中东，2005. 区域主导产业发展中的地方行为研究 [J]. 乡镇经济 (12)：43-45.

李富有，杨振宇，刘希章，2019. 民间投资总量特征、结构分布与动态演进 [J]. 人文杂志 (6)：39-46.

李广培，李艳歌，全佳敏，2018. 环境规制、R&D 投入与企业绿色技术创

新能力 [J]. 科学学与科学技术管理, 39 (11): 61-73.

李国祥, 张伟, 2016. 环境规制条件下绿色技术创新的国际资本和贸易渠道研究 [J]. 科技管理研究 (24): 15-20.

李鸿燕, 2007. 促进企业绿色技术创新的对策研究 [J]. 商场现代化 (12): 233-234.

李慧君, 2018. 中国工业经济的绿色转型研究 [D]. 武汉: 华中科技大学.

李江龙, 徐斌, 2018. "诅咒" 还是 "福音": 资源丰裕程度如何影响中国绿色经济增长? [J]. 经济研究 (9): 151-167.

李君安, 2014. 基于创新驱动的中国工业绿色化发展研究 [J]. 改革与战略 (1): 97-100.

李楠博, 2019a. 本土情境下高管团队断裂带对企业绿色技术创新的影响 [J]. 科技进步与对策, 36 (17): 142-150.

李楠博, 2019b. 环境规制与企业绿色技术创新: 一个条件过程分析 [J]. 内蒙古社会科学 (汉文版), 40 (6): 109-115.

李楠博, 2020. 压力与期冀: 生态文明视域下企业绿色技术创新的驱动机制研究 [J]. 求是学刊 (1): 75-87.

李瑞琴, 2019. 环境规制、制度质量与绿色技术创新 [J]. 现代经济探讨 (10): 19-27.

李婉红, 2015. 排污费制度驱动绿色技术创新的空间计量检验: 以 29 个省域制造业为例 [J]. 科研管理, 36 (6): 1-9.

李婉红, 毕克新, 曹霞, 2013a. 环境规制工具对制造企业绿色技术创新的影响: 以造纸及纸制品企业为例 [J]. 系统工程, 31 (10): 112-122.

李婉红, 毕克新, 孙冰, 2013b. 环境规制强度对污染密集行业绿色技术创新的影响研究: 基于一年面板数据的实证检验 [J]. 研究与发展管理, 25 (6): 72-81.

李香菊, 贺娜, 2018. 地区竞争下环境税对企业绿色技术创新的影响研究 [J]. 中国人口·资源与环境, 28 (9): 73-81.

李晓娣, 赵毓婷, 2007. 区域创新系统中地方政府行为分析 [J]. 工业技术经济, 26 (8): 16-19.

梁丰, 程均丽, 2018. 地方政府行为、金融发展与产业结构升级: 基于省际动态面板数据的实证分析 [J]. 华东经济管理, 32 (11): 68-75.

梁圣蓉, 罗良文, 2019. 国际研发资本技术溢出对绿色技术创新效率的动

态效应 [J]. 科研管理, 40 (3): 21-29.

　　林勇, 张宗益, 杨先斌, 2007. 欠发达地区类型界定及其指标体系应用分析 [J]. 重庆大学学报 (自然科学版) (12): 119-124.

　　刘慧, 陈光, 2004. 企业绿色技术创新一种科学发展观 [J]. 科学学与科学技术管理 (8): 82-85.

　　刘凌波, 丁慧平, 2007. 乡镇工业环境保护中的地方政府行为分析 [J]. 管理世界 (11): 150-151.

　　刘秋银, 2014. 产业集聚发展中的地方政府行为选择及其优化 [J]. 中州学刊 (10): 25-27.

　　刘小元, 林嵩, 2013. 地方政府行为对创业企业技术创新的影响: 基于技术创新资源配置与创新产出的双重视角 [J]. 研究与发展管理 (5): 12-25.

　　刘耀彬, 肖小东, 2019. 煤炭城市" 资源尾效" 与" 资源诅咒" 的转换机制研究: 基于 PSTR 模型的实证检验 [J]. 中国地质大学学报 (社科版) (2): 56-70.

　　刘章生, 宋德勇, 刘桂海, 2018. 环境规制对制造业绿色技术创新能力的门槛效应 [J]. 商业研究 (4): 111-119.

　　刘昭云, 2011. 欠发达地区发展绿色经济的战略取向与对策研究: 以广东省梅州为例 [J]. 国土与自然资源研究 (4): 44-46.

　　卢强, 吴清华, 周永章, 等, 2013. 广东省工业绿色转型升级评价的研究 [J]. 中国人口·资源与环境 (7): 34-41.

　　卢巧玲, 2009. 产业集群升级中的地方政府行为研究 [J]. 学术交流 (2): 44-48.

　　罗富政, 罗能生, 2016. 地方政府行为与区域经济协调发展: 非正式制度歧视的新视角 [J]. 经济学动态 (2): 41-49.

　　罗纳德, 2014. 财产权利与制度变迁: 产权学派与新制度学派译文集 [M]. 上海: 格致出版社.

　　马国旺, 刘思源, 2019. 新中国 70 年的技术-经济范式追赶历程与领跑机遇 [J]. 科技进步与对策, 36 (22): 1-9.

　　马丽, 2016. 基于 LMDI 的中国工业污染排放变化影响因素分析 [J]. 地理研究, 35 (10): 1857-1868.

　　马荣康, 刘凤朝, 2019. 技术体制视角的中国技术领域比较优势演变特征分析 [J]. 管理评论, 31 (5): 118-127.

　　毛蕴诗, 张伟涛, 魏姝羽, 2015. 企业转型升级: 中国管理研究的前沿领域：基于 SSCI 和 CSSCI（2002-2013）的文献研究 [J]. 学术研究（1）：72-82，159-160.

毛蕴诗，郑奇志，2012. 基于微笑曲线的企业升级路径选择模型：理论框架的构建与案例研究 [J]. 中山大学学报（社科版）（3）：162-174.

梅立润，2018. 中国地方政府机会主义：研究回顾与推进空间 [J]. 学术探索（4）：32-38.

聂辉华，江艇，张雨潇，等，2016. 中国僵尸企业研究报告：现状、原因和对策 [M]. 北京：中国社会科学出版社.

聂丽，张利江，2019. 政府与排污企业在绿色技术创新中的演化博弈分析与仿真 [J]. 经济问题（10）：79-86.

潘家华，2015. 绿色化不是简单的绿化 [N]. 人民日报，04-22.

庞娟，靳书默，朱沛宇，2019. 外部网络关系对绿色技术创新的影响：促进抑或抑制 [J]. 科技进步与对策，36（10）：1-10.

佩雷斯，2007. 技术革命与金融资本 [M]. 北京：中国人民大学出版社.

彭攀，丁丹，2005. 略论绿色技术创新 [J]. 学术交流（12）：100-103.

彭文斌，路江林，2017. 环境规制与绿色创新政策：基于外部性的理论逻辑 [J]. 社会科学（10）：73-83.

彭星，2015. 中国工业绿色转型进程中的激励机制与治理模式研究 [D]. 长沙：湖南大学.

彭星，李斌，2016. 不同类型环境规制下中国工业绿色转型问题研究 [J]. 财经研究（7）：134-144.

彭星，李斌，2015. 贸易开放、FDI 与中国工业绿色转型：基于动态面板门限模型的实证研究 [J]. 国际贸易问题（1）：166-176.

彭瑜欣，李华晶，2018. 资源型产业绿色技术创新的影响因素研究 [J]. 资源开发与市场，34（12）：1643-1650.

齐亚伟，2018. 节能减排、环境规制与中国工业绿色转型 [J]. 江西社会科学（3）：70-79.

钱丽，肖仁桥，陈忠卫，2015. 我国工业企业绿色技术创新效率及其区域差异研究：基于共同前沿理论和 DEA 模型 [J]. 经济理论与经济管理（1）：26-43.

秦绪娜，2010. 中国地方政府行为研究：多维视域域未来展望 [J]. 中共云南省委党校学报（6）：121-124.

丘海雄，徐建牛，2004. 产业集群技术创新中的地方政府行为 [J]. 管理世界（10）：36-46.

邱洋冬，陶锋，2020."资源诅咒"效应的微观机制解释：基于企业创新与技术选择视角 [J]. 西安交通大学学报（社科版），40（5）：99-110.

冉启英，杨小东，2020. 国际技术溢出对绿色技术创新效率的影响研究：基于空间视角下制度调节作用的非线性检验 [J]. 华东经济管理，34（2）：30-41.

任宛竹，2017. 基于新经济地理学的地方政府行为与经济集聚：一个综述 [J]. 现代管理科学（9）：46-48.

任宗哲，2003. 西部区域经济发展与地方政府行为创新 [J]. 西北大学学报（哲社版），33（3）：5-10.

桑瑞聪，彭飞，康丽丽，2016. 地方政府行为与产业转移：基于企业微观数据的实证研究 [J]. 产业经济研究（4）：7-17.

邵帅，范美婷，杨莉莉，2013. 资源产业依赖如何影响经济发展效率？有条件资源诅咒假说的检验及解释 [J]. 管理世界（2）：32-63.

申晨，李胜兰，黄亮雄，2018. 异质性环境规制对中国工业绿色转型的影响机理研究：基于中介效应的实证分析 [J]. 南开经济研究（5）：95-114.

申亮，2011. 实施节能减排的地方政府行为研究 [J]. 经济评论（2）：66-75.

沈炳熙，2011. 论转型升级背景下民间投资的效益提升：基于浙江台州的分析 [J]. 农村金融研究（11）：34-39.

沈静，2010. 不同类型产业集群发展中地方政府行为的比较研究 [J]. 人文地理（2）：125-129.

施海洋，徐康宁，2001. 转型时期地方政府行为倾向分析 [J]. 求索（2）：52-54.

史丹，2018. 中国工业绿色发展的理论与实践：兼论十九大深化绿色发展的政策选择 [J]. 当代财经（1）：3-11.

史丹，赵剑，邓洲，2019. 从三个层面理解高质量发展的内涵 [N]. 经济日报，09-09.

苏利阳，郑红霞，王毅，2013. 中国省际工业绿色发展评估 [J]. 中国人口·资源与环境（8）：116-122.

孙宏芃，2016. 制度创新环境与中国绿色技术创新效率 [J]. 科技管理研究（21）：251-257.

孙丽文，曹璐，吕静韦，2017. 基于 DPSIR 模型的工业绿色转型评价研究：以河北省为例 [J]. 经济管理与评论（4）：120-127.

孙盼盼，夏杰长，2017. 旅游产业中的地方政府行为：量化探索与空间效应：基于2001-2012年中国省际面板数据 [J]. 经济管理 (6)：147-161.

孙天齐，1998. 论我国产业发展中的地方政府行为与过度竞争 [J]. 人文杂志 (6)：68-73.

孙晓伟，2012. 财政分权、地方政府行为与环境规制失灵 [J]. 广西社会科学 (8)：122-126.

孙晓伟，2012. 财政分权、地方政府行为与环境规制失灵 [J]. 广西社会科学 (8)：122-126.

孙毅，景普秋，2012. 资源型区域绿色转型模式及其路径研究 [J]. 中国软科学 (12)：152-161.

唐睿，刘红芹，2012. 从GDP锦标赛到二元竞争：中国地方政府行为变迁的逻辑：基于1998-2006年中国省级面板数据的实证研究 [J]. 公共管理学报 (1)：9-16，121-122.

唐艳文，2004. 地方政府：改革与转型的行动者：1978—1988年中国财政包干制的政治学研究 [D]. 上海：复旦大学.

田润宇，2010. 我国地方政府行为模式的基本特征与制度解析 [J]. 广东行政学院学报 (2)：11-15.

童昕，2007. 集群中的绿色技术创新扩散研究：以电子制造的无铅化为例 [J]. 中国人口·资源与环境，17 (6)：66-71.

汪明月，李颖明，毛逸晖，等，2019. 市场导向的绿色技术创新机理与对策研究 [J]. 中国环境管理 (3)：82-86.

王柏杰，郭鑫，2017. 地方政府行为、"资源诅咒"与产业结构失衡：来自43个资源型地级市调查数据的证据 [J]. 山西财经大学学报，39 (6)：64-75.

王班班，赵程，2019. 中国的绿色技术创新：专利统计和影响因素 [J]. 工业技术经济 (7)：53-66.

王春婷，2020. 垂直财政不平衡约束下地方政府的行为逻辑：一个"生存型"政府的解释 [J]. 江海学刊 (6)：137-143.

王春元，2016. 地方政府行为、政府R&D投资与创新 [J]. 财经论坛 (10)：62-76.

王发明，李中东，2007. 区域经济发展中的地方政府行为研究：以山东省胶东半岛制造业基地建设为例 [J]. 工业技术经济，26 (9)：2-6.

王锋正，陈方圆，2018. 董事会治理、环境规制与绿色技术创新：基于我国重污染行业上市公司的实证检验 [J]. 科学学研究，36 (2)：361-369.

王锋正，姜涛，2015. 环境规制对资源型产业绿色技术创新的影响：基于行业异质性的视角 [J]. 财经问题研究（8）：17-23.

王凤祥，张伟，2017. 环境规制、民间投资与我国绿色技术创新 [J]. 科技管理研究（11）：211-216.

王国平，2009. 产业升级中的地方政府行为 [J]. 华东师范大学学报（哲社版）（6）：1-6.

王立国，王磊，2017. 国有经济、地方政府行为与资本退出：兼论工业部门"去产能"的体制性障碍 [J]. 经济与管理研究，38（6）：66-73.

王玲玲，张艳国，2012. "绿色发展"内涵探微 [J]. 社会主义研究（5）：143-146.

王树义，蔡文灿，2016. 论我国环境治理的权力结构 [J]. 法制与社会发展（3）：155-166.

王旭，褚旭，2019. 中国制造业绿色技术创新与融资契约选择 [J]. 科学学研究，37（2）：351-361.

王旭，褚旭，王非，2018. 绿色技术创新与企业融资契约最优动态配置：基于高科技制造业上市公司面板数据的实证研究 [J] 研究与发展管理，30（6）：12-22.

王彦超，2009. 融资约束、现金持有与过度投资 [J]. 金融研究（7）：121-133.

王燕武，王俊海，2009. 地方政府行为与地区产业结构趋同的理论及实证分析 [J]. 南开经济研究（4）：33-49.

王一鸣，(2020-09-20) [2021-11-20]. 新时代建设高水平社会主义市场经济体制 [EB/OL]. https://www.sohu.com/a/397172596_118392?_trans_=000014_bdss_dklzxbpcgP3p:CP=.

王永莉，2011. 经济发展与生态保护中的西部地方政府行为研究 [J]. 西南民族大学学报（人文社科版）（6）：153-157.

王勇，刘厚莲，2015. 中国工业绿色转型的减排效应及污染治理投入的影响 [J]. 经济评论（4）：17-30.

王郁蓉，2012. 我国各区域企业绿色技术创新绩效比较研究 [J]. 技术经济，31（10）：52-59.

王兆华，尹建华，2007. 工业生态学与循环经济理论：一个研究综述 [J]. 科学管理研究，2（1）：25-28.

王正巍，2021. 产业协同聚集和地方政府行为及空间竞争效应 [J]. 云南财经大学学报，37（1）：19-26.

魏丽华，2010. 产业集群升级进程中的地方政府行为分析：基于地方治理的角度 [J]. 理论月刊（7）：74-77.

魏志华，曾爱民，李博，2014. 金融生态环境与企业融资约束：基于中国上市公司的实证研究 [J]. 会计研究（5）：73-95.

郈爱其，张学华，2006. 产业集群升级中的匹配性地方政府行为：以浙江海宁皮革产业集群为例 [J]. 科学学研究，24（6）：878-884.

吴昌南，2003. 产业政策实施过程中的地方政府行为分析 [J]. 江西社会科学（7）：93-95.

吴非，杜金岷，李华民，2017. 财政科技投入、地方政府行为与区域创新异质性 [J]. 财政研究（11）：60-74.

吴非，杜金岷，杨贤宏，2018. 财政 R&D 补贴、地方政府行为与企业创新 [J]. 国际金融研究（5）：35-44.

吴旭晓，2016. 区域工业绿色发展效率动态评价及提升路径研究：以重化工业区域青海、河南和福建为例 [J]. 生态经济，32（2）：63-68.

向丽，胡珑瑛，2017. R&D 外包与企业绿色技术创新：环境规制的调节作用 [J]. 管理现代化（6）：60-63.

肖兴志，李少林，2013. 环境规制对产业升级路径的动态影响研究 [J]. 经济理论与经济管理（6）：102-112.

谢家智，刘思亚，李后建，2014. 政治关联、融资约束与企业研发投 [J]. 财经研究（8）：81-93.

谢江薇，2003. 西部金融市场成长中的地方政府行为探讨 [J]. 企业经济（6）：155-158.

徐成龙，2017. 欠发达地区工业绿色发展水平及影响因素分析：以山东省临沂市为例 [J]. 经济论坛（8）：45-50.

徐建中，王曼曼，2018. 绿色技术创新、环境规制与能源强度：基于中国制造业的实证分析 [J]. 科学学研究，36（4）：744-753.

徐云松，齐兰，2017. 区域金融化、地方政府行为与产业结构升级：基于中国四大经济区域面板数据的实证研究 [J]. 贵州财经大学学报（6）19-31.

许华，刘佳华，2017. 环境规制对我国造纸行业绿色技术创新的影响研究 [J]. 中国造纸，36（12）：67 -73.

许晓燕，赵定涛，洪进，2013. 绿色技术创新的影响因素分析：基于中国专利的实证研究 [J]. 中南大学学报（社会科学版），19（2）：29-33.

杨灿明, 2000. 地方政府行为与区域市场结构 [J]. 经济研究 (11): 58 -64.

杨发明, 吕燕, 1999. 绿色技术创新的组合激励研究 [J]. 科研管理, 19 (1): 40-44.

杨发庭, 2016. 构建绿色技术创新的联动制度体系研究 [J]. 学术论坛, 39 (1): 25 -30.

杨国忠, 席雨婷, 2019. 企业绿色技术创新活动的融资约束实证研究 [J]. 工业技术经济 (11): 70-76.

杨晓萍, 2006. 地方政府行为偏差: 我国能耗居高不下的重要原因 [J]. 学术交流 (11): 114-116.

杨学军, 2014. 技术创新与中国工业绿色转型: 理论、测算与实证分析 [D]. 长沙: 湖南大学.

杨燕, 2013. 生态创新的概念内涵和特性: 与一般意义上创新的比较与思考 [J]. 东北大学学报 (社科版) (6): 557-562.

杨燕, 2017. 区域工业绿色转型发展模式与路径研究: 以四川几个老工业基地的实践为例 [M]. 成都: 西南财经大学出版.

杨燕, 2020. 我国制造业技术学习与追赶的特点与逻辑遵循: 基于以企业为核心主体的分析框架 [J]. 技术经济, 39 (2): 37-45.

杨燕, 邵云飞, 2011. 生态创新研究进展及展望 [J]. 科学学与科学技术管理 (8): 107-116.

杨喆, 许清清, 徐保昌, 2018. 环境规制强度与工业结构绿色转型: 来自山东省工业企业的经验证据 [J]. 山东大学学报 (哲学社会科学版) (6): 112-120.

叶显, 吴非, 廉胜南, 2019. 金融发展、地方政府行为与区域技术创新 [J]. 经济体制改革 (3): 129-134.

于克信, 胡勇强, 宋哲, 2019. 环境规制、政府支持与绿色技术创新: 基于资源型企业的实证研究 [J]. 云南财经大学学报 (4): 100-112.

余许友, 2011. 中部地区金融发展研究: 基于地方政府行为的视角 [J]. 经济问题 (7): 109-112.

禹湘, 储诚山, 周枕戈, 2016. 国际气候治理新格局下中国工业绿色转型的挑战与机遇 [J]. 企业经济 (12): 35-39.

郁建兴, 高翔, 2012. 地方发展型政府的行为逻辑及制度基础 [J]. 中国社会科学 (5): 95-112.

原毅军，陈喆，2019. 环境规制、绿色技术创新与中国制造业转型升级 [J]. 科学学研究，37（10）：1902-1911.

岳鸿飞，2018. 基于环境规制的我国绿色技术创新效率测算 [J]. 统计与决策（8）：100-104.

岳鸿飞，徐颖，吴璘，2017. 技术创新方式选择与中国工业绿色转型的实证分析 [J]. 中国人口·资源与环境（12）：196-206.

詹国彬，陈健鹏，2020. 走向环境治理的多元共治模式：现实挑战与路径选择 [J]. 政治学研究（2）：65-75.

张丙宣，2016. 我国地方政府行为逻辑研究述评 [J]. 浙江工商大学学报（4）：71-81.

张峰，史志伟，宋晓娜，等，2019a. 先进制造业绿色技术创新效率及其环境规制门槛效应 [J]. 科技进步与对策，36（12）：62-70.

张峰，宋晓娜，董会忠，2019b. 资源禀赋对制造业绿色转型升级的驱动机制：基于空间 Durbin 模型的解释 [J]. 华东经济管理，33（7）：111-119.

张海松，王松江，2017. 我国民间投资区域差异研究 [J]. 昆明理工大学学报（自然科学版），42（5）：128-135.

张汉，2014. "地方发展型政府"抑或"地方企业家型政府"？：对中国地方政企关系与地方政府行为模式的述评 [J]. 公共行政评论（3）：157-175.

张建波，李婵娟，2017. 利益铁三角：地方发展型政府的行为逻辑及其影响 [J]. 河北学刊（2）：147-153.

张晋光，2011. 太原市工业经济绿色转型研究 [J]. 生态经济（2）：127-131.

张娟，耿弘，徐功文，等，2019. 环境规制对绿色技术创新的影响研究 [J]. 中国人口·资源与环境，29（1）：168-176.

张克让，程麓生，2000. 我国西北欠发达地区技术—经济追赶中"后发优势"的若干解析 [J]. 宁夏社会科学（1）：32-38.

张丽，盖国凤，2020. 人力资本、金融发展能否打破"资源诅咒"？：基于中国煤炭城市面板数据的研究 [J]. 当代经济研究（4）：58-67.

张梅，2013. 绿色发展：全球态势与中国的出路 [J]. 国际问题研究（5）：93-102.

张明莉，2011. 促进产业集群发展的地方政府行为研究 [J]. 河北学刊，31（1）：172-174.

张倩，2015. 环境规制对绿色技术创新影响的实证研究：基于政策差异化视角的省级面板数据分析 [J]. 工业技术经济 (7): 10-18.

张为杰, 2012. 政府分权、增长与地方政府行为异化: 以环境政策为例 [J]. 山西财经大学学报, 34 (7): 16-25.

张欣怡, 2015. 财政分权下地方政府行为与环境污染问题研究: 基于我国省级面板数据的分析 [J]. 经济问题探索 (3): 32-41.

张旭, 王宇, 2017. 环境规制与研发投入对绿色技术创新的影响效应 [J]. 科技进步与对策, 34 (17): 111-119.

张学华, 陈昌笋, 2007. 中小企业集群成长中的地方政府行为及其绩效实证研究: 以浙江台州蓬街喷雾器企业集群为例 [J]. 科技进步与对策, 24 (3): 132-135.

张治忠, 2015. 论基于绿色发展的现代节约美德 [J]. 伦理学研究 (4): 116-120.

赵路, 2009. 欠发达地区发展绿色产业的路径分析 [J]. 生态经济 (12): 126-129.

赵蜀蓉, 陈绍刚, 王少卓, 2014. 委托代理理论及其在行政管理中的应用研究述评 [J]. 中国行政管理 (12): 119-122.

甄志勇, 毕克新, 2011a. 制造业绿色创新系统中的地方政府行为博弈 [J]. 科技进步与对策 (24): 22-26.

甄志勇, 毕克新, 2011b. 制造业绿色创新与地方政府行为关联分析 [J]. 哈尔滨工程大学学报 (8): 1091-1097.

甄志勇, 毕克新, 2011c. 制造业绿色创新系统中地方政府行为绩效评价 [J]. 哈尔滨理工大学学报 (3): 116-120.

郑健壮, 2013. 产业集群转型升级及其路径选择 [M]. 杭州: 浙江大学出版社.

郑周胜, 黄慧婷, 2011. 地方政府行为与环境污染的空间面板分析 [J]. 统计信息论坛, 26 (10): 52-57.

中国社会科学院工业经济研究所课题组, 2011. 中国工业绿色转型研究 [J]. 中国工业经济 (4): 5-14.

中国社科院金融研究所课题组, 2008. 地方政府行为模式及其对地区金融生态的影响 [J]. 新金融 (3): 47-48.

周开乐, 于俊卿, 杨善林, 2018. 安徽制造业绿色发展评价: 基于用电数据分析 [J]. 华东经济管理, 32 (9): 15-21.

周黎安, 2004. 晋升博弈中政府官员的激励与合作: 兼论我国地方保护主义和重复建设长期存在的原因 [J]. 经济研究 (6)：33-40.

周黎安，2007. 中国地方官员的晋升锦标赛模式研究 [J]. 经济研究 (7)：36-50.

朱万里，2018. 地方政府行为与产业园区循环化改造：基于甘肃省相关数据的空间计量模型分析 [J]. 生态经济 (5)：75-78.

朱长存，顾六宝，2005. 地方政府行为模式多样性的经济学分析 [J]. 河北学刊，25 (3)：148-153.

诸大建，2012. 绿色经济新理念及中国开展绿色经济研究的思考 [J]. 中国人口·资源与环境 (5)：40-47.

ALMEIDA H, CAMPEILO M, WEISBACH M S, 2004. The cash flow sensitivity of cash [J]. Journal of Finance (59) : 1777 -1804.

ARELLANO M, BOVER O, 1995. Another look at the instrumental variable estimation of error-components models [J]. Journal of Econometrics (68): 29-51.

AUTY R, 1993. Sustaining development in minieral economics: the resource curse thesis [M]. London: Routledge.

BEISE M, RENNINGS K, 2005. Lead markets and regulation: a framework for analyzing the international diffusion of environmental innovations [J]. Ecological Economics, 52 (1): 5-17.

BLECHER M, SHUE V, 2001. Into leather: state-led development and the private sector in Xinji [J]. The China Quarterly (166): 368-393.

COOKE P, 1992. Regional innovation systems: competitive regulation in the new Europe [J]. Geoforum (3): 365-382.

CRESWELL J W, PLANO C V L, 2007. Mixed methods research [M]. London: Sage Publications.

DAS S, 1987. Externalities and Technology Transfer through Multinational Corporations: A Theoretical Analysis [J]. Journal of International Economics, 22 (1): 171-182.

DE MARCHI V, 2012. Environmental innovation and R&D cooperation: empirical evidence from Spanish manufacturing firms [J]. Research Policy, 41 (3): 614-623.

EISENHARDT K M, 1989. Building theories from case study research [J]. Academy of Management Review, 14 (4) : 532-550.

EISENHARDT K M, GRAEBNER M E, 2007. Theory building from cases: Opportunities and challenges [J]. Academy of Management Journal, 50 (1): 25-32.

ETZKOWITZ H, LEYDESDORFF L, 2000. The dynamics of innovation: from National Systems and (Mode2) to a Triple Helix of university-industry-government relations [J]. Research Policy (29): 109-123.

FAZZARI S M, HUBBARD R G, PETERSON B C, 1988. Financing Constraints and Corporate Investment [J]. Brookings Papers on Economic Activity (20): 73-113.

FUCHS D A, MAZMANIAN D A, 1998. The greening of industry: needs of the field [J]. Business Strategy and the Environment, 7 (4): 193-203.

GEREFFI G, 1999. International trade and industrial upgrading in the Apparel commodity chain [J]. Journal of International Economic, 48 (1): 37-70.

GIULIANI E, PIETROBELLI C, RABELLOTTI R, 2005. Upgrading in global value chains: lessons from Latin American clusters [J]. World Development, 33 (4): 549-573.

HOQUE A, CLARKE A, 2013. Greening of industries in Bangladesh: pollution prevention practices [J]. Journal of Cleaner Production (51): 47-56.

HUMPHREY J, SCHMITZ H, 2000. Governance and upgrading: linking industrial cluster and global value chain research [M]. Brighton: Institute of Development Studies.

HUMPHREY J, SCHMITZ H, 2002. How does insertion in global value chains affect upgrading in industrial clusters? [J]. Regional Studies, 36 (9): 1017-1027.

KAPLINSKY R, MORRIS M, 2001. A handbook for value chain research [M]. Ottawa: IDRC.

KEMP R, OLTRA V, 2011. Research insights and challenges on eco-innovation dynamics [J]. Industry and Innovation, 18 (3): 249-253.

LEE K, LIM C, 2001. Technological regimes, catching-up and leapfrogging: findings from the Korean industries [J]. Research Policy, 30 (3): 459-483.

LEHMANN M, TOH I, CHRISTENSEN P, et al, 2010. Responsible leadership? Development of CSR at Danfoss, Denmark [J]. Corporate Social Responsibility and Environmental Management, 17 (3): 153-168.

LUNDVALL B A, 2016. Postscript: innovation system research. Where it came from and where it might go. in LUNDVALL BA. The learning economy and the economics of hope [M]. New York: Anthem Press.

MALERBA F, ORSENIGO L, 1993. Technological Regimes and Firm Behavior

[J]. Industrial and Corporate Change, 2 (1): 45-74.

MALERBA F, ORSENIGO L, 1996. Technological regimes and firm behaviour [J]. Industrial and Corporate Change (2): 45-71.

MANKIW N G, 2015. Macroeconomics [M]. 9th ed. NewYork: Worth Publishers.

MARSILI O, VERSPAGEN B, 2002. Technology and the dynamics of industrial structures: an empirical mapping of Dutch manufacturing [J]. Oxford Journals, 11 (4): 791-815.

MATHEWS J A, 2002. Competitive advantages of the latecomer firm: a resource-based account of industrial catch-up strategies [J]. Asia Pacific Journal of Management, 19 (4): 467-488.

MIDTTUN A, 2012. The greening of European electricity industry: a battle of modernities [J]. Energy Policy (48): 22-35.

MONTINOLA G, QIAN Y Y, WEINGAST R, 1995. Federalism, Chinese style: the political basis for economic success in China [J]. World Politics (48): 50-81.

NELSON R R, 1993. National innovation systems: A comparative analysis [M]. New York: Oxford University Press.

OI J C, 1995. The role of local state in China's transitional economy [J]. China Quarterly, 144 (10): 1132-1149.

POON T S C, 2004. Beyond the global production networks: a case of further upgrading of Taiwan´s information technology industry [J]. International Journal of Technology and Globalization, 1 (1): 130-144.

QIAN Y Y, XU C G, 1993. Why China´s economic reforms differ: the M-form Hierarchy and entry expansion of the Non-state sector [J]. Economics of Transition (1): 135-170.

REHMAN M A A, ANEYRAO T A, SHRIVASTAVA R L, 2015. Identification of critical success factors in Indian automobile industry: a GSCM approach [J]. International Journal of Process Management and Benchmarking (5): 229-245.

REMMEN A, LORENTZEN B, 2000. Employee participation and cleaner technology: learning processes in environmental teams [J]. Journal of Cleaner Production, 8 (5): 365-373.

REMMEN A, 2001. Greening of Danish industry: changes in concepts and practices [J]. Technology Analysis & Strategic Management, 13 (1): 53-69.

RENNINGS K, 2000. Redefining innovation: eco-innovation research and the contribution from ecological economics [J]. Ecological Economics (2): 319-332.

SCHOT J, BRANDE, FISCHER K, 1997. The greening of industry for a sustainable future: building an international research agenda [J]. Business Strategy and the Environment (6): 153-162.

SIGGELKOW N, 2007. Persuasion with case studies [J]. Academy of Management Journal, 50 (1): 20 -24.

UNIDO, (2011-05-03) [2019-08-17]. UNIDO green industry: policies for supporting green industries [EB/OL]. https://www. greengrowthknowledge. org/resource/unido-green-industry-%E2%80%93-policies-supporting-green-industry.

XIE X, HUO J, QI G, 2015. Green process innovation and financial performance in emerging economies: moderating effects of absorptive capacity and green subsidies [J]. IEEE Transactions on Engineering Management, 63 (1): 1-12.

YIN R K, 2009. Case Study Research: Design and Methods [M]. 4th ed. CA: Sage.

ZHOU L A, 2002. Career concerns, incentive contracts, and contract renegotiation in the Chinese political economy [D]. Palo Alto: Stanford University.

阶段性成果：已发表的中文核心期刊及 CSSCI 期刊论文

［1］杨燕. 从学习追赶到再造优势：制造业后发企业的技术进步路径：以企业为核心主体的理论框架与中国经验［J］. 西部论坛，2020（1）：64-77.

［2］杨燕. 我国制造业技术学习与追赶的特点与逻辑遵循：基于以企业为核心主体的分析框架［J］. 技术经济［J］. 2020（2）：37-45.

［3］杨燕. 我国制造业再造优势政策转型研究：基于汽车和发电设备制造业技术进步的经验［J］. 技术经济，2020，39（2）：8-13.

［5］杨燕，赵歆岚，向志虹. 欠发达地区及其评价指标体系：基于新发展阶段的界定与重构［J］. 四川行政学院学报，2021（4）：44-58.

［6］杨燕. 欠发达地区工业企业绿色技术路径选择与地方政府行为［J］. 技术经济与管理研究，2021（11）：15-19.

［7］杨燕. 工业企业绿色技术路径选择与地方政府行为关系研究：基于省级面板数据的实证分析［J］. 企业经济，2021，40（11）：33-44.

后　记

　　本书是 2016 年度国家社科基金西部项目"欠发达地区工业绿色转型发展路径选择与地方政府行为"的研究成果，整个项目历时近 5 年。回头来看，整个项目基本按照既定的研究计划推进，只有两点没有完全按照原计划执行，但都不对最后的研究成果质量形成质的影响。其一，因为要进一步结合研究情境精细化地解构"工业绿色转型发展路径""地方政府行为"及二者的关联，涉及区域产业转型升级、工业绿色创新、公共管理等多个研究领域，工作量大，难度不小，造成前期推进缓慢。其二，跨省实地调研本身实施难度较大，再加上新冠肺炎疫情突发因素影响，原计划的跨省实地调研及对比研究由基于面板数据的描述性统计分析及计量分析替代，仍然有不少有趣的发现。这两点恰恰是科学研究"探索性"的重要组成部分。

　　该选题形成于 2016 年年初。彼时，党的十八届五中全会将"创新、协调、绿色、开放、共享"确立为指导全国"十三五"时期甚至更为长远时期的发展理念。如今，我国已经如期实现全面建成小康社会第一个百年奋斗目标、开启了全面建设社会主义现代化国家新征程，习近平总书记要求全党必须完整、准确、全面贯彻新发展理念，加快构建新发展格局，有力有序推进"双碳"工作，扎实推动共同富裕。欠发达地区在贯彻新发展理念、自觉主动缩小地区差距、切实解决好发展不平衡不充分的问题和加快构建新发展格局等多个方面都有较大的回旋余地和"有为"空间。大力推动工业绿色转型发展仍将是各地挖掘投资及消费潜力、推进新旧动能转换的重要着力点。关注"工业企业绿色发展的技术路径选择""路径选择中的地方政府行为"以及"路径选择与地方政府行为的关联"是抓到了高质量推进区域工业实现绿色发展、构建新发展格局、实现"双碳"目标的关键。

　　显然，本书涉及的话题极具现实意义，但远非一本书所能论及。尽管如此，启发于管理学大师彼得·德鲁克为其奠基性代表作《公司的概念》写序言时所秉持的敢于亮剑、不一味求全责备的治学理念①，我勇敢地选择把"如此粗浅的文章呈现给公众"，也更愿意将这本书定位为"提出一个有意义的话题"。对于未来的研究，毫无疑问地，我将保持高度的开放性并期待有更多有意义的争论和发现，比如：①是否将"绿色转向"作为第四条路径。本书在末端治理、绿色工艺创新、绿色产品创新三条传统绿色技术路径之外，提出了第四条路径"绿色转向"，以全面反映工业企业在面对环境约束时会选择到的解决思路。但是，绿色转向本质上仍由绿色工艺创新和绿色产品创新做支撑。与此同时，绿色转向又需要工业企业克服既有惯性、充分考量另起炉灶的成本。②地方政府在经济干预、财政支持、金融信贷干预三个方面的行为是否具有情境异质性？比如在区域工业绿色转型发展路径选择与区域重大科技创新突破实现路径选择两个不同的情境中，地方政府在三个方面的行为的作用强度、机制、成效是否会有差异？③在工业绿色转型发展路径选择中，省—市—区（县）三级政府的行为有何异同？为什么？等等。

为此特别感谢奥尔堡大学及导师 Arne Remmen、Jette Egelund Holgaard、Martin Lehmann、Søren Kerndrup。正是因为他们对科学研究"有新贡献"的要求和理念，我得以在做选题以及开展研究设计时常常追问自己是否对已有研究有新的输入，虽常有力有不逮之时，但钻研学问的方向是对的。感谢党校旗帜鲜明讲政治、注重理论联系实际、强化问题导向、服务党委和政府重大决策部署的工作氛围，时常推动我自觉主动地放大科学研究的思维和格局。感谢在田野调查中给予多方协调和帮助的领导、同仁们。他们是：

四川省委党校：校委委员、教育长胡雪松，干部教育学院院长车华武，科研处处长杨志远，区域经济教研部李慧教授、刘航副教授及王银、赵歆岚两位研究生，社会和文化教研部张慧芳副教授，科学社会主义教研部李丁副教授等

攀枝花：市政协副主席申剑

市经信局副局长胡云建、资源综合利用与化工科科长周昕

市委党校原副校长陈宇波

市委党校科研科科长卢品璋

德阳：市人大研究室主任戴书文

市经信局副局长吴志强、副局长林丹及环境资源科科长向泽华

市就业创业促进中心主任韩贵英

---

① 德鲁克. 公司的概念［M］. 慕凤丽，译. 北京：机械工业出版社，2018. 初版序："如果不这样做，……至少会在有生之年不断拖延其写作和出版。"

市委党校副校长潘宗保及杨晓军教授团队

泸州：市经信局综合科科长陈勇及企业服务中心副主任何建

市委党校副校长李春艳及杨陈静、刘宇、李明霞三位老师

企业：东方风电、东方氢能、东方研究院、东方树脂、英杰电气、攀钢集团、攀成钢集团、泸天化集团等共计242家在川大、中、小企业。不再一一穷举。一并感谢！

最后，感谢四川省社科联涂海燕老师、全国社科规划办及西南财经大学出版社的支持！感谢我的家人和朋友们，爱人黄先生、女儿豆豆小朋友及两边的父母长辈的体谅和支持从来不曾缺席！姚珣、刘名武两位师兄及好朋友任巧华在课题结项时给予了宝贵的经验分享和鼓励！不知不觉间，人生已到中年，在深度体验了生之甘苦悲欢之后心境更添淡然和豁达，对于未知领域的好奇心一直都在，幸哉！

杨燕

2022 年 7 月